历史教学与思维创新

孙培升　赵洪芹　程　慧　著

北方文艺出版社
哈尔滨

图书在版编目（CIP）数据

历史教学与思维创新 / 孙培升，赵洪芹，程慧著
. -- 哈尔滨：北方文艺出版社，2022.4
ISBN 978-7-5317-5497-8

Ⅰ. ①历… Ⅱ. ①孙… ②赵… ③程… Ⅲ. ①中学历史课－教学研究 Ⅳ. ① G633.512

中国版本图书馆 CIP 数据核字 (2022) 第 050631 号

历史教学与思维创新
LISHI JIAOXUE YU SIWEI CHUANGXIN

作　者 / 孙培升　赵洪芹　程　慧
责任编辑 / 张　璐
封面设计 / 王　洁

出版发行 / 北方文艺出版社
发行电话 /（0451）86825533
地　址 / 哈尔滨市南岗区宣庆小区 1 号楼
邮　编 / 150008
经　销 / 新华书店
网　址 / www.bfwy.com

印　刷 / 三河市元兴印务有限公司
字　数 / 250 千
版　次 / 2022 年 4 月第 1 版
开　本 / 710mm × 1000mm　1/16
印　张 / 16
印　次 / 2023 年 1 月第 2 次印刷

书　号 / ISBN 978-7-5317-5497-8
定　价 / 48.00 元

作者简介

1. 孙培升，男，1968 年 4 月 1 日生，汉族，毕业于山东聊城师范学院。现工作于青岛市即墨区第二中学。担任班主任 23 年，连续送高考 25 年。荣获山东省“双岗标兵”和青岛市“优秀班主任”“优秀教师”等荣誉称号，是青岛市教学能手，即墨拔尖人才，即墨名师。在省级以上正式刊物发表论文三篇，担任主编编写教材 1 本，担任副主编编写教材 1 本。

2. 赵洪芹，女，1979 年 1 月 3 日生，汉族，毕业于福建师范大学，历史学师范专业、一级教师，本科学历。于 2014 年进入阳信县第二实验中学工作至今。在省级及以上正式刊物发表论文 2 篇，出版专著 1 本。多次荣获省市县奖，并多次被评为县优秀教师，市县教学先进个人。

3. 程慧，女，1983 年 3 月 18 日生。汉族，毕业于山西师范大学，硕士研究生学历，中学一级教师。2008 年进入淄博张店建桥实验学校从事教育教学工作至今。历史课堂教学成果突出，课例曾获山东省特色示范课堂、山东省级优课、淄博市优课一等奖、张店区优质课一等奖等。对历史课堂教学改革和学科思维有一定的实践研究，曾在《中学历史教学参考》发表论文 2 篇，主持区级课题 1 项，参与国家级课题 1 项。

前　言

历史教学改革与创新，是中国现代教育适应时代发展的需求。本书着重探讨历史教学与创新思维研究相关理论与实践，研究历史教学与创新思维的问题，从多种途径入手对其进行了深入的分析和阐述，诠释了现代中国中学历史教学的目标以及教学改革的新思路。

本书共九章，首先对历史教学的内涵进行概述，其次对教学设计理论与历史课堂进行研究，再次对历史教学核心素养的培育、基于核心素养培育的中学历史教学设计、中学历史课堂教学方法、中学历史教学模式和中学历史学科育人的教学方法优化展开研究，最后介绍了中学历史教学评价与教师发展和现代化教学技术在中学历史教学中的运用。指导教学走上更科学的发展之路，提高了历史课堂教学的有效性，让学生能更有效地吸收知识。

《历史教学与思维创新》不仅是为了向人们传播传统文化和历史知识，更是为了让中学生在学习历史的过程中形成正确的荣辱观，并对这些史实持有正确的态度，让他们对我国优秀的民族文化产生自豪感、荣誉感。历史教学不是一门纯理论学科。历史教学论既要坚持历史学科教学理论的研究，又要在理论成果的指导下开展应用研究，以解决历史教学实践中某些带有普遍性的问题。但必须明确的是，历史教学论的应用研究并不是要给一线教师开出一个具体的教学处方，而是要为教师的教学实践提供有益的启示和学科教学理论的支撑。21世纪需要具有竞争力的创造性人才，作为历史教师，一定要转变教育教学观念，树立创新意识，在教育教学的各个方面、各个环节中，最大限度地培养学生的创新意识、创新精神和创造能力，营造历史创新教育的春天气息，为国家培养优秀的、具有创新精神的栋梁之材。

本书由青岛即墨区第二中学孙培升、阳信县第二实验中学赵洪芹和淄博张店建桥实验学校程慧共同撰写完成。具体分工如下：孙培升老师撰写第二章、第四章和第五章，共计10万字；赵洪芹老师撰写第一章、第六章和第七章，共计8万字；程慧老师撰写第三章、第八章和第九章，共计5万字。

本书在撰写过程中，曾参阅了相关的文献资料，在此谨向作者表示衷心的感谢。由于水平有限，书中内容难免存在不妥、疏漏之处，敬请广大读者批评指正，以便进一步修订和完善。

目　录

第一章　历史教学导论

历史教学论是在20世纪兴起的一个学科教育学研究分支。纵观历史教学论的发展过程，以往的历史教学法偏重于“怎么教”，很少说明“为什么这样教”的问题，对“怎么学”的关注更是有限。诚然，从“教”的视角去认识历史教学，往往会将立足点建立在教学经验和教学技术的层面上，容易忽视历史学习的主体——学生。然而，一个无法回避的事实是，“学”往往要仰仗于“教”。因此，历史教学不可避免地经历了重授课技巧、重教学方法的基本阶段。如何使历史教学朝着更全面的阶段——教学理论和教学实践有机结合的方向发展，至今仍是一个悬而未决的问题。

第一节　历史教学论的学科含义

一、历史教学论的科学地位

对于历史教育理论研究来说，需要解决的基本问题包括“教什么”“怎样教”“怎样学”和“持什么观念去教”等，分别对历史课程论、历史教学论、历史学习论和史学理论等进行有侧重点的相应研究。但是，这些理论学说相互之间不是割裂的，而是有着密切的联系，谈及历史教学论就必须涉及这些理论研究的相关问题。

（一）对历史教学论的基本认识

从世界范围看，历史教学论不是一门孤立发展的学科。历史教学论的发展有赖于多种理论研究的进展：第一，它是随着教育心理学的研究，以及教育学的分支——教学论研究的不断发展而渐次形成的；第二，它的发展必须借力于历史课程论，尤其是历史教育价值研究的深入；第三，它的进展需要仰仗于历史教师专业的长足发展，以及对历史教师专业评价的进步；第四，它的发展必须以历史学的研究及其前沿成就为根基；第五，它的提升离不开史学理论的争鸣和研究的推进。

历史教学论不是一门纯理论学科。作为一个相对独立的理论体系，它必须兼顾“怎样有效地教”和“怎样有效地学”的问题。它既要研究教学的一般规律，又要有针对性地研究历史课程教与学的特殊规律，同时它还应密切关注历史教学实践，探讨用教学的一般规律和历史教学的特殊规律去指导教学的方法、策略和技术。也就是说，历史教学论既要坚持历史学科教学理论的研究，又要在理论成果的指导下开展应用研究，以解决历史教学实践中某些带有普遍性的问题。但必须明确的是，历史教学论的应用研究并不是要给一线教师开出一个具体的教学处方，而是要为教师的教学实践提供有益的启示和学科教学理论的支撑。

在我国，历史教学论是在历史教学法的基础上发展起来的，起步晚于西方。因中国古代教育有“文史不分家”的传统，只有“治史”之法而没有专门的历史教学法。自20世纪初清末新政起，虽然中小学堂开始出现单科历史课，但仍未同步出现赋予了近代意义的历史教学法。

我国历史教学论的发展与国外不同，世界范围内的学科教学论是在通用教学论的基础上发展起来的，而我国历史教学论的前身则是历史教学法。与历史教学法相比，历史教学论发生了许多根本性的变化。从教学的视角而言，历史教学法主要是从历史教学大纲或教科书的角度来理解教学的，而历史教学论则需要从课程和学习的角度来研究历史教学。历史教学法虽然也在寻求教学方法的理论依据，但更多情况下是在教学经验和感悟中积累教学的技术和技巧，由此，历史教学法强调历史知识的传授，追求按统一的历史专业体系培养学生，较少论及学生的个性特征和全面发展。而历史教学论则以当代各种理论成果为基础，寻求在科学的指导下实施有效教学，并逐步在历史教学的深入研究中完善自身的理论体系。

（二）教学论对历史教学论的影响

教学论是教育学科中一门独立的分支学科。从世界教育学的领域看，教育学是处于上位的学科，教学论是处于中位的学科，作为学科教学论之一的历史教学论是处于下位的学科。纵观世界教育的发展，历史教学论有一个在教育学的母体内不断孕育到诞生的历程。

捷克教育家夸美纽斯于1632年写成《大教学论》，被认定是在资本主义萌芽时期比较系统地论述教学理论问题的专著。他提出“泛智论”，主张教学必须顺应自然的过程，并在这个思想基础上提出不少教学原则，同时奠定了班级教学的理论基础。到了20世纪50年代，由于社会生产力和科学技术的飞速发展，出现了世界性的教育改革浪潮，随之出现了许多新的教学论主张。例如，布鲁纳的知识结构理论、斯金纳的程序教学理论、巴班斯基的教学过程最优化理论、洛扎诺夫的暗示教学法和瓦根舍因等人的范例教学等。这些教学理论都具有这样的共同特点，即探索新的教学过程的结构，尤其重视教学内容的革新，以适应当代科学技术迅速发展的新局面和大力培养科学技术人才的要求。当代教学论研究的另一重要特点是与生理学、心理学、脑科学的研究更加紧密结合。系统论、信息论、控制论等理论的出现，又为研究教学论提供了新的科学方法。众多的理论认识，对我国目前的历史教学论发展产生了不容忽视的影响。

以往，国外学者对于教学论研究对象的认识并不一致，基本处于两个极端。一端是以教学方法、技术、策略为研究对象，另一端是以教学一般规律为研究对象。前者有着明显的技术倾向，后者带有明显的学术取向，从而导致了教学论在学科性质认识上的长期分野。我们现在看到有数量庞大、风格迥异的欧美教学研究的翻译作品，诸如教学模式、教学策略、教学设计的名称林林总总，就是前一倾向理论升华后的成果。至于苏联的学者，基本主张学术取向。

对于教学论的学科性质和研究对象的新认识，引发了我们对于历史教学论进一步发展的思考。第一，教学论这一处于中位的学科，没有具体专业学科（如生物、地理、历史等）为依托，对教学应用的研究是有较大难度的，其中借用的某些学科教学的个案，在其他学科中应用会受到该学科特殊性的排斥。因此，处于下位的各门学科教学论的发展，有可能反过来促进通用教学论研究的进步。第二，教学论研究的是教学的一般规律，但历史教学论不能仅仅研究教学的一般规律，还要对历史教学的特殊规律进行深入的研究，因为开展历史教学实践研究的许多素材就存在于历史教学的特征之中，尤其是历史教学的特殊规律与历史学习关系甚为密切，这不仅关系到教学技术，而且涉及历史学习理论的研究。第三，各学科的研究理论对学科教学影响重大，例如史学理论对于持什么观念去教历史就有指导意义。

（三）历史教学论与历史课程论的关系

历史教学论与历史课程论之间关系的确定，在较大程度上受到教学论、课程论二者地位的影响。虽然，课程成为一个独立专门的研究领域发轫于20世纪初，但西方学者在教学论与课程论二者地位的判定上一直众说纷纭。有人认为，课程论是个广域的母系统，而教学论是其子系统。也有人认为，课程论与教学论是不可分割的整体。还有人指出，尽管课程论与教学论有时是结合在一起的，但各自有着不同的特点，是两个同等重要的具有独立性的教育领域。同时还有人干脆断定，教学论与课程论是并列在教育学中的下位理论。

由于人们对教学论与课程论的相互关系长期未形成统一认识，自20世纪80年代后期起，在历史教育研究领域中所取得的一系列研究成果出现了异彩纷呈的态势。

我们认为，历史教学论和历史课程论，都是从属于历史教育学的平行分支，有各自的研究对象。两者相互独立，但又具有一定的交叉。例如，历史教学论必须涉及历史教育的功能与价值，也无法回避课程（或教学内容）的问题。而历史课程论亦离不开历史教育各级目标（包括教学目标）的研究，对于历史教师的专业发展和学生的历史学习也应论及。在本书中，我们特意将“历史课程”与“教学内容”联用，因为从历史教学的研究视角来看，历史教学的内容体系是以历史课程的形式呈现的，而历史教学活动其实就是历史课程实施与学习有机结合的过程。

通常，人们将历史教学论的研究对象界定为历史教学活动的总和。那么，什么是历史教学活动呢？为了形成对历史教学论的完整认识，我们需要进一步认清历史教学活动的含义。

1. 教学活动的含义

不少历史教师对“历史教学活动”的看法，基本上是出于对字义的直观解释，即将其分为“历史”和“教学活动”两部分。按照这样的认识，历史教学指的就是“教历史”与“学历史”二者的结合。换言之，就是在历史课堂中的“教”与“学”活动的总和。

但是，历史教学是否应这样简单地划分为“教”“学”两途呢？的确，自人类社会出现教育以来，教与学就成为相互伴随而发展的一项活动。但教学的概念是从教学现象和教学实践中抽象和概括出来的，教学的内涵必将随着历史的进步而不断发展。因此，“教学”是一个动态发展的概念。纵观世界教育发展的历程，“教学”的外延在不断扩展，不仅仅局限在课堂的教与学，人们对“教学”的认识也在不断深化之中。

随着学校的产生，教学活动专门作为学校的独立活动，有别于在社会生活和生产劳动过程中的培训活动。以教学为主，是学校同工、农、商等部门的根本区别，没有教学就没有学校。以教学为主，也是由学生在学校学习的间接经验为主的特征决定的。历史的过去性特征，凸显了历史知识的间接性。历史教学，被认为是学生掌握间接性的历史知识的捷径。但是，不同层次的历史教学，其教学活动具有不同的要求。比如，高等院校历史专业的教学与中学历史教学有着显著的区别。高校的历史专业教学以培养历史学专业人才为基本目的，而基础教育的历史教学则以培养合格公民为宗旨。显然，不同层次学校的历史教学，也有不同的任务要求。在现代社会中，基础教育所要实现的不仅仅是知识的传授，它要完成的任务是全方位的。以历史教学为例，既有历史知识的获得、智力的发展、能力的培养和提高，也有思想品德的完善、基本技能的形成、个性特长的发展等。结合教学概念的动态发展过程，我们完全可以认为历史教学活动所涵盖的范围也不是一成不变的。

如今多数的研究者都主张，教学是教师的教和学生的学所组成的一种人类特有的人才培养活动。如此看来，教学首先包含了教师和学生两者的交互关系。然后，作为人类特有的人才培养活动，也应在一定的环境与条件中进行，还应具有一定的技术含量、成果创造，以及对质量和效益的追求。此外，作为教学活动必然存在着特定的过程和环节，并贯穿了人的行为与操控，其中也隐含着人的思想情感。当然，这就不再是简单的“教”与“学”两部分了。

我们认为，历史教学活动是历史课程实施和历史课程学习的有机结合。为进一步说明这个观点，有必要通过分析历史教学内容体系来获得更全面的认识。

2. 历史教学的内容体系

在学校的历史课堂上，教师教的是什么，学生学的是什么呢？有部分教师认为历史课“教”的就是历史教科书。更有人直观地认为，“不论是教师教的，还是学生学的，都是历史”。至今，有不少人仍然坚持这样的观点。由此，诸如“历史课只能讲真实的历史”“必须呈现和使用一手的史料”“历史的本相只有一个，历史教学不容虚拟”等论点不绝于耳。可见，以纯粹的历史来组织教学内容的现象，不但长期占据着大学历史课堂的主流地位，也在中学历史课堂有着深厚的根底。

随着时代的发展，历史教学本身发生了巨大的变化。其中，最值得我们关注的是教学内容的变化，这一变化是随着历史课程的发展而出现的。

什么是历史课程呢？有人将课程的定义直接引申到对历史课程的理解之中，认为“历史课程”是指历史学科和历史教学活动的总和，包括历史教学计划、历史教材、历史教学活动等。根据这一认识，我们所看到的只是历史学科知识体系的物质性教学文本，实际上并不是历史课程的全貌。

一是该定义将课程与学科等同，混淆了历史课程结构与历史学科知识体系的认识。历史课程涵盖了历史教学的所有内容，其中基础的部分确实是历史知识。没有“历史味”就不是历史课，我们对此表示认同。但“历史味”应该是什么？这是所有历史教师都应该深思的问题。历史课程以历史学界公认的基本概念、基本原理、基本史实和基本方法作为学生学习的基础，这是两者之间的联结点。历史课程的实施不仅是让学生学会历史，还需要引导学生学会从历史的角度去认识人与人、人与社会、人与自然的关系，并学会从历史中汲取智慧，提高人文素养。可见，历史课程不仅有历史的，也应有与时代、现实和学生经验相关联的非历史的成分。

二是该定义将课程与教学计划、教材直接挂钩，实际上将历史课程视为固化的教学系统流程，将教师、学生、教学环境、课程资源等众多的因素从历史课程中生生剥离。在历史课程的实施中，教科书只是历史课程中的重要资源，但不是唯一资源。历史教学除了要看到教学计划和教材的作用外，还应倡导师生的互动、教学环境的创设、课程资源的开发与利用。尤为重要的是，还应关注学生的学习。历史课程虽然表现为课程标准的文本形式，但它是要予以贯彻实施的，并不是一个僵化的文本，而且必须通过师生的教学活动展现其灵动性。

我们认为，历史学并不等同于历史课程。它们两者间存在着必然的联系，然而两者分别是两个不同的系统。历史学的系统中包括了三个基本部分：一是历史的本相，这是历史学研究一直在努力追求的真理；也包括了前人留下来的各种史料和历史遗存，这是探求历史本相的证据。二是目前人们认知的相对真理，某些公认的历史定论、既定的历史概念和归纳的历史发展规律。三是历史的假说和相关推论，包括了在研究中运用的各种理论方法。这三个部分都以历史教学内容的形态纳入历史课程的系统内，但不是整体的，而是被有选择地纳入。在历史课程系统内，包括了被课程专家精选的史学知识，还包括了学习方法、课程资源以及培养公民基本素质的各种养分。课程是一个供学校开展教育的专门系统，历史课程是其中的一个子系统。历史课程以课程标准的文本形式为教学计划的编制、历史教科书的编写、历史教学活动的开展和学生的培养提供了一个基本的依据，我们不应把历史课程与历史学、历史教材等同。

3. 历史课程的主体

从课程的审定、课程的实施、课程的学习三个方面来认识其主体。

第一，历史课程审定的主体是国家。在当今世界上，政府颁布的课程标准体现了国家的教育主权。课程标准对具体学科课程的总体设计、课程性质、课程目标与基本内容做了统一的规范性要求。在我国，教育部制定基础教育课程发展总体规划，确定国家课程门类和课时，组织专家团队制定历史课程标准，宏观指导基础教育领域的历史课程实施。专家编制的历史课程标准草案，均应提交国家有关机构进行审议。显然，国家是历史课程审定的主体，但课程则需要一线教师予以实施。历史课程的审定是国家对课程的刚性要求，在具体实施中则有向弹性发展的趋向。正如一些专家所指出："政府下达的课程要求弹性日益增大，以使学校能够充分考虑地方的情况和需要，作出更多决策，用最好的方式实施课程政策。"显然，课程实施的弹性，是为了达成有效教学的目标。

第二，历史课程实施的主体是教师。从历史课程实施的角度看，历史教师的主体地位是不容置疑的。国家课程以课程标准为基本文本，其具体实施者是广大一线教师。近年来，当人们将视角局限于教学活动中时，很难对历史教学的主体作出恰当的界定。有人认为，教师是教学的主导，而学生是学习的主体；也有人断定，教学的主体就是学生；也有人提出折中的观点，教师是教的主体，而学生是学的主体。看法的不一致，致使一线教师在课程改革中的主体意识难以确立。当我们置换一下视角，将目光转到历史课程上来，就会理解教师在课程实施中的主体地位。这一认识的确立，既有助于历史教师确立主体意识，也有助于历史教师确立课程意识。在当今世界上，教师对于"课程实施的'忠实取向'正在被'相互适应取向'与'课程创新取向'所超越"。这充分表明了教师在课程实施中主体地位的提升。

第三，历史课程学习的主体是学生。虽然，历史知识大都体现为间接性的知识，在历史教学中教师的讲授很重要，但学生在历史学习中应该具有主体地位，不能一味充当被"间接经验"灌输的对象。实际上，学生的智力水平并非人人一致。从天生智能的角度看，每位学生均有不同的智能优势区域；从思维的特性看，每位学生都有不同的个性表现。同时，学生在学习历史前并非处于一无所知的状态，学生对历史的认知也会受到各种非智力因素的牵动，学生在历史学习中有自身元认知提升的过程。上述这些方面，都表明了学生这一学习主体不是铁板一块，其多样化的表现是历史教师在实施历史课程时应该认识到的。

我们应该看到，课程是一个动态发展的系统。第一，课程的内涵会随着时代要求的变化而发生改变。英美两国的历史课程标准颁布后，都在数年间再度修订。在我国，历史课程标准也在重新制定之中。第二，课程的外延会随着时代的要求不断扩展。关于这点，集中表现在国家、地方、学校三级课程的产生上。20 世纪 90 年代末，中共中央、国务院《关于深化教育改革全面推进素质教育的决定》就提出，为了改变课程管理过于集中的状况，我国实行三级课程管理体制，以增强课程对地方、学校及学生的适应性。三级课程的出现，体现了国家教育权的分立与下移，也体现了课程制定中的统一性与多样性相结合的原则。在三级课程体制下，最终的教育权仍由国家把握。各级教育行政部门应根据国家对课程的总体设置，规划符合不同地区需要的课程实施方案（包括地方课程的开发与选用），并报教育部备案。学校在执行国家课程和地方课程的同时，可开发或选用适合本校特点的课程。不论课程如何发展，课程实施的主体和课程学习的主体是不变的。而且，不论哪类课程出现，都以教与学的有效性为宗旨，只不过关于“有效”的视角和立足点，在不同的时代人们有不同的看法而已。

二、历史教学论发展的趋向

肇始于第二次世界大战后期的新技术革命，对人类的生产、文化乃至社会生活等各个方面都产生了深刻的影响，并预示着人类发展新时代的到来。20 世纪 90 年代中期，联合国经济合作与发展组织在其发表的《科学、技术和产业展望》报告中，正式使用了“知识经济”这一概念，此后，“知识经济”便成为人们耳熟能详的词语。

在知识经济时代，劳动者的素质和结构将发生重大的变化，知识劳动者将取代传统的产业工人。所谓知识劳动者，主要是指从事知识与信息收集、处理、加工和传递工作的劳动者。此外，在知识经济时代，科学技术的不断更新，将改变“文盲”这一概念的传统内涵，“文盲”一词将不再单纯指没有文化、没有知识的人，而是指不能继续学习、不能更新自己的知识和技能的人，正是在这个意义上，有人也把知识经济称为“学习经济”。

自20世纪逐步形成的当代教学论，是基于上述时代背景发展起来的。从总体上看，当代教学论大致有四个发展特征：第一，注意研究课程与教材的改革，以促进教学内容现代化，掌握教材更新的规律，以适应科学技术高速度发展的要求。第二，强调在教学中发展学生的智力，培养学生的科学态度和创造性思维能力，使学生对未来工作具有更大的适应性。第三，加强教学技术现代化的研究，实现视听教学技术的广泛应用，使教学方法迈进新的阶段。第四，重视自学能力和操作能力的培养，要求在教学中引导学生学会学习并掌握科学的方法，把用脑与用手结合起来，为终生的学习与工作奠定基础。

因为基础教育应关注每位学生的发展，偏重于研究超常学生培养的特例，不论成功与否，都不会从整体上提升教育的质量。故除了该点之外，其余各点对我国课改以来历史教学论的发展影响较大。比如，通过历史课程与教科书的改革，促进历史教学内容的革新；强调在历史教学中培养学生求真求实的科学态度和历史思维能力；注重在历史教学中引导学生掌握学习方法，学会学习等。

近年来，学界对上述某些方面进行了反思，产生了一些不同的认识。例如，对于上述第三点，“加强教学技术现代化的研究”，人们认为这已经不能代表历史教学的发展方向。教学技术的现代化，历史教学的一些新教学方法，但现代教学技术在教学中毕竟起着辅助作用，即使引发新的教学方法，也不一定对有效教学起决定性的作用。单纯强调教学技术现代化，难免会陷入“只见物，不见人”的误区。此外，即使从物的角度看，一些传统的历史教具仍在教学中有不可替代的作用。比如，具体的历史文物，能直接反映出质感、状貌，这是多维图像所无法做到的。还有历史遗址，学生到达现场观摩的感受，就不是看图片或影视的感觉所能相提并论的。

值得一提的是，有些论者对世界范围内课程改革的效果提出了质疑，其中的一些认识可能对教育改革导向的转变产生影响。这些论者认为："世界教育改革的教训揭示，课程改革很少有成功的，恰恰相反，在频繁的课程改革中，失落的是公立学校的教育质量和学校长期发展的动力；在捉摸不定的课程理念的话语中，迷茫的是教师的教育行为"。21世纪以来的研究表明，学校教育质量的基础是教师专业发展，所以，教师作为"学习者"的命题将教师的可持续发展推上了议事日程。对于这一看法，我们并不完全认同。在我国，课程改革所带来的各种理念，起初确实引发了一线教师诸多的困惑。但现实是，我国以往的历史教学内容陈旧且长期没有更新，教学方式一直是单纯讲授的一统天下，教科书是全国东西南北同一个版本，假如不进行课程改革，历史教学将难以改观。随着课程改革的推进，不少历史教师的教育行为已经找到了新的方向，并不是一直处于迷茫状态。其中，一大批优秀历史教师脱颖而出，成长为专家型的教师。也因为有此基础，有这样的实践成果，我们才有可能将教师的专业发展作为今后教育改革的新的切入点。

今后，历史教学论的发展趋势究竟如何？我们认为可以从这么几点来看：第一，知识经济时代的影响仍会继续推动历史教学论的发展；第二，在历史课程实施中，提升历史教学的有效性仍是一个核心课题，而"有效"的目标是学生的可持续发展，其立足点是教师的专业发展，对历史教师专业发展目标的研究是历史教学论新的增长点；第三，教师专业发展的外驱力是对教学的评价，对教师的评价将成为教育研究的重点。但这也是一个难点，其中需要解决的是"如何合理运用学业成绩与学习效果评估教师"的问题。

第二节　历史教育观念的跨世纪转变

历史教育观念的转变是一整个系列认识的转变，包括了对“历史”认识的转变、对历史课程认识的转变、对历史教学认识的转变和对历史教科书认识的转变。这一系列认识的转变是从重新审视“历史”起步的。

一、对“历史”认识的转变

历史是什么？从广义的角度而言，历史指的是世界万物变动的过程，可分为自然史和人类社会史两大方面，而狭义的历史专门指人类发展史。假如从更狭窄的角度看，历史则必须以文字记录为基础，即文字出现之后的历史才算真正的历史，在此之前的历史均称为史前史。就近代以来的认识而言，“历史”二字包括了“史实”和“史学”两大方面。《大英百科全书》是这样解释的：“历史一词在使用中有两种完全不同的含义：第一，指构成人类往事的事件和行动；第二，指对此种往事的记述及其研究模式。前者是实际发生的事情，后者是对发生的事件进行的研究和描述。”这一解释，显然将历史看成了描述性的学科。

自历史哲学发展起来后，人们对史学的认识逐步发生了变化。一开始，历史哲学仅仅关心如何改进历史研究的方法，认为被研究和记录的历史就是真实的历史。在唯物史观出现后，其基本观点对史学的认识产生了巨大的影响。唯物史观认为，历史事件是客观存在的，历史是历史学家主观对客观的历史事件的认识。由于人主观认识的局限性，对客观的历史事件的认识是有限的，主观的认识不能完全符合客观的历史，因此只有不断改进对历史事件的认识，逐渐逼近史实，这一过程同自然科学的过程一致，这种历史学称为“历史科学”。显然，已经开始提及历史隐含了史学研究主观解释的成分。历史哲学的发展，意味着历史学从单纯的历史记录阶段发展到对历史的解释和对历史规律的探求阶段。

基础教育中的历史课程，以狭义的视角来遴选历史知识，并将其列入历史课程内容标准。世界各国经历了20世纪初基础教育的“历史危机”后，有志于创造新历史学科的各国学者逐渐澄清了一些认识，纠正了原来的一些认识误区，对“历史”作了进一步的解读。

第一，由于历史是世界性的、大众性的，不仅是王者、强者的历史，每个人身边都有历史，因此，每位学生的生活经验都可以与历史进行接触，历史教学完全可以谈及市井小民和乡间琐事，历史课堂也可以涉及时事热点，而无须担心误闯新闻时政领域。目前，不少教师在历史教学情境设计上，就借用了时事热点和学生经验的成分；不少历史教科书甚至考题已把视角向社会史扩展。

第二，因为历史不仅是一门描述性的学科，也是一门解释性的学科，目前引入历史教学的概念、论点以及一些规律性的认识，主要是源于人们的主观阐述。虽然其中也包括一些列入史料的正史、档案、人物日记，但这些材料实际上都带有主观认识的因素。显然，历史教学中所出现的一些观点和结论，可以依据其他材料重新阐释。由此，历史课程的结构也不一定要按照叙述性的通史思路铺陈，完全可以做出不同的调整。同样，教师的历史教学设计也完全可以对课程结构和教科书结构进行重新整合。

第三，由于历史可以与全体学生的切身体验相衔接，并具有解释性的特点，同时历史是解决问题的学科，因此，历史教学不仅可以开展探究，而且可为学生学习解决现实问题奠定基础，进而与解决实际问题相联系。

众所周知，历史是客观存在的事实，其本相具有唯一性。然而，记载历史、研究历史的学问却往往随着人类的主观意识而变化、发展并不断完善，具有多元性。人们对史实的述说，不仅有相对科学的理解和认识，甚至也有歪曲和捏造的成分。例如，西方的历史学开始于公元前5世纪，古希腊作家希罗多德在《历史》一书中记录了希腊与波斯之间的希波战争，历史从此自神话和文学中脱离出来成为独立的学科。希罗多德也因此被古罗马哲学家西塞罗称为“史学之父”。但在希罗多德的记录中，真实事件与虚构事件是混杂其中的，并不全是真实的历史。20多年后古希腊人修昔底德所著的《伯罗奔尼撒战争史》，才以严谨的治学态度和翔实的历史记载，成为西方世界第一部“信史”。

二、历史课程认识的发展

近代以来，世界上的发达国家一直引领着课程改革和发展的潮流，这一潮流呈现了“否定之否定”的螺旋式上升历程。先后出现了体现不同教育价值取向的课程，有学科中心课程、社会中心课程、学问中心课程和人本主义课程等。

自18世纪欧美修订课程起，有了真正意义上的学科中心课程。其中，做出重要贡献的是德国的赫尔巴特。工业经济时代学校教育的中心任务是传授知识，因此系统的知识几乎成为“课程”的代名词。当时的人们赋予了知识一些“神圣”的特征，包括：知识不仅是绝对的，而且也是客观的，知识成为外在于人的、与人毫无关系的、类似于地下宝藏那样的客观存在物；面对知识，人仅能做到的事只有“发现”。在这种观念的指导下，历史教育必然会出现书本中心、教师中心、死记硬背的现象。因为，学生所学的历史知识是客观的，它是由史学家发现的，学生的任务只是接受、存储史学研究中发现的历史。这种课程观最大的弊端是：教师向学生展示的知识世界具有严格的确定性和简约性，这与学生真实的生活世界毫不匹配，因为现实生活是以不确定性和复杂性为特征的。在历史教学中，与知识、技能传授无直接关系的校内外现实世界往往遭到排斥。“学了历史有什么用”的疑虑油然而生。

人们近年对“传统”历史教育的批评，实际上是针对学科中心课程所存在的缺点而言。当对其优点进行分析会发现，恰好可以弥补现行历史专题课程的缺陷。目前大学的学科中心课程有着不可撼动的地位，其中原因恐怕即在此处。但是，中学历史课程是否需要继续坚持这类课程？我国课程专家在对世界近代以来代表各种课程流派研究的基础上，采取了扬长避短、兼容并蓄的做法。从而，现行的历史课程呈现了多样化的特征。

三、历史教学与历史知识

历史教学是一个复杂的系统。根据国内一些专家的归纳，德国的历史教学界是从七个方面来认识历史教学的，这些认识包括：一是历史课的教学方法应该能使学生通过简单的事例来检验所获得的各种历史信息和知识，并了解其局限性，同时让学生积累从多方面观察和判断人类行为的动机和结果的经验。二是历史课的教学应扩大区分年代的意识，并阐明历史是发生于时间和空间之中的事件。三是对低年级学生的教学方法，重点应该放在传授人类过去生活形态的基本形式和基本问题。应当经常向学生提出这样一些问题：在过去的岁月里，人类是如何在当时的气候、地理和文化条件下为自己解决食物、生活用品和住房的；小群体和大群体的集体生活是如何形成和组织的；他们创造出了哪些人类文化；他们的宗教和道德上的观点是什么；他们是如何摆脱已有的冲突的。四是对高年级学生的教学，除了上述方法外，还应该重点引导学生认识各个历史时期的特点，以及它们对当今世界的现实意义。五是在确定教学中的具体学习目的和内容时，历史教师应该主动寻找有针对性的教学课题。由于学生年龄和知识基础的差异，对于复杂的历史情形，在追溯其基本的形态过程和内在的联系时，要考虑到教学课题提出的可行性和学生的兴趣。教学中的提示部分应有助于教师在提供式、获得式和发现式的教和学之间确立一种有价值的、与目标一致的关系，避免方法上的片面性。在教学中描述历史时，应尽可能直观和具体，但不能虚构历史。六是许多历史教学课题应通过查阅地方和地区历史材料，运用历史图片和文字的背景资料，以及考察历史文物和参观博物馆等方式，使历史课更加生动形象，并且要鼓励学生自己去查询，以锻炼和提高能力。七是在各个年级的历史课程教学中，应建立与其他课程的联系。

历史知识一般划分为陈述性知识、解释性知识和程序性知识。据以上德国对历史教学七个方面的认识，我们试对三类历史知识的学习做如下判断。

第一，陈述性知识需要说明“是什么”的问题。也有的学习理论将这类知识再细分为事实性知识和概念性知识。在历史教学中，陈述性知识以直观、具体的面貌出现：一是需要引用史料证据；二是需要进行时空定位。在历史学习中，学生不仅应学会从材料中提取有效信息，还应具备收集材料、辨别材料和整理材料的基本能力。假若只会从教师或测试题目提供的材料中提取有效信息，那么实际上并没有掌握史料运用的全部能力。同时，历史上人类的所有活动离开特定的时间、空间范围，将失去考察其动态发展的标尺。

第二，解释性知识需要对“为什么”作出解答。要解决“为什么”这类问题，就需要运用史料、需要探求社会发展中各种复杂因素交织的因果关系，需要具体地、发展地、辩证地、全面地认识历史和社会的基本问题。

由此，历史教学应考虑结合学生的生活经历、人类生活的基本状态、时代的特征和乡土资源等，使学生架起历史与当今之间的桥梁，并建立起各学科之间的连接，从而深入地理解历史。

第三，程序性知识主要是完成“怎么看”和“如何做”的任务。这不仅需要学生具有一定的基础知识，还需要有一定的分析问题、评价事物和解决问题的能力，更需要学生运用正确的情感、态度和价值观对历史事物作出相应的判断，并可扩展到对社会生活现状的判断。因此，让学生积累从多方面观察和判断人类行为的动机和结果的经验，了解人类文化创造，了解人类的宗教、道德观点，认识人类如何摆脱已有的冲突等，都是十分有必要的。归根结底，这是普通人应具有的“决策”能力，即解决实际问题的能力。

四、历史教育功能与价值定位

学了历史有什么用？为什么要学历史？前者涉及对历史教育功能的认识，后者涉及历史教育的价值。这两个方面都是与历史教育意义这一根本性问题有关的。

对于“为什么要学历史”这个问题，人们的认识是五花八门的。因为，对它有些想法的，并不限于学者和政治家，几乎每个人都有可能想一想。通常认识这个问题大都是从“个人”的视角出发的。以“个人”角度看待历史教育，往往为学者所讳言。但是，从历史教学活动过程来看，学生对历史的看法是历史教师无法回避的。对学生来讲，学习历史有“兴趣说”“实用说”“理想说”等。学生喜欢历史的原因五花八门，有的学生喜欢听历史故事，有的学生是对讲课教师产生仰慕之感，有的学生是受生活中某些人的感染，有的学生是对某种涉及了历史的文学作品或影视作品产生兴趣。这些都可以归结为“兴趣说”，其中绝大部分都是与学生所处的外部环境有关。关于“实用说”的想法也会有，例如，有的学生认为学了历史可以增长见识，有人则是为了考试获得高分。至于“理想说”可能较少见，但不排除有的学生以后想当历史学家。这些纯真率性的想法，都会对历史学习产生一定的影响。

关于“为什么要学历史”，教师通常是从“学了历史有什么用”的角度去教导学生，这涉及对历史教育功能的认识。对此，社会上主要存在两个基本的认识视角：一是“政治”的视角；二是“社会”的视角。这两个视角不仅是出自教导学生“要学好历史”，还着力于思考“我们应该有怎样的历史课”“什么样的历史课才是我们真正需要的”这类问题。但是，在考虑这些问题时，两种视角会形成不同观点的激烈碰撞。例如，英国在实施新历史课后，公民素质教育的功能显现出来，也在一定程度上解决了学生不愿上历史课的问题。但英国国内一些政治家就提出不同看法，指出新历史课中的平民因素出现后，传统历史中的名人被忽略了。

对于历史教育功能大致可以归结为以下三个方面：第一，对个人而言，学习历史可以增进知识，增强证据意识，促进思考和认识发展；提高人文素养，帮助认识自我、认识人生，正确评价他人、尊重他人，培养健全人格；以史为鉴，联系现实，服务于今后个人的发展。第二，对一个民族而言，增强民族意识，弘扬优良传统，进行爱国主义教育；经世致用，服务于社会和国家。第三，对人类文明而言，学习历史传承历史，延续文明；尊重多元文化，培养全球意识；吸取前人的智慧与教训，造福人类。

第三节 学校教育理念的演变

学校教育理念是教育主体对教育现实的反映，同时，也指导着学校的教学活动和学习活动。近几十年来，我国的学校教育理念从应试教育理念、素质教育理念，到发展至今的以核心素养为核心的全新的教育理念。从中不难看出，我国的教育理念在不断发展，不同时期的教育理念指导之下的教育实践都有着不同的特点与影响。

一、从应试教育到素质教育

（一）应试教育

时至今日，应试教育理念依旧对教育实践有着极为广泛的影响。对于教育理念存在的原因、发展过程、基本要素以及影响有一个清晰的认识，有利于在我国原有的教育理念基础上进行变革以推行核心素养的教育理念。

1. 应试教育存在的原因

随着研究者对应试教育研究的逐渐深入，对于应试教育形成的认识已经比较科学。经过对学者的观点进行分析，应试教育理念存在的主要原因有四个方面：

（1）经济根源

关于应试教育理念存在的原因，前人的研究有这样的表述：“应试教育是在资源稀缺条件下，人们激烈角逐教育机会的产物。”① “应试教育现象是教育供求关系失衡（需求远大于供给所引起的畸形竞争）的结果，只要教育供求关系的失衡现象依然存在，则应试教育还将继续存在下去。”②

---

① 郝英奇，刘金兰．应试教育的动力机制分析 [J]. 教育发展研究，2016（18）：11-14.

② 江峰．林玲．论教育的竞争与应试教育 [J]. 南京师大学报（社会科学版），1999，（03）：72-78.

不难发现，应试教育存在的经济根源是：对社会有限资源的竞争和教育事业发展的落后，从而导致教育需求大于供给的局面，是应试教育理念长盛不衰的基础。

（2）文化根源

应试教育理念是中国的文化产物之一。“应试教育是科举制度的延伸。”①科举制度对于中国人的影响之最就是考试被认定为人们向上级阶层进步的梯子。“中国文化具有长期目标导向的特征……中国文化讲‘面子’。”②人们对于中华文化的片面理解和对于落后文化的追求，是应试教育存在的文化基础。

（3）人为因素

“‘应试’教育最简单，最容易，最省事。尤其是长期在‘应试’教育中成长起来的老师，对这种训练死记硬背的机械操作驾轻就熟，得心应手③。”应试教育理念的存在，其中一个很重要的原因就是人们对教育理念做了最简单的选择和固化处理。

（4）人才评价标准

“教育越来越成为雇主雇用劳动力的信号，即受教育程度成为是否被优先雇用以及工资高低的标志。”④应试教育是由异化了的社会评价机制所引发的。这种单一衡量人才的标准，使得培养人才的教育不得不为学生能否进一步接受高等教育着想，为学生能否顺利跨过用人单位录用门槛而考虑。于是，应试教育理念就不断得到了传承与强化。

2. 应试教育的发展与由来

应试教育倾向的教育思想有着悠久的历史。其中，最为突出的就是科举制度，它使考试成为中国社会筛选人才的一种重要方式。人们在现实的教育活动过程当中，把考试这一手段变成了目的。

在中华人民共和国成立之后，国家高度重视教育对于提高全民族素质

① 郝英奇，刘金兰 . 应试教育的动力机制分析 [J]. 教育发展研究，2006（18）：11–14.
② 郝英奇，刘金兰 . 应试教育的动力机制分析 [J]. 教育发展研究，2006（18）：11–14.
③ 李镇西 . 何以迷恋“应试”教育的锁链 [J]. 湖南教育（A 版），2016（03）：57.
④ 王境宇 . 论教育竞争的异化：关于应试教育的反思 [J]. 湖南社会科学，2007（02）：186–188.

所起到的作用，大规模地进行教育事业建设，成功兴起了世界上最大规模的义务教育。然而，中国的生产方式仍未能够满足人民日益增长的文化需求，教育资源始终有限，教育质量的区域差异仍然存在。这就决定了中国的教育资源无法满足社会所有成员接受高等教育的要求。因此，教育的筛选和选拔性功能便显得尤为重要，应试教育成了学校主要的教育追求。近几十年来，应试教育理念成为中国学校教育的主流教育思想，从而影响着学校的教育实践。

3. 应试教育的基本要素

虽然应试教育的教育思想在我国教育中占据统治地位已有多年，但却缺少对应试教育这个概念统一的成文规定。下面将通过分析国内学者对应试教育的现有成果的描述，来窥视应试教育思想所包含的基本要素。

（1）目标取向

有学者认为，“‘应试教育’是指以升学考试为目的、以选拔或淘汰为主要手段的教育”。[①]“它是一种应付考试的教育。”[②]也就是说，应试教育理念以升学为目标取向，这样的教育是为了学生能够顺利拿到高等学府的录取通知书。

（2）教育性质

有学者认为，“‘应试教育’是以应付升学考试为目的的违反教育教学规律的一种传统教育模式”[③]“是选拔淘汰教育”[④]。简单地说，这折射出应试教育是十分注重选拔性的。

（3）教育内容

有学者认为，“应试教育”的内容也偏重于升学考试科目的书本知识。“以应试为目的的教育训练活动”[⑤]“凡不考的就不认真教，甚至不教；把‘教’和‘学’的重点放在解题上……教给学生各种各样的解题方法，

① 蒋芝英 . 素质教育与应试教育散论 [J]. 教育发展研究，2010（11）：85–87.

② 赖德胜 . 从“应试教育”转向素质教育的经济学解释 [J]. 教育研究，2004（03）：9–13.

③ 徐晓云 . 试论应试教育与素质教育——战略的转移：从应试教育到素质教育 [J]. 教育理论与实践，1992（6）：2–6.

④ 王学志，王明 . 浅谈素质教育与应试教育的差异 [J]. 教育探索，1996（05）：28–29.

⑤ 谢维和 . 素质、发展与教育 [J]. 教育研究，1995（12）：40–43.

然后要求学生记住这些方法……”[①]由此可见，应试教育是一种只以教材知识和应试技巧为教育内容的教育活动。

综上所述，应试教育的教育思想包含着以学生的升学为目的、片面地追求考试成绩、过分地重视知识的积累、注重选拔和淘汰等几个基本要素，是一种较为片面化和功利化的教育理念。

4. 应试教育的教育理念对于我国教育的影响

作为一种教育思想，应试教育是中国教育实践探索的产物。作为一种指导理念，应试教育的教育理念为中国的教育乃至中国的社会做出了贡献。

（1）应试教育的理念创造出了一种相对公平的环境

应试教育让所有人都可以在一个相对公平、公正、公开的平台上竞争，并获得相应的教育资源和其他社会资源。应试教育作为一种规则，是极具合理性的。

（2）应试教育在一定时期内合理地配置了国家有限的教育资源

应试教育的理念从配置资源方面来看，是符合公正合理地分配有限的教育资源，为有能力和有意愿进行深造的学子提供机会，为国家进行社会主义建设输送人才这一要求的。

（3）应试教育理念主导下的教育培养了学生一定的素质

在应试教育之下，学生为了争取能够进入更好的学校进行学习，努力拼搏，吸取知识，并且养成了坚定不移的意志力和超强的学习能力。“应试能力是综合能力的重要组成部分，应试教育也有助于提升学生的综合素质”。[②]无可厚非，应试教育的思想也锻炼了学生一定的心理素质和学习能力。

同时，在应试教育这种教育思想指导下的教育，是以追求升学为目标的培训式教育，已经带来了较多的弊病，因此，它不能很好地适应现代社会的发展，助力全面发展人才的培养、专业教师和先进教育的发展。

① 沈克琦 . 对素质教育、应试教育和高考改革的一些看法 [J]. 人民教育，1999（02）：24–25.
② 孙薇，郁钰 . 应试教育与素质教育并非水火不容 [J]. 中国教育学刊，2016（05）：23–25.

①学生的综合素养得不到培养和发展

应试教育之下，学生素养的培养仅停留在考试所考范围内知识的积累和题型的训练，应试素质较好，但其他素养却被忽视了。“高分低能”者对各种考试精通老到，却缺乏最起码的人格修养或无法适应社会的综合素质要求。[①] 这种教育思想以牺牲大部分学生素养的培养为代价，仅使部分学生的一些素养得到了发展。

②教师变成了培养“考试机器”的“教书匠”

“在此应试环境下，多数教师身上带有的特征有：对考试试题研究透彻，能总结出一套直接的、高效的应考教学方法，无形中使学生逐渐形成了一种‘学生为了分数学，为了考试背’的思想束缚；在平时的教学中按照考试大纲来安排教学内容，大纲没有明确规定的内容尽量不在教学过程中体现，灌输式的教学方法较为普遍，而拓展性知识较少；教学模式传统，突显的是一种‘教师主体’的教学思想，学生课堂主动参与度低。”[②] 教师功利地从事着教学，却忘了传道授业解惑的教书育人的责任。

③导致学校教育的片面化和停滞状态

以应试教育为主导的学校教育放弃了学生除应试能力以外的其他素养的培养，从而形成了单一人才观的片面教育。

对于应试教育的分析是在前人的研究成果上进行的，本节在分析了应试教育存在的原因、发展历史、基本要素以及影响之后，便对应试教育有了更为全面的了解。应试教育理念是把教育的选拔性功能放大，而忽视了教育的社会化功能，即培养人的单方面素养的一种教育思想。教育实践取得的进步必须以先进的教育理念为指导。应试教育理念弊大于利，所以，逐渐被新的教育理念——素质教育所取代是必然趋势。

（二）素质教育

素质教育是改革开放四十多年以来的教育重心，它跳出了理论的僵化

① 钱民辉．教育处在危机中变革势在必行：兼论“应试教育”的危害及潜在的负面影响 [J]. 清华大学教育研究，2000（04）：40–48.

② 王境宇．论教育竞争的异化：关于应试教育的反思 [J]. 湖南社会科学，2007（02）：186–188.

模式，力求打破应试教育不科学的教育方针。我国的教育事业不断地寻求突破和进步，充分认识到落后的应试教育的功利主义不再适应社会的需要，从而提出了实施素质教育的新政策。

1. 素质教育存在的原因

全国乃至全世界的可持续发展论对于教育发展的面貌提出了严格的要求，要求教育对人的素质培养超越维持性状态，生活教育理论倡导回归生活世界，在现代化的素质教育发展之下，学生不再是单一接受知识的受教育者，而是追求思考、探索与创新的新一代未来改革家。实施素质教育的因素主要集中在四个方面：第一，中国吸收中外优秀教育理念的精华，是结合改革开放的创新、求实思想和学生的全面发展的现实需要提出来的。第二，过去只追求数量而忽略质量的“应试教育”，难以发挥出受教育者的实际才能，遏制了“人才”的思维能力，所以遭到了社会的摒弃和淘汰。第三，经济基础的蓬勃发展，各阶层教育意识的不断深化，追求素质、才能、道德等的教育要求逐渐提高，渴望建立全面的教学环境和崭新的教育制度。第四，为了适应知识与智慧并重的时代步伐，实施素质教育更加能够贯彻落实科学发展观的指导方向，真正做到解放思想，与时俱进。

2. 素质教育的影响

素质教育最大的成就是揭示了教育真谛，取得了基本共识。灵活多变的教学策略打破了僵化的教学模式，追求的目标是满足学生学习需要，让学生体验成功。

素质教育的终极目标是回归生命本体的教育，作为人的生命发展形态，人格建树和智慧生成成了教育最重要的目的，向生命回归，把教育与生命发展相结合。

素质教育的影响力辐射到农村落后的教育地带，改变了农村教育停滞不前的局面，致力于解决农村中小学只重视知识传授，而忽略了学生德智体美的全面发展，对于处理学生厌学情绪以及学习困难的问题具有独特的价值，保证了教育的公平性，树立了农村青少年学生终身学习的理念。

3. 素质教育的局限性

素质教育依然存在局部的问题与局限性，使之成为素质教育稳步前进的巨大障碍。制约素质教育在全国各地区持续发展成熟，主要有以下几点障碍：一是功利主义价值观的笼罩。受功利主义价值观的恶劣影响，持续升温的“择校热”“升学焦虑”等焦点问题成为教育的阻碍。二是社会与学校的管理力度不足。首先，新媒体对教育的关注度不如从前，宣传力度也大幅度减弱，使得大部分家长对素质教育的理解只停留在表层；其次，学校在各个方面对素质教育实施的变革措施仍然比较缺乏，课程设置较为单一，且枯燥无味，缺乏整体系统变革的思路和扎实行动。

二、核心素养与学校教育新理念

核心素养的提出，对教育的影响是巨大的。“中国学生发展核心素养”课题组负责人、北京师范大学林崇德教授此前曾指出，中国学生发展核心素养是深入回答“立什么德、树什么人”的“教育 DNA”，有效整合了个人、社会和国家三个层面对学生发展的要求，是对素质教育内涵的丰富与深化。“核心素养的提出，是中国教育、育人理念与国际接轨的重要表现，标志着国内教育方向从对知识、技能的关注转移到对‘人本’的关注。”核心素养作为教育工作的顶层设计，首先影响的是学校的教育理念。①

核心素养的内涵，科学且合理。中国的核心素养以培养“全面发展的人”为核心，可以分为文化基础、自主发展、社会参与三个方面，综合表现为人文底蕴、科学精神、学会学习、健康生活、责任担当、实践创新六大素养，具体细化为国家认同、理性思维等十八个基本要点。② 这就说明了以核心素养为内涵的教育理念是合理多元的，对于人才培养的规格是全面的，既体现了“以学生为中心”的教育理念，又与“以核心价值观居先”的教育理念相融合。学生在这样的教育背景下，各方面素养都能够得到发挥，从而逐步成长为全面发展的综合素质高的合格的社会公民，能够真正

① 杨向东 . 核心素养与我国基础教育课程改革的深化 [J]. 上海课程教学研究，2016（02）：3-7,34.

② 姜宇，辛涛，刘霞，等 . 基于核心素养的教育改革实践途径与策略 [J]. 中国教育学刊，2016（06）：29-32,73.

成为推动社会进步的中坚力量。教师也能够在开放、包容的教育环境当中，积极地进行教育探索，为更好地培养学生成为全面发展的人提供更多的机会和帮助。只有这样学校才能够真正成为“学生幸福、家长满意、社会认可”的学生成才、成人的地方。[①]

以涵盖人的多方面素质合理要求的核心素养为教育理念，不仅克服了之前应试教育和素质教育发展过程中的片面性和空泛性，而且能够为推进我国教育事业朝着更加理性和科学的方向前进。

第四节　学校教育的影响

一、核心素养对新教师的影响

要培养学生的核心素养，作为教育主导者的教师也要具备一定的核心素养。教师的核心素养就是培养学生核心素养所需要的职业品格和专业能力。这两个教师核心素养又可分为以人为本和师德立学、综合实践和创新发展两个层级。在这两个层级下又细分为教育主体、教育观念、师生关系、热爱教育、责任担当、为人师表、教学理念、教学技能、合作建构、总结反思、理念指导和教育技术等十二个具体的方面。此外，学校还应当进一步加强教师队伍建设，从而促进教师核心素养的形成和发展。

（一）核心素养之下的教师职业品格包括以人为本和师德立学两个层级

1. 以人为本

核心素养之下对教师职业品格中以人为本的强调，是重视教师在教师态度和行为方面的心理特征。它强调了以下几个方面：第一，学生是教育的主体。教师在日常教学中，应发挥学生的主动性。第二，教师应当关注学生的全面发展。第三，师生之间应建立平等的关系。

① 任学宝 . 使核心素养落地是校长课程领导力的重要标志 [J]. 人民教育，2016（12）：40–42.

2. 师德立学

教师应当拥有热爱教育的情怀；教师不仅要热爱本职工作，更要主动地发展。同时，作为新时代的人才，一定要有终身学习的意识，对于新的理念、新的方法、新的知识，要有谦虚学习的心态，才能够不断提高自身的专业发展，不被时代所抛弃。教师学会担当责任，如教师要克服职业倦怠，在学习上、生活上关爱学生。为人师表，教师可以从教学环境，与学生、与同事友好相处过程中获得情感关怀，并把自己丰富的学识和品行传递给学生。

（二）核心素养之下的教师专业能力包括综合实践和创新发展两个层级

核心素养之下的教师综合实践主要体现在教学理论、教学技能、合作建构、总结反思四个方面；创新发展主要体现在理念指导和技术创新两个方面。

1. 综合实践

（1）教学理论

教师的教学理论要求教师不仅要有扎实的专业知识，而且要不断地适应社会的需要，更新自己的知识库。

（2）教学技能

教师要在设计和组织教学当中精心培养学生的学科核心素养。教师要具备相应的技能来指导学生，从而成为学生终身学习态度、方法与能力的指导者。

（3）合作建构

这就要求教师之间通过合作来优化教学方式、完善教学内容等。

（4）总结反思

一位优秀的新教师，除了具备专业的教学能力和良好的教学德育之外，在教学过程中还要不断地反思总结，提高教学反思意识，增加反思方法和内容。

2. 创新发展

教育是艺术，艺术的价值在于创新。教师的创新发展需要具备以下几个条件。

（1）理念指导

核心素养要求教师具有一定严谨的知识结构以及相对扎实的理论根底，有精深的专业知识，能够及时关注知识更新，并且能够有计划有目的地教会学生将理论与实践结合起来，使学生的应变能力逐渐得到提高，能够担负起培养跨世纪人才的重任。

（2）技术创新

教师要密切关注并学习更新自己的教育技术。国内外教育技术的创新，是新教师核心素养之下的必备品质，也是核心素养的重要体现。

（三）教师队伍建设与新教师个人发展

新教师个人发展与教师队伍建设有着密切关系，新教师个人专业水平的成长受教师队伍群体建设的影响。教师队伍建设应该呈现出欣欣向荣的良好氛围，为教师个人专业水平的成长提供助力，促使新教师不断提高自身素养，从而成为“四有”老师。在教师队伍建设的良好推动下，教师个体完成专业成长，这也有助于构建高质量高水平的教师队伍，从而促进全区、全市、全国教师队伍水平的提高。拥有优质的教师队伍，才能够更好地推动核心素养教育，推动新课程改革，从而实现教育兴国。

二、核心素养对新课程的影响

核心素养的提出，对于教育改革最大的影响莫过于课程改革。课程是教育思想、教育目标的主要载体，是教育内容的体现，也是学校各项教育教学活动的依据准则，而学校的课程改革必须遵循教育改革的最新理念，并适应新时代的发展。

结合我国的教育现状，以及对英、美、法、新加坡等国家的课程发展现状综述和大趋势下课程的发展方向的研究，我国新课程的改革发展趋势应当体现在以下四个方面：一是强调课程的人性化。强调课程改革的实施，应当精简课程、减少教学时数、改变教学形态等，以有效协助学生“实现自我”为目标。同时，讲究课程的乐趣化，使之引起学生强烈的学习动机，进而达到有效学习的目的。二是力求课程的生活化。课程内容应当结合学生实际生活的需要，这是近年来课程发展的另一主调。三是注重课程的整合化。这是当今世界部分国家课程发展的又一主要趋势。四是主张课程的弹性化。所谓“课程的弹性化”是针对以往课程的单一化与僵化导致课程弹性的缺失而提出来的。其主张课程的实施要留有伸缩的余地，使教师和学生能够有自主教学的机会。

核心素养之下的课程改革，将学生放在了首要位置，其课程目标的确立、教学内容的设置等都是为了培养符合 21 世纪核心素养要求的人才。虽然现行课程标准重视核心素养的培养，但其对社会参与及人文素养的重视不够，而是只重视少数工具性素养的培养，从而导致跨学科素养体现不足。核心素养之下新课程的规划，将一改以往“注重知识传授”“忽视情感态度价值观”“课程开发追求数量，缺乏质量”的现象，强调课程设置的人性化、生活化和弹性化，体现课程内容的整合性、自主性和个体性，课程内容要为学生奠定走向社会的基础，当学生离开学校后，他们能够学会如何在社会上生存；课程内容的考核更多地强调学生对知识的应用能力，而不是单纯地记住理论性的知识，是看学生到底学会了什么，这就不再局限于知识，而是应当包括技能、态度与情感以及是否具备科学素养等。

从学生核心素养出发，衡量学校课程建设成功与否有三个标准：第一，课程是否围绕学生的核心素养而展开。第二，能否在学生的核心素养和学校课程框架之间建立实质性的连接。第三，是否能够保证每一门课程的质量，为学生的核心素养服务。

基于此，学校应当在学生核心素养理论的指导下，以课程整合为依托，促进课程体系的改革与发展，逐渐建立起以学生核心素养为中心的新课程体系，这将是学校追求课程发展的一条关键途径，也是我们建设一所理想的新学校课程的必经道路。

三、核心素养对新课堂的影响

基于核心素养的新课堂主要完成了两个重大转变：一是教学模式的改变，更加突出育人目标；二是完善评价体系，推动新课堂的发展。教学模式的改变主要是指建立自主、合作、探究的新课堂、跨学科融合的新课堂和“未来教室”的出现及影响。同时，基于核心素养的新课堂，要求完善评价体系、倡导评价主体的多元化，真正落实学生核心素养的培育。

（一）核心素养影响课堂教学模式和育人目标

在以“学生发展核心素养”为主的课程改革当中，课堂教学强调更加关注学生的主体地位。在教学模式上，推行自主、合作、探究的学习方式，以此来达到自主发展、合作参与的核心素养目标，进而实现育人功能。核心素养对课堂模式的改造主要集中在跨学科的课堂模式，力求在学科之间形成合作与创新，突破传统课堂的呆板化和模式化，寻求多元化和多样性的改变。同时，课堂教学结合现代信息化与未来教室，从而改进了课堂上的教学方式，使之符合当代对学生个性化的追求。现代化模式的课堂教学随着时代的发展而不断前进，也适应了时代的步伐，具有前瞻性。

1. 自主、合作、探究型新课堂

核心素养不仅仅能够在课堂、学校获得，也需要在与人沟通、团队合作、社会交流当中习得。因此，教学模式需要从传统的“以教为主”的单向传输教学转变为“以学生为主体，教师为主导”的双向教学模式。我国学者提出了“自主、合作、探究”的学习模式。

2. 路学科融合式新课堂

“跨学科融合式新课堂”是将国家教育政策从宏观政策进一步具体化、系统化和细化，转化为学生应该具备的、适应终身发展和社会要求的素养要求，贯穿到各学段，融合到各学科，最后体现在学生的身上。这要求通过建立跨学科课堂，借助教学来帮助学生形成学科综合的核心素养。“跨学科融合式新课堂”是指向非线性思维的，能够培养学生调动多种要素、跨界连接各类知识和经验、培养解决复杂问题的能力和创新思维能力。同时，“跨学科融合式课堂”为学生提供了相对完整的教学情境，进而强调学生的主体地位。

3. 现代信息化课堂与未来教室

信息技术素养、数字化素养是21世纪学生发展核心素质的重要方面，教师能够互动地使用信息、技术，培养学生创造科技的能力，这对新时期的课堂学习提出了新的要求。课堂教学需要在利用日益进步的科学技术设备和理论的基础上，改变教学模式，创设良好的教学环境，从而提高教学效率和教学质量。

（二）核心素养要求完善课堂评价体系

学生发展核心素养的课堂评价体系需要明确学生在各个学年阶段具体所要达到的可操作的目标，再加上评价主体的多元化，来促进课堂教学中核心素养的落实，推动课堂教学不断发展。

四、核心素养对学校管理的影响

管理是一门艺术，学校管理更是一份讲究方法与艺术的“脑力活”。在核心素养这一大背景之下，学校管理应当如何体现核心素养理念呢？这就要求管理者能够“以人为本”，能够做到建立“以人为本”理念的管理目标，在实施学校管理的过程中，注重管理绩效和管理制度的科学民主性。

学校管理改革是新课改实施的内在需求。21世纪初，我国部分地区开始启动新课程改革，这是教育发展史上的深刻变革。学校管理改革的核心是课程改革，它不仅会引导基础教育改革的方向，还会对学生可持续发展的方向和水平产生影响。随着新课程改革的不断发展，学生学习的方法、教师的教育手法以及学校的管理机制都发生了很大的转变，从客观上要求学校的管理方式也要进行改革。毫无疑问，若依旧使用旧的管理体制来实施课程改革，那么新课改和管理体制之间则会产生难以调和的矛盾，同时，若缺乏一套完善的管理体系，教育改革便很难实现。江泽民同志早就提出了教育和创新的重要性，知识经济的核心就是创新，为了提高学生在新知识经济时代的竞争能力，必须坚持教育管理改革的可持续性、目的性和独特性。学校管理并不是以往的机械化管理，该创新过程是一项综合性多元化的活动，主要包括教师、学生、管理者、社区和学生家长之间的互动。因此，要想全面提高学生的综合素质，就需要将课程改革的方案落到实处，使学校管理的效益不断提高，使教育服务的质量不断发展。

第二章　教学设计理论与历史课堂

若将历史课堂视作一个系统，历史课堂的教学活动就需要规范性设计理论，其中教学设计理论对历史课堂是非常重要的。

第一节　教学设计的概念与理论基础

一、何谓教学设计

教学设计作为舶来品，于20世纪80年代由欧美国家传入我国。对“教学设计”的理解，中外学者有着不同的界定。典型观点列举如下：

教学设计是支持学习者的学习过程，具有如下五点基本假设：一是目的是帮助个体学习；二是由多阶段构成，既有即时的，也有长期的；三是系统设计的教学能极大地影响个人的发展；四是以系统的方式进行；五是必须建立在人类如何学习知识上。①

“教学设计有明确的教学目标，着眼于激发、促进、辅助学生的学习，并以帮助每个学生的学习为目的。”②

“教学设计是研究教学系统、教学过程和制订教学计划的系统方法。它以传播理论和学习理论为基础，应用系统的观点和方法，分析教学中的问题和需求，确定目标，建立解决问题的步骤，选择相应的教学策略和教学媒体，然后分析、评价其结果，使教学效果达到最优。”③

教学设计，或称教学系统设计，是一种实施教学系统方法的具体的可

① 加涅．教学设计原理 [M]. 上海：华东师范大学出版社，1999：1–21.

② 中华人民共和国国家教育委员会电化教育司．教学媒体与教学设计 [M]. 北京：高等教育出版社，1990：181.

③ 中华人民共和国国家教育委员会电化教育司．教学媒体与教学设计 [M]. 北京：高等教育出版社，1990：181.

操作的程序。它综合了教学过程中诸如教学目标、教学内容、教学对象、教学策略、教学媒体和教学评价等基本要素，将系统方法的设计过程加以模式化。①

“教学设计是运用系统方法分析教学问题和确定教学目标，建立解决教学问题的策略方案、试行解决方案、评价试行结果和对方案进行修改的过程。”②

教学设计是一种“旨在促进教学活动程序化、精确化和合理化的现代教学技术”。③

教学设计是在一定的观点和方法指导下，依据现代教育理论和教师的经验，对教学活动进行规划和安排的一种操作的过程。④

教学设计是指解决教学问题的系统方法。其目的是追求教学效果的最优化。教学设计包括分析、设计、制定／开发、实施、评价／修改教学问题解决方案的全过程，即应用系统方法对教学过程的诸要素、环节及其相互关系进行科学的分析、描述、计划或规定，为所需的教学活动制定具体可行、可操作的程序或方案。⑤

可以看出，对教学设计的界定，学者大致从教学设计的形态、教学设计的功能或揭示教学设计的本质等角度进行。概括而言，教学设计具有以下特征：第一，教学设计以系统方法为指导，将组成教学过程的各要素视为相互影响、相互联系的有机系统，通过分析各教学要素及其内在问题与需求，确立教学顺序，以达到教学效果最优化。第二，教学设计也可视为将教学原理转换成教学材料与教学活动的计划，它要遵循教学过程的基本准则，选择与确立教学目标，以解决教什么的问题。第三，教学设计是以实现教学目标为指向的策略性、计划性活动，它以计划或规划安排的形式，对怎样达成教学目标进行创造性决策与规划，以解决怎样教的问题。第四，

① 张祖忻，朱纯，胡颂华．教学设计：基本原理与方法 [M]. 上海：上海外语教育出版社，1992：24.

② 乌美娜．教学设计 [M]. 北京：高等教育出版社，1994：11.

③ 鲍嵘．教学设计理性及其限制 [J]. 教育评论 .1998（3）：32.

④ 南国农，李运林．电化教育学 [M]. 北京：高等教育出版社，1998：230.

⑤ 祝智庭，钟志贤．现代教育技术：促进多元智能发展 [M]. 上海：华东师范大学出版社，2003：196.

教学设计是促进学习的创造性设计过程，它的功能在于运用系统方法设计教学过程，以最终提升学生的学习效果。

二、教学设计的理论基础

教学设计作为系统性的、对教学活动的操作性规划与安排，旨在提升学生的学习效果，达到教学效果的最优化，由此也必然需要一定的理论支撑。关于教学设计的理论基础，教学理论界存在多种观点，可归纳为以下几种观点：

"单基础"论，即认为教学设计的理论基础是认知学习理论，并强调主要是指加涅的认识学习理论。①

"三基础"论，即认为教学设计是以学习理论、教学理论和传播学理论为基础。②

"四基础"论，即认为教学设计理论基础包括四个组成部分，即系统论、学习理论、教学理论和传播学理论，并强调学习理论应当是四种理论中最重要的理论。③

"五基础"论，即认为教学设计要以学习心理理论、现代教学理论、设计科学理论、系统理论和教育传播学理论为基础。④

"六基础"论，即认为学习理论、传播学理论、视听理论、系统科学理论、认识论和教育哲学共同构成了教学设计的理论基础。⑤

以上观点所涉及的理论包括学习理论、传播学理论、系统理论、教学理论、设计科学理论、视听理论等。不过，从教师可操作的层面看，教学理论、学习理论、系统理论应该作为重点理论予以关注。这三个理论与教学设计所要考虑的几个基本要素密切相关。

教学理论奠基并催生了教学设计。与之紧密关联的理论首推巴班斯基

① 李克东．多媒体组合优化教学设计的原理与方法 [J]. 电化教育研究，1990（4）：18-24.

② 乌美娜．教学设计 [M]. 北京：高等教育出版社，1994：12.

③ 何克抗．从信息时代的教育与培训看教学设计理论的新发展 [J]. 中国电化教育，1998（11）：9-16.

④ 张筱兰．论教学设计 [J]. 电化教育研究，1998（1）：24-26.

⑤ 冯学斌，万勇．教学设计的理论基础 [J]. 电化教育研究，1998（1）：2.

的教学过程最优化理论，它把系统方法作为一般科学方法引入教学研究领域，将教学理论研究的重要范畴如教师、学生、目标、内容、形式、方法等作为基本要素置于系统之中，对其进行系统考察与研究，为教学设计的产生与发展提供了理论依据。教学理论中的其他理论思想，如斯金纳的程序教学理论、赞可夫的最近发展区理论、瓦根舍因的范例教学理论、布鲁纳的“引导——发现法”教学理论、布鲁姆的目标分类理论等，都为教学设计提供了坚实的理论基础。

学习理论是教学设计的理论基础，教学设计需要以学生的学习为中心。学习理论回答的是教学活动中学生如何学的问题。比如，加涅的学习层级理论，将智慧技能的学习分为连锁、辨别、具体概念、定义概念、规则、高级规则六个层次，每个高一级的层次都以低一级的层次为基础。他将学习结果分为言语信息、智慧技能、认知策略、动作技能和态度五种类型，各种类型的学习条件是不同的。在他的学习结构模式中，明确地指出了认知策略同智慧技能的区别。[①] 布鲁纳的发现学习，揭示了由例证到概念和规律的学习程序，其教学的外部条件是教师举出关于概念或规律的例证，内部条件是学生已掌握了相关的概念，学生的心理过程需要经过辨别、提出假设、检验假设和进行概括等几个必要阶段。

系统理论对教学设计的影响，主要体现为其相关的准则与原理。系统理论关注系统中的要素、结构及其功能状态。该理论认为，系统由许多要素构成，系统内部的各要素间的组织联系呈现出结构性，并在一定环境条件下对应着特定的功能与状态。教学设计要视整个教学活动为系统，弄清教学活动各要素的功能及其联系，揭示教学活动所外置的条件与变化。同时，系统理论还关注与之相关的作用机理，强调反馈、有序与整体，即强调系统要通过信息反馈才能实现交流与控制，教学活动要通过提问、作业、测试等方式反馈信息，以改进教学方法，因材施教，提高教学质量。

教学设计是对教学活动的规划与安排。从教师可操作的角度看，教学设计主要是为了完成特定的教学目标、提高教学效果，主要着眼于解决“如

① 邵瑞珍 . 学与教的心理学 [M]. 上海：华东师范大学出版社，1990：101–103.

何教”的问题。此种教学设计也主要对应于我国实行班级授课制之绝大部分现实。

第二节　优质课设计的操作性

课堂教学活动需要设计。对教师而言，优质课教学会呈现出特定的样态，其实，实践性设计也会有多维度的操作要点与凭借。

一、优质课是什么样子

课堂既是现实的，又是错综复杂、多侧面的。课堂是一个微型社会，是社会大系统中具有特殊功能的一个小系统。在这个系统中，教师、学生和环境之间不断发生作用，常常也会产生不可回避的矛盾和冲突。他们之间的相互作用和相互影响促进课堂的不断变化和学生的不断发展。① 从组织控制角度看，课堂是以教室为活动场所，通过师生之间的分工合作和职权、职责的制度化而有计划地协调师生活动，从而达到教育目标的一种组织系统。② 通常意义上，课堂至少有三种主要的理解：第一种是指课堂教学的场所，即教室；第二种是指课堂教学，就是发生在教室里的教学活动；第三种是指课堂综合体，包括教学环境、教学活动、课程、师生关系等。③

课堂无疑是一个蕴含并交织着多要素、多层次、多结构的综合体。因此，对于如何提升、优化课堂教学质量，使之成为优质课，客观上又有着不同角度与着力点：

一是课堂教学应被看作师生人生中一段重要的历程，是生命的有意义的构成部分。④

二是课堂教学应该关注在成长中的人的整个生命。对智慧没有挑战性

① 吴康宁 . 课堂教学社会学 [M]. 南京：南京师范大学出版社，1999：3.

② 皮连生 . 学与教的心理学 [M]. 上海：华东师范大学出版社，1997：332–333.

③ 王鉴 . 论课堂的历史形态及其变革 [J]. 西北师大学报（社会科学版），2006，43（2）：85–90.

④ 叶澜 . 让课堂焕发出生命活力：论中小学教学改革的深化 [J]. 教育研究，1997，18（9）：3–8.

的课堂教学是不具有生成性的，没有生命气息的课堂教学也不具有生成性。从生命的高度来看，每一节课都是不可重复的激情与智慧综合生成的过程。①

三是要重视师生的体验与感悟，加强师生的心灵对话，营造轻松和谐的课堂氛围，展现动态生成的课堂教学，建立充满信任和爱的师生关系，以此来实现课堂的生命意蕴。②

四是优质课的标准，从学生角度来说，就是要看学生在课堂学习中自主的程度、合作的效度和探究的深度；从教师的角度来说，就是看教师在课堂中是否坚持了以学生发展为中心，是否依据课程标准施教，是否体现了人文性、综合性、开放性和实践性。③

五是优质教学就是坚持三维目标整合的整体发展观，秉承注重思维过程、生活经验、开放建构和整体联系的知识观，倡导主动性、交往性、创新性和体验性学习的学习观，要求教师由传授者转向促进者，由拥有知识到拥有智慧。优质教学的核心是学生的优质发展，而促进学生的优质发展则需要优质的知识、优质的学习和优质的教师。④

六是在课堂上，教师有效地将信息传递给学生，需要通过各种变化来实现，课堂变化是实现课堂教学优质、高效的重要条件之一。由于新课程教学的灵魂是创新，新课程下的课堂教学应是一个动态的、生成的过程，所以，只有创新教学方式，才能建设优质课。⑤

七是充分利用优质教学资源，使得一堂课的各个教学环节达到最优化，并且各环节相互配合、相互促进以实施优质课教学，提高课堂授课质量和教学水平。⑥

---

①钟启泉，崔允漷，张华.为了中华的复兴，为了每位学生的发展：基础教育课程改革纲要（试行）解读[M].上海：华东师范大学出版社，2001：278.

②易红郡，尹湘鹏.从生命意蕴诠释课堂教学[J]贵州师范大学学报（社会科学版），2007（2）：124-129.

③牛学文.什么样的课是优质课[N].中国教育报，2006-08-18.

④余文森.优质教学的教学论解读[J].教育研究，2007，28（4）：66-72.

⑤张世善.普通高中课程改革的实践与思考[J].课程·教材·教法，2006（7）：17-21.

⑥陈钥.高校实施优质教学初探[J].内蒙古师范大学学报（教育科学版），2006，19（3）：73-75.

八是就一堂优质课教学的生成而言，虽然需要预设，需要把握基本的程序与环节，但更多地表现在动态性、连贯性、灵活性、调适性与创新性上。[①]

因此，优质课教学的构建可以有多种理解，在应然的层面上可以有多维度的理想塑造，在实然层面上亦对应着多角度的变通途径。

二、操作层面的优质课设计重点关注什么

尽管理论上的优质课呈现出多姿绚烂的样态，但在实践层面上，大部分教师都会对有操作性凭借的、能够提供示范样例、可供模仿的指导心存感激。能够提供操作性凭借的指导首推教学设计，操作层面的优质课设计需要对教学设计做出深层反思。

在价值取向上，教学设计会呈现出三种样态：理性的、科学的教学设计观，艺术的、创造性的教学设计观，教学设计是理性与创造、科学与艺术的融合体。[②]完整的课堂教学设计，既包括课堂各构成因素的设计，又包括课堂整个系统的设计；既包括课堂静态（横断面）设计，又包括课堂动态（纵断面）设计。一般地看，教学设计常包含以下五个基本要素：教学任务及对象、教学目标、教学策略、教学过程、教学评价。对象、目标、策略、过程和评价五个基本要素相互联系、相互制约，构成了教学设计的总体框架。[③]

当然，教学设计的核心理论基础是学习理论，其理论前提在于关注学习环境。学习环境设计是一种非线性过程的设计，这种设计路线重视学习者学习的过程及其经验本身——课堂学习由教师展开设计，在课堂活动中不断地加以修正，借助反思复杂课堂事件的意义得以创造更有意义的经验。在这里，课堂学习的“设计—实践—反思”不是阶段性的过程，而是周而复始的循环往复的过程。[④]课堂学习可分为探索性学习与接受性学习。探索性学习需要以接受性学习为基础，才能进行更高层面的全新学习。[⑤]接

① 明庆华，程斯辉．浅谈一堂优质课的生成 [J]. 课程・教材・教法，2005（7）：30.

② 裴新宁．透视教学设计观 [J]. 中国电化教育杂志，2003（7）：18–20.

③ 鲁献蓉．从传统教案走向现代教学设计：对新课程理念下的课堂教学设计的思考 [J]. 课程・教材・教法，2004（7）：17–23.

④ 钟启泉．学习环境设计：框架与课题 [J]. 教育研究，2015，36（1）：113–121.

⑤ 杨文杰．探究性学习与接受性学习的有机结合 [J]. 中国教育学刊，2013（S3）：65.

受性学习是探究性学习的基础，探究性学习是对接受性学习的深化和继承，两者之间并没有严格的界限，很多情况下两者是相互交叉、相互融合的。①

从深层上看，学习设计的“主题”——在该教材中让学习者追求什么核心价值以及该“主题”具有怎样的发展性等，成为决定学习者在教学过程中学习质量的关键。在学习设计中仅次于“主题”的是“过程”的组织。无论怎样的“主题”，倘若不在丰富的探究与表达的“过程”中组织，那么，学习的经验是贫弱的。把学习者的学习经验作为一种认知性经验、社会性经验、伦理性经验加以丰富的“过程”，就是“设计”。②

从教师角度看，无论是对学习主题的设计，还是对学习过程的组织，都仍然不同程度地投射于教师的教学行为。教师需要将自己置身于真实的课堂场景中，将对课堂目标、内容、过程、方法、环境、评价等要素的理解，与学生的学习创造性相结合，设计出有效的教学方案，从而使教学设计的理性与创造、科学与艺术有机融合起来。虽然，“从课堂教学内容方面更可以清晰看到教师对课堂的主导控制，教师决定学习目标和学习内容，并且通过设计一连串的提问来引导学生达到学习目标。其实，与大多数的常态课相比，这些优质课教师的独白——控制时间是大大减少了”。③

第三节 历史课堂教学设计的基本要素

从上述教学设计理论看，教学设计通常考虑以下内容与步骤：确定教学目标，分析学生的个性特征与掌握知识程度，依据教学目标分析教学内容，确定教学活动进程，选择教学方法，设计教学环境，进行教学评价。由此，结合历史学科特点，从教师可操作的层面看，历史课堂教学设计的基本要素主要包括以下六个方面。

---

① 雷震，张殷全，张建华．论探究性学习对接受性学习的继承性 [J]. 教育探索，2005（5）：16–18.

② 钟启泉．学习环境设计：框架与课题 [J]. 教育研究，2015，36（1）：113–121.

③ 丁朝蓬，刘亚萍，李洁．新课程改革优质课的教学现场样态：教与学的行为分析视角 [J]. 课程·教材·教法，2013（5）：52–62.

一、历史学情分析

历史学情分析是历史课堂教学的起点。历史学情分析主要包括学生对历史知识的掌握水平、认知态度与心理发展能力等。学情分析还应包括学生在课堂教学中可能遇到的困难与问题。学情分析是为了完成教学目标而进行的，结合学情可考虑学生学习时的心理特征及遇到的困难是什么？根据学生心理特征考虑是什么原因造成了学生学习困难？学生的知识准备、迁移水平、思维能力等都可成为学情分析的重要内容。

二、历史教学目标

历史课堂教学设计中对目标的阐述，能够体现教师对历史课程目标及内容的理解，是教师完成教学活动的指向与归宿。历史教学目标的阐述要以历史课程标准中的目标和要求为依据，参照学生的学习目标。历史教学目标的描述应当提供可观察与评价的行为样例，采用心理描述与行为描述相结合的方法，尽可能使历史教学目标具有可操作性与完备性。

三、历史教学内容

教学内容是实现教学目标的最重要载体。教学设计中对历史教学内容的分析，不仅涉及历史教材，而且要进一步深化至对教学重点、难点的确立与把握。对于历史教材，不仅要注重对显性教材内容的理解，而且要重视对隐性教材内容的挖掘与利用，同时，还要关注学生对教材内容的认知和学习教材内容的心理。一方面，教师对教材内容应进行二次加工或再创造，对教学内容作尝试分析，另一方面，教师还要对课堂中可能发生的思维碰撞作尝试性预测，从而对教学内容做深入、综合性剖析。

从教学设计中教学内容的范围看，有相对的大、小结构之别。历史学科内容是一个大结构，但每册教材就是小结构。相对而言，教材内容是大结构，教材中的每个单元又是小结构。同样，单元内容与课堂教学内容相比，两者又存在大、小结构之分。在教学设计中，教师要有上述结构意识，将课堂教学内容置于单元、教材乃至学科内容结构之中去设计与构建。

四、历史教学方法与结构

教有常规，教无定法。在历史教学设计中，对于多种教学方法，教师如何加以选择与确立？任何具体的教学方法都有它的特点、功能和适用范围，所谓“好的教学方法”实质上是一定条件下最适当的教学方法。历史教学方法的选择受各种课堂因素的制约，在教学设计中，教师可根据教学目标、教学内容、学生实际水平等具体情况进行合理的选择。

教学结构体现于课堂教学各个环节的相互联系，又内在地体现于课堂教学内容的逻辑关联。教学结构的设计需要适应学生学习的内在规律，并根据具体的教学目标、教学对象及教学内容，恰当地选择教学环节。对于课堂教学各环节的选择与组织，既要采取适宜的不同环节和类型，又要根据其内在逻辑关系作协调性“组装”，以确保教学结构中的诸环节衔接顺畅与自然。

五、历史教学情境

历史教学情境是指从事历史学习的环境和条件，比如，为学生提供历史材料、学习工具以及人际交流方面的支持。教学设计要求真实的学习任务与现实条件相匹配，并为学生探究、发现、批判性探索提供更多情境化机会。对历史教学设计而言，构建教学情境很大程度上意味着对历史情境的模拟与创设。要尽可能建构性地获得历史知识，将历史学习置于相近的历史情境之中，并通过深入历史情境，为实现历史的“同情”与理解创设外部条件。

六、历史教学评价

教学评价是课堂教学的必要部分，它既是教学活动本身，又为教学活动提供反馈。历史教学若要达到既定的教学目标，需要在常态的不断反馈、测评中得以实现。在历史课堂中，教师可通过观察、课堂提问、练习、测验等手段，及时了解学生的学习情况，取得反馈信息。在教学设计中，教师要围绕教学目标，对课堂中所要提的问题、习题、史料运用等都要进行精心设计。

第四节　历史优质课设计的操作性维度

历史优质课有自己的学科实践标准。对教师而言，要设计一节历史优质课需有可操作性的实践维度。

一、实践层面“一节好的历史课”的标准

新课程改革以来，历史课堂实践已发生了深刻变化。因为此变化，评价“一节好的历史课”的标准也观点纷呈，维度各异，列举如下：

其一，是否符合历史课程标准的要求，是否正确处理了主体与主导的关系，是否把知识与能力、过程与方法、情感态度与价值观三维目标的关系处理得紧密融洽，是否运用了最有效的教学手段，是否发挥了自身的特长与优势，是否把过程性评价充分贯穿于教学过程之中。[①]

其二，学生在课堂上有学习兴趣，有发自内心或身临其境的情绪体验，能积极参与探究有价值的历史问题，并通过反思获得历史认识和历史智慧。[②]

其三，突出学科特征和学科目标，在创新教学时其立意要突出历史学科价值，落实新课程改革要求，在目标创新时重视“过程”与“结果”的平衡，便于课堂生成，创设学生发展的空间；结合学生的实际需求，在方法创新时追求“接受”与“探究”的平衡，促进学生的有效学习；结合教学内容需求，在过程创新时做好教师“主导”和学生“主体”的平衡；尊重学生个体需求，利用多元教学来兼顾学生“整体发展”与“个体成长”的需求。[③]

---

① 张显传 . 一堂优秀历史课的标准是什么 [J]. 历史教学（中学版），2007（3）：21–23.

② 周道贵 . 什么是一堂好的历史课——由我的中学时代历史课想到的 [J]. 历史教学（中学版），2008（1）：39–41.

③ 许春风 . 课堂教学要在创新中求平衡：谈“一节好的历史课”标准 [J]. 历史教学（上半月刊），2012（12）：16–18.

其四，一节值得称道的历史课其根本诉求就是“求真”。坚持以学生为本，坚持科学的探究与批判精神，在课堂上尽可能还原历史的本来面貌，就是一节历史课的真谛所在。教师应引导学生知道“历史是什么”，明白“为什么研究历史”，以促进他们习得并掌握历史概念及其体系，借此达成历史学科的三维目标。①

其五，形成正确的历史意识，对于中学生的历史学习十分关键，也是评价一节好的历史课的重要标准。②

其六，教学主线是否明了，学习方法能否活用，辨析能力是否体现，情感渗透是否自如。③

其七，将课程内容的选择作为评课的首要标准。一节课选择的内容决定了这节课可以训练的思维意识。④

其八，一节好的历史课包括：有效课堂是基于教学智慧的预设，有效课堂是重视教学情境的过程，有效课堂是追求教学效果的对话，有效课堂是重视教学实践的反思。而且，教学目标各要素要有机融合，教学情境创设合理，学生发展充分；教师引导恰当，信息交流渠道畅通，知识建构扎实，能力训练有效，预设、生成精彩。⑤

其九，从课堂教学语言角度来看，一节好的历史课应做到“浅出而不浅薄，通俗而不媚（庸）俗”。即教师应运用贴近现实生活和学生实际的观念和语言帮助学生解读历史，但应避免落入“浅薄化”和“媚（庸）俗化”的误区。⑥

其十，揭示历史真相、拓展教学内容、希望教师有自己的见解、提高

① 李稚勇．历史课唯有求真：论中学历史课的价值追求 [J]. 历史教学（上半月刊），2013（11）：3-9.

② 朱煜．历史课要重视培养学生的历史意识：也谈“一节好的历史课”标准 [J]. 历史教学（上半月刊），2014（2）：20-25，32.

③ 朱可．拨动学生思想的琴弦：堂好历史课的观察视角 [J]. 历史教学（中学版），2014（3）：21-27.

④ 任世江．浅谈评课的首要标准及历史思维能力分类目标 [J]. 历史教学（中学版），2014（3）：13-16.

⑤ 葛家梅．有效教学观下一节历史好课的实践智慧 [J]. 历史教学（中学版），2014（4）：37-42.

⑥ 胡欣红．浅出而不浅薄，通俗而不媚：从课堂教学语言视角谈“一堂好课的标准”兼与朱煜老师商榷 [J]. 历史教学（上半月刊），2014（11）：53-55.

学业成绩等，是学生对历史课的共同期待。①

十一，构成一节好的历史课的要素或许有很多，但基本要素是“故事”“学法”与“灵魂”。一节历史常态课，如果具备了这三个要素，应当就是好课了。②

上述涉及“一节好的历史课”的标准的观点中，主要谈及了历史学科价值、学科目标、教学立意、教学内容、课程内容选择、课堂语言、教师素养、历史意识、历史智慧、史料、“故事”“学法”“灵魂”等概念，这些概念层次不一，内涵各异，都从不同层面、角度与历史课堂产生着强弱不一的影响或关联，它们也构成了如何多元地看待“一节好的历史课”的实践性标准。

二、历史优质课设计的操作性维度

虽然评判“一节好的历史课”的标准呈现出不同层次、不同视角的差异，但是，从教师日常授课所涉及的环节和要素看，一节优质的历史课的操作性标准主要体现于以下几个维度。③

（一）立意与目标

这是评判一节课通常所涉及的首要问题，通俗地讲，即一节课要“干什么”“达成什么”。换句话说，就是一节课要有一个主旨、中心，其具体体现就是教学立意。教学立意是基于课程目标与史学要旨的聚合与贯通。一节好的历史课，其教学立意至少具有以下特征：

1. 在课程维度上能对本课目标进行聚合与凝练

教学立意源于课程目标，这也是教学设计需要遵循的基本前提。不过，由于课程目标“略而疏”，与课堂教学目标存有一定落差，再加上课程目标是三维的，其“知识与能力”“过程与方法”“情感态度与价值观”目

① 李玉．从学生诉求看一堂好课的标准：以《抗日战争》为例 [J]. 历史教学（上半月刊），2014（11）：49-52.

② 戴加平．好课三要素：故事、学法、灵魂：“一节好的历史课”标准之我见 [J]. 历史教学（上半月刊），2014（11）：46-48.

③ 王德民，赵玉洁．“一节好的历史课”标准的操作性维度探讨［J］. 历史教学（中学版），2014（8）：59-63.

标在落实过程中易于离散，这就要求教学立意能对课堂教学目标进行聚合与凝练。比如，《鸦片战争》一课，课程标准中并不能找到具体的目标要求，只有相关的内容目标："列举 1840 年至 1900 年西方列强的侵华史实，概述中国军民反抗外来侵略斗争的事迹，体会中华民族英勇不屈的斗争精神。"在教学设计中，教师通常会依据教材内容，确立让学生"知道英国全球殖民扩张政策与锋芒""理解鸦片走私及其对中国社会的危害""了解虎门销烟、鸦片战争爆发及战争中清军爱国将士抗击英军的史实""理解鸦片战争对中国社会的影响""痛恨英国殖民者发动侵略战争"等目标。上述目标尽管具体，但显然较为分散，且浮于表面，倘若在教学中能揭示这是一场由处于农业文明国家的爱国将士英勇抗击渐已步入近代工业文明国家的殖民者的战争，事实上其教学立意就对上述目标做了提炼。

2. 在史学维度上能对本课内容进行聚焦与贯通

鉴于课程标准中以"模块—专题"方式确立其内容的目标要求，专题间的内容又常是跳跃、断裂的，这就会使课程目标所确定的教学内容在史学上并不连贯，进而会导致学生理解上的障碍。因此，一节好的历史课的教学立意还需对本课内容进行贯通。仍以《鸦片战争》一课为例，课程目标所强调的是西方列强的侵华史实以及中国军民抗击外来侵略的史实和精神，依据课程目标所确定的本课内容，通常只强调英国殖民侵略这一"外患"，对晚清王朝的"内腐"揭示不足。然而，作为中学必修课程的重要内容，鸦片战争是中国近代史的肇始与开端，晚清王朝的"内腐"恰恰是近代中国被动挨打的内在根源，一节好的历史课需揭示出这一内在根源，以奠定学生理解此后晚清王朝何以屡屡战败并何以屡屡被迫签订一系列不平等条约的认识基础。由此，其教学立意还需聚焦于晚清王朝的腐朽与愚昧，以贯通此历史阶段。

一节好的历史课，其教学目标也要具备上述特征，即它不仅能进一步凝练，而且能贯通本课内容所涉及的前后历史阶段。

（二）重点与难点

教学重点作为一节课内容的聚焦所在，是达成本课立意、目标的最重要内容依托。一节好的历史课，其教学重点应与本课立意、目标紧密相连。在教学实践中，倘若一节课的立意或目标不明确，其教学重点通常会发生偏离。比如，《从战时共产主义到斯大林模式》一课，课程标准要求“了解俄国国内战争后苏维埃政权面临的形势，认识战时共产主义政策向新经济政策转变的必要性”“列举‘斯大林模式’的主要表现，认识其在实践中的经验教训”。在这里，课程标准并没明确要认识“斯大林模式”哪些方面的经验教训。在课堂教学中，教师通常着重从政治、文化、社会等方面分析“斯大林模式”产生的必然性，揭示其弊端，主要包括分析斯大林的政治观点和个性以及其用政治手段结束新经济政策；分析俄罗斯民族的文化特点、社会传统，以此去揭示斯大林模式的文化与社会根源；分析斯大林模式时期苏联的肃反、民族大清洗、农民反抗等活动，以此说明斯大林模式的弊端。应该说，以上内容确实与斯大林模式有关联，也确实能多侧面地分析与揭示斯大林模式产生的原因及其弊端。不过，如果仔细分析，本课属于必修经济史部分，其上、下专题分别为“罗斯福新政与资本主义运行机制的调节”“当今世界经济的全球化趋势”，本课应聚焦于经济领域的探讨，以上内容显然脱离了教学的重心。斯大林模式体现了落后国家如何走向现代化的一种探索与尝试，本课教学恰恰要揭示斯大林模式在经济领域里的经验教训，即作为经济体制的斯大林模式，其发展模式有何特点？一个处于经济和军事包围中的落后国家如何加快工业化、实施经济赶超战略？因此，本课教学就要着重于探讨斯大林模式的经济构成，揭示其经济运行机制及其优缺点，并以此进一步讨论其与罗斯福新政的异同、对中华人民共和国成立初期经济模式的影响、经验与得失，从经济方面探讨资本主义与社会主义相互间的既矛盾、对立又借鉴、统一的辩证关系，从深层次认识斯大林模式的经验教训。

教学重点有选择地确定了一节课的内容重心。不过，一节课内容的处理效果，很大程度上还依赖于对教学难点的突破。教学难点是一节课中教师“难教”、学生“难学”的内容。一节好的历史课，其教学难点的突破需遵循学生的认知规律。具体包括：能适时补充必要知识点，突破知识衔接之“难”；能巧妙设置认知冲突，突破知识理解之“难”；能多维度设置情境体验，突破过程感悟之“难”；能适当设置价值观冲突，突破情感体验之“难”。[①]以情感态度与价值观为例，鉴于情感体验属于较高层级的学习领域，不同类型学习的设计，其遵循的设计原理各有不同。“概念和原理的学习属于知识的建构，必须巧妙地设置认知冲突；技能的建构是操作的学习，必须有真实性的任务驱动；情感、意志的建构属于价值与审美观念的学习，必须设置价值观冲突并获得情感体验。”[②]因此，突破情感体验之“难”，可适当设置价值观冲突。比如，学习《洋务运动》时，部分学生认为，李鸿章创办洋务成为中国近代工业的奠基人，是中国的“脊梁”；部分学生认为，李鸿章签订《马关条约》《辛丑条约》等，是“卖国贼”。其实，这两种情感都是片面的。在课堂教学中，教师倘若不适时予以辨析，学生会陷入情感体验之“难”。对此，教师可补充多元材料，让学生在阅读的基础上进行辩论，并适时引入价值观冲突问题，使其在辩论中理解、明白：李鸿章办洋务为晚清名臣，执外交为晚清忠臣，如果将晚清视为渐已沦落的“国贼”，那么，为这座“破屋”而殚精竭虑、建功卓著的“裱糊匠”当属“国贼”的“脊梁”。当然，在那个“千年剧变”的年代，各种关系错综复杂，即使同一作为，在某一方向上是极端反动的，而在另一方向上却可能是非常进步，甚至是开先河的。李鸿章在鼎力挽救清王朝免于崩溃的过程中，成为中国近代工业的奠基人物，但后者从属于前者：他是集政治顽冥和经济创新于一身的中国的“脊梁”——“国贼”的“脊梁”。如此，学生的情感体验之“难”如冰释然。

当然，一节课的教学难点可能疏密不均，与教学重点也并不完全重合。然而，对教学难点的处理效果，恰恰是从内容方面评判一节课是否能被学生承认、欣赏乃至强烈认同的重要维度。

（三）逻辑与方法

如果一节课的教学重点、难点构成了其评判标准的内容性维度，那么

① 王德民，郑菲．遵循学生认知规律突破教学难点的实践性认识 [J]. 中学历史教学参考，2014（1）：85–87.

② 桑新民．建构主义的历史、哲学、文化与教育解读 [J]. 全球教育展望，2005（4）：53.

贯穿一节课的教学逻辑、方法则成为其评判标准的策略性维度。

教学逻辑反映着教学过程中的内容组织、环节、步骤间的关系建构，其内含的“转承”“过渡”等逻辑关系是否合理、理性，是课堂教学评鉴的重要维度。一节好的历史课，其教学逻辑可具有以下特点：其一，能超越教材的知识逻辑。教材是教学内容的根基，课堂教学是以教师、教材、学生三者为主的动态互动过程。不过，限于教材体例、篇幅等因素的制约，教材所呈现的知识逻辑是静态的，且不完满，并不适应教学过程的动态要求，这就需要以教材的知识逻辑为蓝本，对其进行合理性删减、补充、合并，以实现对教材知识逻辑的超越。其二，能顺应学生的认知逻辑。课堂教学以学生为旨归，认知逻辑是促使学生“能学”“会学”的关键要素。教学逻辑虽以调整教材的知识逻辑为起点，但鉴于学生的认知逻辑呈现出个体差异，教学逻辑还需围绕教学主题设计现实的、情景化的教学流程，尽可能弥合学生的个性化理解与人类规范化知识之间的差异，以顺应学生的认知逻辑。其三，能建构历史的理论逻辑。逻辑与历史相一致，既是理性思维的最高境界，也是教学逻辑的终极指向。逻辑要以客观历史为前提或基础，逻辑的起点要与历史的起点相一致，思维的逻辑体系要与其所反映的客观历史相统一。一节好课的教学逻辑恰恰能体现以上特点。以《空前严重的资本主义世界经济危机》一课为例，教材所呈现的内容：第一，虚假“繁荣”的幻灭；第二，经济危机席卷资本主义世界；第三，“自由放任”政策的失败。在这里，教材仅叙述了此次经济危机的概貌、各主要资本主义国家陷入经济危机以及自由主义经济政策的失败，但此次经济危机为何演变成了资本主义世界的空前危机？“自由放任”政策为何失灵？教材缺乏必要的逻辑论证。同时，鉴于学生对经济危机缺乏了解，教材的知识逻辑并不能顺应学生的认知逻辑，因此，本课的教学逻辑可调整为以下环节。

1. 感受“经济危机”

以图片、影视乃至故事展示：股市暴跌，银行倒闭；农业急剧萎缩，农民破产；工业生产大幅下降，工人失业。由上反映出：生产过剩的“困苦”与物质丰富的“饥饿”；主要资本主义国家相继出现经济衰退。

2. 拷问“经济危机”

经济危机何以成为资本主义世界的空前危机？以史料解析、谈话法等方式，揭示一战后美国在资本主义世界经济中的特殊地位及其影响。万能的“自由放任”政策何以失灵？以材料呈现、讨论法等方式，揭示美国早期自由主义经济发展及此政策下社会经济的供求失衡矛盾。

3. 反思“经济危机”

经济危机能避免吗？呈现历次经济危机爆发的材料，从早期资本主义发展史入手，揭示经济危机爆发的根源。如何看待经济危机？由此揭示经济危机是资本主义经济政策调整的节点，为此后“罗斯福新政”的实施奠定认识基础。

以上教学逻辑，先使学生直观、形象地了解“经济危机”，再概括、理性地探究“经济危机”，顺应了学生由具象到抽象的认知逻辑。同时，还调整、完善了教材的知识逻辑：从一战后欧洲经济对美国严重依赖、美国一家独大的角度，揭示了此次经济危机必然席卷欧洲并波及世界的趋势；通过“经济危机”所呈现出的产能大量过剩、有效需求严重不足，揭示了“自由放任”政策的失败。最后，以早期资本主义发展历程为线索，揭示了从最早的经济危机产生到此次经济危机爆发的特点；以早期自由主义经济发展史，揭示了美国“自由放任”政策的由来。由此，“历史与逻辑相一致”地探究了此次“经济危机”爆发的原因。

教学方法是为达成教学目标、实施教学内容所采取的方式与手段，诸如讲授法、谈话法、讨论法、图示法等。教学方法本身并无好坏之分，其评判标准只看它与内容、所要达成目标的匹配度。一节好的历史课，其教学方法必然契合、适配于此课的内容和目标。仍以《空前严重的资本主义世界经济危机》一课为例，以美国为例，让学生感受、了解 20 世纪 30 年代资本主义世界的经济危机，探究这场危机爆发的原因，为此后“罗斯福新政”“战后资本主义的新变化”等课程内容奠定认识基础。采用图示、影视等直观教学方法，使学生初步获得经济危机的具体印象，再以史料解析、谈话法、讨论法等方法，探究“自由放任”政策的失灵、此次“经济危机”爆发的原因及影响，最后以史料归纳、问题探究等方式，进一步反思经济危机产生的本质及作用。以上方法既适合于各环节所呈现的内容，又便于达成本课目标。

第五节　历史教学设计的要求

《中学教师资格考试面试大纲》规定：了解课程的目标和要求，准确把握教学内容；根据教学内容和课程标准的要求确定教学目标、教学重点和难点；教学设计要体现学生的主体性，因材施教，选择合适的教学形式与方法。并规定在教学实施过程中注重对学生进行评价，能客观评价自己的教学效果。

综合以上文件要求，若要做好教学设计，教师至少需要理解以下几个方面的内容。

一、对课程标准的理解与把握

课程标准是国家设置学校课程的基本的纲领性文件，是国家对基础教育课程的基本规范和质量要求。它是教材编写、教学、评估和考试命题的依据，是国家管理和评价课程的基础。课程标准是教材、教学和评价的出发点和归宿。由于课程标准规定的是国家对国民在某方面或某领域的基本素质要求，它对教材编写、教学和评价都具有重要指导意义。无论教材、教学还是评价，出发点都是为了课程标准中所规定的那些国民素质的培养，最终的落脚点也都是这些基本素质要求。

历史课程标准主要包括前言、课程目标、内容标准、实施建议等部分。历史课程标准的前言，主要说明本标准制定的背景、课程性质或课程功能以及标准、设计的基本思路。历史课程标准的课程目标，主要从三维目标或核心素养，按照《国家中长期教育改革和发展规划纲要》及素质教育要求，来阐述本门课程的总体目标。内容标准则是结合上述的课程目标，结合具体的课程内容，用尽可能清晰的行为动词来阐述。就内容标准的呈现方式来看，主要是对内容标准本体的描述，其特点是：使用行为动词；每条标准分有层次；整合必要的知识、技能与态度要素或核心素养；内容是具体的而非抽象的。历史课程标准的实施建议，主要包括教与学的建议、评价建议、课程资源的开发与利用建议以及教材编写建议等。这些建议都是指导性的，而非指令性的。另外，在易误解的地方或陈述新出现的重要内容时，提供适当的典型性的案例，教师据此可以将其作为一种范例，作为理解内容标准的凭借与“把手”。

历史课程标准不仅从总体上对本学段的目标做了概述，而且还在“内容标准”部分呈现了具体的板块（模块）目标以及各板块（模块）学习要点的内容目标。板块（模块）目标是较为具体的，是针对不同板块（模块）内容的学习要求；内容目标则是各板块（模块）内的、从属于学习要点的目标，是针对某一学习要点的指标要求。它们代表了课程目标针对不同学段、不同具体内容的要求，呈现出由总到分、由抽象到具体的层级性特点，为不同时段教学活动的进行提供了依据和参照。

在教学设计中，教师需要推敲内容标准中的板块（模块）以及主题（专题）内容要求，并具体地深入理解所讲内容所对应的内容标准中的学习要点，在深刻理解课程标准的基础上，对内容标准中的相关学习要点进行解构，再在具体的教学情境中，结合教材的内容，形成课堂教学目标。“基于课程标准的教学要求教师‘像专家一样’整体地思考标准、教材、教学与评价的一致性，并在自己的专业权力范围内做出正确的课程决定。”①

二、对历史教材的理解与把握

历史教材，又称历史教科书（狭义），是指以文字和图形等语言符号形式反映一定的历史课程内容的教学用书，它是历史课程内容直接的物质载体。历史教材是师生历史教学活动的中介，是教师实现教学目标的工具和跳板。

① 崔允漷．课程实施的新取向：基于课程标准的教学 [J]. 教育研究，2009，30（1）：76.

在教学设计中，在理解课程标准的前提下，教师要钻研教材，尽可能地将所涉及的教学材料，包括教科书、教学参考书、练习册等浏览一遍，然后以教科书为中心加以综合地分析，搞清教科书内容的内在联系。一是，研究课文内容在整个课题中的地位，在整册教科书以至整个历史教学体系中的位置；二是，首先，研究课文内容要点之间的内在逻辑联系，理清脉络，弄清教材思路。例如，秦末农民战争是初中阶段中国历史教材的重点，它包括很多内容，教师就要研究各部分内容之间的联系，找出带有根本性、关键性的问题：第一，秦末为什么会爆发全国性的农民战争？第二，起义军为什么能够势如破竹，一直打到咸阳附近？第三，规模如此之大的陈胜、吴广起义为什么很快失败了？第四，秦朝终于被推翻说明了什么问题？其次，要深入地分析教科书内容的多重价值，挖掘历史内容的认知价值和情感价值，揭示教科书内容背后所蕴含的思想、观点和方法，设计丰富多彩的学习情境和探究活动。三是，要重视使用教科书提供的素材和例子，教科书是教材系统中的最主要教材，从教科书中寻找教学素材和例子对于教师来说是最为方便也是最为有效的方法。当然，更为重要的是，要根据学生实际情况合理调整教科书的结构体系，教师要在深入理解和全面把握教科书编写体系的基础上，根据所教学生的实际情况，合理调整教材体系，形成自己的教学思路，真正做到“用教材教”而不是“教教材”。

三、如何确定教学目标、形式与方法

在教学设计中，基于课程标准与教材，确定教学目标时还要注意：要深入分析教材，不仅要掌握教材的深度和广度，还要研究教材的编写意图，使教学目标更切合教学内容；教学目标的制定，要坚持学生的量力性原则，不能脱离学生实际而定得过高或过低；教学目标要突出重点；教学目标的表述要简练明确。

课堂教学目标、教学内容确定后，教师要进而考虑此节课将用哪些教学手段或方法。教无定法，教学有规。面对多种多样的教学方法与形式，哪些是教学设计中应优先考虑的？这些都需要根据具体因素加以确定。一般来说，选择历史教学的形式与方法时，需要考虑的主要依据有以下几点：第一，历史教学的具体目标。不同的历史教学目标，需要不同的教学方法与形式来实现。掌握历史知识，宜选择讲授法、阅读法等；发展能力，宜选择讨论法；陶冶个性，宜选择参观法、欣赏法等。第二，历史教学内容。内容决定方法，不同内容需要不同的方法。第三，学生的身心发展状况和年龄特征。如在低年级，主要采用谈话法、讲述法；在高年级，宜采用讨论法。第四，教师自身的素养。任何教学方法都是“死”的，只有教师能正确、准确和创造性地运用，才能成为活的教学方法。教师的素养总是一定的，并不是每一个教师都有能力使用好任何教学方法。有的教学方法很好，但教师缺乏必要的素养条件，自己驾驭不了，也不能在历史教学中产生良好效果。教师的某些特长、某些不足和运用某种方法的实际可能性，都是选择教学方法的重要依据。总之，教师选择教学方法要扬长避短。有的教师的口头表达能力强，可选用讲授法；有的教师口头表达能力弱，可选择演示法、讨论法等。第五，教学时间和效率的要求。好的教学方法，能在规定的时间内完成教学任务，实现教学目标，并能使教师教得轻松，学生学得愉快。

四、如何实施教学评价

根据历史课程改革理念，历史课堂教学评价必须坚持以学生发展为本的教育理念，同时，也必须坚持以教师自身的专业发展为本。这就要求历史课堂教学评价需要关注教师、学生两方面的行为和变化。基于此，历史课堂教学评价的基本要素可从以下几个方面进行。

（一）教学目标

教学目标不仅是课堂教学活动的出发点和归宿，还是课堂教学评价的重要参照。在历史课堂教学中，要根据历史教学内容以及学生的历史知识水平，确定比较适宜的教学目标。教学目标的基本要求是要具备科学性、合理性、明确性以及可检测性。教学目标主要用来评价教师对一节课的历史教学是否体现历史课程目标的三个基本维度，即知识与能力、过程与方法、情感态度与价值观，是否体现历史课程对学生科学精神和人文精神的关怀。对学生而言，主要通过学生的课堂学习，评价学生的学习目标是否明确，是否具有合理性。

（二）教材处理

历史教材是根据历史课程标准编写的教学用书，它根据历史课程标准中的内容标准要点及要求，用文字的形式进行系统阐述，是历史课程标准的具体化。历史教材在历史课堂教学中具有重要作用，它不仅是学生学习历史的重要材料，也是教师从事历史教学工作的重要工具。教师要上好历史课，就必须钻研和真正吃透历史教材，精心组织和科学处理历史教材。在历史课堂教学中，教师不能把历史教材内容原封不动地搬到历史课堂上，而必须根据历史教学目标、学生的掌握知识情况以及认知特点，对历史教材进行合理的调整与处理，重新组织、科学安排教学程序，选择合理的教学方法，使历史教材能够发挥最佳作用。

（三）教学方法选择

教学方法是为了完成一定的教学目标，师生双方在教学活动中采用的手段或策略。当前的历史新课程改革非常强调培养学生的创新精神和实践能力，鼓励学生积极主动地参与历史教学，培养学生的自学能力。因此，教学方法的选择要做到的是，有利于学生学习的积极性、主动性的调动和主体地位的落实，有利于学生良好学习习惯的形成和学习能力的培养，有利于学生特长的充分发挥，有利于学生创新能力和实践能力的培养，有利于学生的全面发展。

（四）学法指导

指导学生掌握良好的学习方法是历史课堂教学的重要环节。对学生的学习方法进行指导，具体包括指导学生养成良好的学习历史的习惯，指导学生学会拟定学习历史的计划，指导学生掌握学习历史的方法，指导学生掌握查阅历史工具书与查找历史参考资料的方法等。

（五）教学过程

这里主要评价教师在历史课堂教学中，各个环节安排是否合理、科学，结构是否紧凑，层次脉络是否清晰；同时，各种课堂教学要素的组合是否有一个最佳的结合点，是否能以学生的学习为中心，通过创设富有情趣的教学情境来组织学生参与学习活动。

（六）现代教育技术

历史课堂教学中运用现代教育技术特别是历史多媒体教学，是历史教学发展的趋势。在历史课堂教学中，教师如果对现代教育技术能够操作熟练、运用适当，且教学效果良好，就应该给予充分的肯定。现代教育技术尤其是历史多媒体教学是历史课堂教学评价的重要方面。当然，这里的教育技术运用必须恰如其分，运用得当，而不是喧宾夺主，华而不实。

（七）师生互动

从某种角度上讲，历史课堂教学是一个互动的过程。教师能否充分调动学生的积极性，在发挥教师主导作用的同时突出学生的主体地位，反映了历史课堂教学中师生的配合默契程度。师生之间的相互合作程度高，对提高历史课堂教学质量和达成历史教学目标具有十分重要的作用。该要素被纳入历史课堂教学的评价体系中，主要评价教师能否充分调动学生的学习积极性，以提供给学生更多的参与机会，培养学生的主动参与、主动学习意识和主动探究精神。

（八）教师教学态度

教师教学态度反映了教师的敬业精神，反映了教师的职业道德水平，是教师素质的一个重要方面，也是体现历史课堂教学质量高低的重要参照。教师教学态度主要包括教师参与教学的激情、教师的教学准备、教师对学生的态度等方面的内容。

第三章　新时代历史学科育人导向——核心素养培育

第一节　历史核心素养的实质内涵

一、走出时空观念认识的误区

“时空观念”是历史发展、史学研究、历史学习中重要的论题，是最具有历史学科本质特征的能力和观念。由于对时空观念历史学内涵认识模糊，对时空观念教学目标把握不一，在教学实践中不同程度地存在着“泛化”和“窄化”现象。

“泛化”主要表现在将“历史时空”概念复杂化、烦琐化，从而使其脱离了课堂教学与历史学科本质。其主要表现形式为将一个历史事件具体的特定的历史时空扩大为普遍性的一般性的历史时空，脱离历史发展本身的内部逻辑关系，从而将历史理解、情感体验建立在非逻辑结构的基础上，产生那种如同“蝴蝶效应”（拓扑学连锁反应）的历史理解。固然一个细小的事件或机制中的一些瑕疵会引发一些历史现象，但如果忽略具体过程，无视量变的积累而直接进行时空对接，就会形成“泛化”。如讲当代欧洲的联合，如果脱离近现代以来欧洲历史和“二战”后具体的时空条件，硬要从 14 世纪欧洲统一思想去理解，姑且不谈 14 世纪欧洲统一和当代欧洲联合的内涵区别及本质差异，仅就当代欧洲联合的具体时空条件来说，也存在着“泛化”现象。新航路开辟的历史背景中，哪些又是非具体的历史时空？我们在历史学科教学中是否存在此类对时空的泛化？历史中的“偶然”是否需要穷尽其中的“必然”，并将“偶然”解释为历史必然?

“窄化”主要表现为将“历史时空”理解为“简单的线性序列”，仅将历史中的时间和空间理解为物理上的时空，罗列历史事件发生的时间或时序，而不去关注历史内部逻辑。将历史时间作为唯一的教学目标，将时序作为教学的绝对目标，较少指导学生在不同的时空框架下合理解释历史的延续与变迁，从而忽视了历史学科的内涵本质。将历史空间简单理解为地理环境，从而陷入机械唯物主义的地理环境决定论；或将空间理解为某个地区、地名的历史沿革及简单的地理空间，过分强调生态空间，忽视历史时空其他要素诸如人文、社会、制度、民族、思想等空间对人类历史进程的影响。

因此，对时空观念内涵发展的梳理，有助于我们理解时空观念内涵，特别是具体的历史时空内涵；有助于我们在教学中正确把握时空的具体要素对历史事件、人物、进程的有效影响，把握正确的“度”，在教学实践中寻找到落实科学的时空观念的途径和方法。

二、了解时空观念的历史哲学研究

对时间与空间的研究，古代东西方学者从自然科学、哲学的角度均有研究论述，在此不赘述。

（一）19 世纪“时空观”的历史哲学研究

所谓时空观，是指关于时间和空间的根本观点，是哲学世界观的重要内容和有机组成部分，是人类在长期生产活动和生活历史实践过程中形成的，成为历史哲学研究的范畴。

17—18 世纪，牛顿的机械唯物主义时空观强调时间和空间的绝对性。贝克莱主观唯心主义时空观认为，时间和空间是人的感觉的产物。此时的时空观研究还没有摆脱哲学研究领域，或者说还没有完全从历史学或历史哲学的范畴去研究。

19 世纪，以兰克、黑格尔、马克思等学者为代表的“历史哲学”探讨“自然时空”和“社会历史时空”。马克思对传统时空观进行了实践论改造，指出“从前的一切唯物主义（包括费尔巴哈唯物主义）的主要缺点是：对对象、现实、感性（含时间、空间）只是从客体的或直观的形式去理解，而不是把它们当作感性的人的活动，当作实践去理解，不是从主体方面去理解”。从这里可以看出，马克思意识到传统的时空观存在的缺点，指出时空是人类历史创造活动的背景，是以人的活动为前提的。

唯物史观的时空范畴立足于人类历史活动，其主要特征是：时空以人的活动形式存在，并非是独立于人的活动之外的抽象存在；时空是一个社会演化的内部参量，它是深入社会运动内部不同层次之间、由人的实践活动耦合到社会运动过程的内部参量；时空具有社会历史性，每一代人的社会需要、方式、目的不同，时空也具有不同的内容；时空之间可以互相转换，通过人类的社会实践活动，可以由时间转化为空间的存在。

马克思的这种“社会历史时空观”对我们提高对历史的认识有以下几个好处：一是只要我们承认历史时空的实践创造性，就必须承认历史时间中的过去、现在、未来三个维度之间的相互双向决定关系；二是社会历史运动是社会历史时间的空间化和社会历史空间的时代化的统一；三是历史时空观的辩证法是历史研究的现实基础，现在是过去和未来的交汇点，未来是现在展开的方向。

人类社会历史时间结构中，空间是相对保守的，时间则始终是革命的、能动的。僵化不变的历史空间结构，只能通过社会历史时间来改变。

马克思的时空观有助于我们理解时间、空间要素在人类历史活动中的作用；有助于我们理解人类历史活动中时空因素的特征，并据此认识和理解人类的历史进程。

（二）20 世纪布罗代尔对“时空观”的阐述

布罗代尔“历史时间”范畴的提出，是 20 世纪西方学术界历史研究理论的新路标和里程碑，使“时空观”从历史哲学研究走向历史学研究。

1.“历史时间”与“哲学时间”

布罗代尔在《长时段：历史和社会科学》一文中指出：“历史时间是具体的、普遍存在的时间，是以同等身份周游列国和把相同桎梏强加各国的时间。”“历史时间”是普遍的、具体的为一切人类个体所共通的架构形式，因此是外在于任何个人的主观感受和存在境遇的客观时间。布罗代尔将“历史时间”与“哲学时间”区别开来。他不认同“哲学时间”，认为它不适合研究历史：历史强调的是不以任何个人的主观性为依据的客观内容，因而提出“历史时间”范畴，与“哲学时间”分庭抗礼。

2.“历史时间”与“社会时间”

在一般意义上，“历史时间”与“社会时间”之间具有相似性，它们在面对具体个人时，都承认时间具有不依赖于任何个人的外在客观性。“社会时间”破坏了“历史时间”将人类社会行为理解为总体系统的努力，由此也破坏了人类历史的总体性。

布罗代尔在自己的研究中深入细化了“历史时间”与“社会时间”的区别。他在《菲利普二世时代的地中海和地中海世界》一书中将“时间”划分为三个层次。从地理环境与人的互动关系入手，讨论的是“超长时段的历史具体”；从经济运行模式、社会统治模式等数百年中维持基本稳定的社会事实出发，讨论“长时段的历史具体”；通过具体个人的历史抉择、事件经过来描述历史，讨论“短时段的历史具体”。

历史可区分为短时段、中时段和长时段。短时段是在短促的时间中发生的历史偶然事件，具有欺骗性的特点，处于历史的表层；中时段是一种社会时间，具有局势性的特点，如人口增长、利率波动等；长时段一般是以百年为段的地质学时间，在相当长时间内起作用，如地理格局、气候变迁、社会组织等。

布罗代尔强调研究历史必须注意“历史时间”适用的有效时段。

3.“历史时间”与“历史空间”

布罗代尔立足于总体性的“历史时间”范畴，建构了与之相匹配的总体性的“历史空间”理论。所谓“历史空间”，布罗代尔指出：“我们这里不应忘记最后一种语言，最后一组模式，即必须把任何社会实在归结为它所占领的空间。”这就是说“历史空间”是历史总体性实在之研究模式的一种“言说方式”。它不仅将“空间”看作是与“时间”不可分割的研究领域，进而将之作为一种有助于解读历史总体性的言说模式，使之成为总体性历史研究的合理组成部分。在这个意义上，“历史空间”与“历史时间”范畴共同构成了历史总体性的解释模式。

“社会空间”理论蕴含“生态学”意涵，从相对固化的自然环境这种空间因素出发解释社会现象，形成了纯主观机械论的“地理决定论”。事实上“空间”现象不仅蕴含自然环境对社会的影响，也包括人类行为的空间模式，即人类活动在空间中的交互模式对社会的影响。在此意义上，“空间”就成为一个超越“生态学”并且随历史演变而变化的“外在客观空间”，即“历史空间”。

布罗代尔“历史空间”理论的经典表述在其专著《菲利普二世时代的地中海和地中海世界》第一章中，通过描述地中海世界山脉、平原的地理结构，说明了地中海世界人类交往的基本空间模式，即山区与平原的区别造成了两种环境下不同的人类生活形式，而山区居民与平原居民又都依循着各自的周期相互交往，从而构成一个总体的空间系统。这种“空间”范畴属于“长时段的历史研究”领域，因此它既与同时代的“历史时间”相适应，又构成总体性历史的有机组成部分。

4.“历史时间”与“地理空间”

所谓“空间”，从人类社会学角度看也就是指特定的地理环境。它是历史事件发生、发展的依存基础。每一个不同的时代，都各有其不同的地理环境，因为时间与空间处于不断的发展与变化之中，离开了那个时代的地理环境，就不可能真正了解那个时代的历史。

“地理决定论”认为从现代智人诞生到食物生产，再到文字的发明和城邦社会出现，在这个巨大的时间尺度下，地理因素发挥着关键性的作用。

具体地理条件，在人类社会发展不同阶段，对人类生产力发展水平有重要影响。重大历史事件所处地理场所赋予历史过程以具体的空间位置，以明确这些历史事件的某些地理特征。只有从历史发展过程的地域特性出发，才能达到对历史多方面观念的具体而深刻的理解。

虽然布罗代尔强调他的历史时空观与马克思的历史时空观有一致性和

传承性，但我们可以看到二者之间的差异还是很明显的。马克思的历史时空观以人的活动为前提，将时空定位为人类活动的背景，独立于人类抽象之外的客观存在。布罗代尔则是从具体的视角去探讨历史时空及其与人类社会发展的关系。

三、理清时空观念与其他核心素养的关系

时空观念是最具历史学科特征的必备品格和关键能力。它也是学生发展核心素养“文化基础”中“理性思维”在历史学科中的具体体现。时空观念是了解和理解历史的基础，是学生认识历史必须具备的重要观念，是历史学科有别于其他学科的重要特征，也是历史学科核心素养中的核心思维能力之一。

（一）唯物史观与时空观念

培养学生时空观念，首先要在唯物史观的指导下进行。从时空观念角度去认识历史，本身就蕴含着唯物史观，体现了物质与意识，社会存在与社会意识等辩证关系，体现了由表及里，透过历史表象认识历史本质的科学历史观和方法论。时序性和系统性是历史学科的基本特征。唯物史观基本理论中，人类社会形态从低级向高级发展，生产力、生产关系的不同历史阶段，世界从分散到整体等，在历史时序性和系统性的学科特征中均起到引领作用。正如马克思在《政治经济学批判》中所说的：“亚细亚的、古希腊罗马的、封建的和现代资产阶级的生产方式可以看作经济的社会形态演进的几个时代。”马克思在这里借用这几个典型的生产方式，揭示了人类社会具有时序性和空间特性的历史阶段。马克思主义认为人类历史发展是有规律的，这种规律有人类社会形态从低级到高级的时序更替，也有特定时空条件下的并存与相互影响。

阶级分析中各阶级的社会属性及其生活与思想文化可以作为阶级行为的特定时空条件或背景，理解阶级地位、差异及其活动对历史进程的影响。社会存在与社会意识关系是唯物史观的重要理论之一，而一定的社会存在与社会意识，同时也构成了人类个体或群体进行历史活动的空间，社会意

识与社会存在之间在时间上的共生性、依存性及其革命性又体现出一定的时空关系。

在教学中只有运用唯物史观的立场、观点和方法，帮助学生在特定的时空框架中去合理建构对历史事物的认知、理解和解释，才能让学生对历史有全面、客观的认识。

（二）史料实证与时空观念

人们认识历史的途径，主要是通过阅读史家的著述或对历代遗留下来的各种史料间接地去理解分析和解释。柯林武德说过：“文献是此时此地存在的东西，它是那样一种东西，历史学家加以思维就能够得到对他有关过去事件所询问的问题的答案。”不管是著述还是遗留的文物，文献是“此时此地存在”，历史学家也生活在“此时此地”。文献的时空属性，即历史著述者或学习者选用何种史料、通过什么技术手段分析史料、从何种视角解释史料。客观的历史与主观的历史之间，需要我们从特定的时空去看待史料及实证的技术、方法与视角。

因此，时空观念是学生养成史料实证、历史解释等素养的必要前提。在对历史的认识中，如果没有历史地看待时间和空间的明确意识，学生就会把历史进程中的诸多事件看作一大堆杂乱无章的东西，不可能从中择取到能用于证明历史的历史资料，史料实证素养也就无从谈起；如果没有掌握确切时间和空间要素的强烈意识，也就不可能考察、分析和理解诸多事件之间的相互关联，更不可能去解释它们之间的历史因果联系，历史解释就会言而无序，其素养的培养也就无法进行。如果没有时空意识，更无法对史料本身的真实性、权威性进行合理的分析，也就更谈不上史料实证了。

（三）历史解释与时空观念

历史解释以时空观念、史料实证和历史理解为基础。学生理解历史，采用史料实证的方法，形成解释历史的观点、说法，都得首先建立时空架构，需要基于时空观念。任何历史事物都是在特定的、具体的历史时间和地理条件下发生的。只有将史事置于历史进程的时空框架当中，才可能对史事有准确的理解。克罗齐说“一切历史都是当代史”，也就是说所有的历史学家或历史理解与解释主要在于以现在的眼光，根据现实的问题来看过去。

如果没有历史地看待时空的明确意识，没有掌握确切时间和空间要素的强烈意识，就不可能考察它们之间的相互关系或解释历史因果联系，进而形成相对稳定的价值观。

（四）时空观念与家国情怀

家国情怀作为最高层次的核心素养，是历史课程中历史价值观教育的根本归宿，体现出对历史课程所承载的培育和涵养正确的历史价值观的高度重视和深切期望。但在不同时空条件下，家国情怀的内涵是有区别的。比如中国古代“忧君忧民”“先忧后乐”“天下兴亡匹夫有责”等情怀，近代仁人志士为救亡图存而牺牲个人幸福甚至生命的民族家国情怀等，古代宗教社会的宗教情怀，西方近代的人文情怀和理性情怀等，这些情怀无一不打上时代的烙印，是一定历史时空条件下文化传统、民族心理与社会现实交融后人类的情感追求和体验，具有强烈的时代性。这种强烈的情怀又成为民族的精神支柱和前行路标，引导着人类或族群的发展。如果我们脱离具体的历史时空去看待这些情怀，不从具体的历史时空去引导学生体验这些情怀，情感目标的教学势必变成道德的说教，甚至出现道德和情感理解的悖论。

历史学科教学不仅需要引导学生从特定的时空条件下去认识、理解人类、族群或个体的情怀，更要引导学生从当下的社会现实出发，从历史中汲取精神食粮，培养积极向上的人生观、世界观、价值观。

第二节　历史核心素养的实施路径

一、分解时空观念核心素养的内容

中学历史课堂教学实践中，帮助学生架构时空框架，需要对时空观念进行层级分类，以便在教学实践中指导学生开展历史学习，亦有助于教师在教学中按一定的时空建构历史叙述。

（一）知道和理解史学常用的时间、空间等表达形式

历史时空，不仅指客观的时间和空间，也指人们在主观上对时间和空间的术语表达。学生必须学会运用适当的时空术语描述历史，形成适当的历史时空结构，以便将史事置于其中观察和理解。

1. 知道和理解史学常用的时间、空间术语

包括知道和理解历史时间的各种表达方式及内涵，如年、年代、世纪；史前、古代、近代、现代；早期、中期、晚期；年号、庙号、谥号；公元（前）、时期、朝代等。知道和理解历史空间的各种表达方式及内涵，如地图、地理示意图；中原、西域、关内（外）；西洋、南洋；巴尔干地区、西欧等；知道和理解整合历史时间与空间的各种表达方式及内涵，如古代两河流域文明、罗马帝国、文艺复兴、长征、大萧条、冷战、第三世界、南北对话、南南合作等。

2. 使用两种以上的时间、空间术语描述同一史事

例如，1932 年与民国二十一年、抗日战争初期、“二战”之前等术语的交替使用；美索不达米亚与两河流域等术语的交替使用；又如冷战与雅尔塔体系下的世界格局、1946—1991 年的美苏关系等术语的交替使用等。

3. 形成历史时间、空间的结构

包括知道时间轴、年表、年谱、地图、空间示意图等的功能特点；以时间轴、事件年表、人物年谱、地图、空间示意图等方式整理、表达相关历史信息。

（二）从时间与空间的视角解释历史

史事只有放在其发生、发展的时空架构下审视和解释，才能显现出其意义与价值。学生只有从这样的时空视角，运用适当的概念范畴，才能感受和发现史事间的差异和关联，做到理解和解释史事的延续与变迁。

1. 运用相同与不同的概念范畴，发现与整理史事的延续与变迁

如中国三大发明外传路线的异同，工业革命与第二次科技革命的异同，中国洋务运动与日本明治维新的异同等。

2. 运用原因与结果、联系与区别的概念范畴，解释史事的延续与变迁

如“二战”前后英、法对《慕尼黑协定》看法不同的原因，德国不同时期的领土变更的原因，欧洲空想社会主义与科学社会主义的联系与区别等。

3. 运用对立与统一、量变与质变、动机与后果的概念范畴，评价史事的延续与变迁

如第一次世界大战是骤然而至的吗，张骞开通丝绸之路的初心，15—16 世纪西方航海活动的动机和后果等。

（三）运用时间与空间架构历史叙述

在培养学生表达技能和解释能力的基础之上，历史叙述是培养学生还原史事的更高级思维品质。学生只有将历史叙述建构在史事发生时的时空情境之下，才能设身处地地认知史事的价值所在，才能尽可能地接近和再现历史。同时，通过时空架构下的历史叙述，设身处地地反思历史，增进学生分析和解释历史的能力，培养他们不苛求古人的“同情之理解”品质。

1. 以时间或空间序列构建历史叙述

如从贞观之治到开元盛世，清朝前期的疆域，英国民族国家的形成，“二战”的主要过程等。

2. 整合时空二维构建历史叙述

如秦灭六国，南宋与金的对峙，德国的统一和崛起，经济全球化过程等。

二、探索时空观念核心素养的教学策略

时空观念是指将历史事实置于特定的时空环境下进行考察和分析的意识和思维方式，是中学历史学科本质的体现。因此，在教学中要遵循历史学科的本质特点，借助恰当的历史工具，创设特定的历史情境，进行有效的历史表述训练，引导学生在具体的时空环境下，分析、理解和解释历史事件之间的联系，最终培养他们在具体的时空框架下考察分析历史事件、历史现象，在不同的时空框架下整体把握历史的观念。

（一）运用历史工具

在历史教学中教师可以运用时间轴、历史地图、年表、年谱、空间示意图等历史工具形成历史时间、空间的结构，帮助学生搭建时空框架，并以此帮助学生理解历史事件间的联系。初中历史教学，教师可以提供历史工具，在引导学生分析、理解的基础上，帮助学生形成时空观念。

比如，可以运用直观的历史工具时间轴，将历史事件以年代和时期进行排列，并以此帮助学生理解历史事件之间的因果关系。初中历史教学，教师在引导学生阅读时间轴时，可以让学生首先观察时间轴两端开始和结束的时间，来了解该时间轴覆盖的历史时期；其次观察时间轴是否划分为公元前和公元后，计算历史事件经过的时间，特别注意时间轴上历史事件之间的时间间隔；最后，根据时间轴上呈现的特征及相关史实，分析、描述历史事件之间的关联。

再如，运用历史地图，让学生深入历史时空。历史地图可以让我们了解人类曾经生活的地点和方式；可以显示一些特殊的事件，比如很久以前的战争；也可以展现出某种行为模式，比如人类的迁徙或者贸易路线等。初中历史教学中，教师在运用历史地图时，可以引导学生通过标题了解地图描绘的主题和时间，通过图例了解地图和各种符号的意义，通过标注得知地图上不同地点的名称和事件发生的时间，通过比例尺推算距离远近并对不同地方的幅员范围进行比较；如果地图上有更多的自然人文特征，教师还可以引导学生观察地图上山川河流、道路等的位置、走势，人口增长、农作物分布等信息，在此基础上引导学生建立相关历史因素之间的联系。

历史工具的实施路径可以运用在时空观念所有目标内容的教学中，可运用在“知道和理解史学常用的时间、空间等表达形式”目标内容的实现中。

（二）创设时空情境

任何历史事件都是在一定的时间和空间内发生的，显然不能离开时空情境空谈历史。学生要认识历史，需要了解、感受、体会历史的真实情境和当时人们所面临的实际情况。只有在结合事件发生背景因素、具体的客观环境和广义的地理范畴的时空情境中，学生才能多层次、多角度地全面分析和了解事件的前因后果、来龙去脉，判断偶然性、必然性和特殊性。因此，在教学过程的设计中，教师要想方设法创设真实的历史情境，将学生引入真实的时空情境中展开学习活动，进而对历史进行探究。历史时空情境的创设可以通过展现历史影像资料，营造生动形象的情境；也可以展现历史文字资料，或用语言直接描述等方法形成真实的历史情境。历史时空情境的创设可以为学生理解、解释和评价历史提供更丰富的研究视角和更宽阔的思考空间，让历史在学生头脑中变得更具体、更立体、更合理。

一般来说，在初中历史教学中，教师可以更侧重用图片显示、影视播放等生动的方法创设历史时空情境，这比较符合初中学生的心理特征。在情境的创设中，教师可以借助一定时空框架下的历史人物的人生轨迹、生活经历营造特定的时空情境，帮助学生通过了解其生活时代的风貌，进而窥探整个历史的进程。关注历史材料与历史细节之间紧密的内在关联，帮助学生透视历史细节背后的深层信息，激发学生的学习兴趣，进而帮助学生在理解核心概念的基础上达到思维的提升。

创设时空情境的实施路径，多运用在“从时间与空间的视角解释历史”目标内容的实现中。

三、开展时空观念核心素养的历史表述训练

历史表述训练，即对历史表达叙述能力的训练，主要用于“运用时间与空间架构历史叙述”目标的实现上。历史表述能力是一种历史综合能力，需要教师从教学方式和学生学习方式两个方面进行综合训练。从教师的教学方式上，我们可以运用条目排列、程式强化、专题训练以及撰写小论文等方式；从学生学习的角度可以运用示范、模仿和迁移等学习方式。

条目排列，即历史表述前，可按时间或空间序列将问题分成几个条目，然后按顺序表述每条的具体内容，同时要求学生知道为什么这样归类排列。这样给学生一个固定的思维模式，以训练学生有条理地表述。

程式强化。历史上发生的每一个事件、每一个人物的活动，都离不开背景、时间、地点、经过和结果这样的程式。教师在训练学生表述问题时

就得考虑这些因素，少了其中任何一点表述都不完全。

专题训练。历史表述训练可以通过让学生做专题归纳来达成。开始是教师出题目作示范，之后让学生自己出题目作归纳。无论谁出题目，都要求学生从时空角度用自己的话归纳，不准抄书或别人的文字。

撰写小论文。训练学生从时空视角解释和叙述历史，还可以通过小论文写作训练来实现。组织学生撰写小论文是一种更高层次的表述训练，要求学生在叙述史实时，以时空维度来建构历史叙述，并且一定要有自己的观点，做到史论结合。通过组织学生撰写历史小论文，除可提高学生的表述能力外，还可大大提高学生学习历史的兴趣。

在几种历史表述训练方法中，条目排列和程式强化的方法比较适用于初中的历史教学。

第四章　核心素养导向下的中学历史教学设计

第一节　基于核心素养下新课程的规划设计

一、核心素养视野下新课程的体系

课程是教育思想、教育目标和教育内容的主要载体，是学校教育教学活动的基本依据，其决定着学校的形态。因此，在教育改革当中，课程改革是关键环节。学校的课程改革必须遵循教育改革的最新理念和时代发展，以促进学生的未来发展和终身发展作为课程改革的出发点和落脚点，通过优化课程结构，更新课程内容，加强课程的时代性、创新性、综合性和实践性，着力于培养学生的创新精神和实践能力，使学生的素质得到全面提高，成为面向未来的国家优秀人才。

当代中国著名心理学家、教育家林崇德，在其主编的《21世纪学生发展核心素养研究》一书中提到基于核心素养的课程体系，认为现代课程体系应至少含有四个部分：一是具体化的教学目标，即描述课程教学所要达到的目标，需要落实到要培养学生哪些核心素养；二是内容标准，即规定学生在具体核心学科领域（如数学、阅读、科学等）应知应会的知识技能等；三是教学建议，也称之为“机会标准”，即为保障受教育者的学习质量所提供的教育经验和资源，包括课堂讲授内容的结构、组织安排、重点处理及传授方式，以及学校公平性、教育资源的分配、学生环境的创设等；四是质量标准，即描述经历一段时间的教育之后，学生在知识技能、继续接受教育、适应未来社会等方面，应该或必须达到的基本能力水平和程度要求。[①]

两位教授对于构建我国基于学生发展核心素养的课程体系的设想是不谋而合的。张华教授认为的课程体系的四个“素养化”——课程内容的“素养化”、学生学习的“素养化”、教师教学的“素养化”、课程评价的“素养化”，与林崇德教授认为的课程体系的四个部分——内容标准、具体化的教学目标、教学建议、质量标准，一一对应。四个“素养化”和四个部分都充分体现出了发展学生“核心素养”的要求，为我们构建一所理想的新学校的课程体系、规划、建设、实施与评价提供了建设方向。

二、核心素养视野下新课程的规划

课程改革政策最终需要落实到学校中，并通过学校课程规划活动才能实现。学校课程规划是指学校应当对课程做什么以及怎样做等方面进行整体性的设计、统筹与安排，最终设计出具有学校特色的课程。[②]那么，学校应当如何对基于核心素养的新课程进行规划呢？

核心素养的目的是培养“全面发展的人”。由此可见，在教育过程中，我们要把学生当作“整体的人”来看待。因此，基于学生核心素养的新课程应当是“整合型”的。“整合型”学校课程的出发点和目的是对学校场域中的教师和学生做为“整体的人”来关注，把教师和学生视为具体存在的个体，关注他们的尊严和个性。因此，“整合型”学校课程的核心思想是促进学生作为“整体的人”的全面发展。[③]

（一）新课程的教育目标

林崇德教授在《21世纪学生发展核心素养研究》中，选取了我国35门现行的课标进行研究，整理并界定出36种现行课标当中的核心素养。根据不同核心素养在课标中提及的频率从高到低排序，分别是学习素养、语言素养、科学素养、艺术与审美能力、实践素养、沟通与交流能力、主

① 林崇德.21世纪学生发展核心素养研究[M].北京：北京师范大学出版社，2016：264.
② 房林玉.学校课程规划研究[M].北京：中央编译出版社，2011：25.
③ 房林玉.学校课程规划研究[M].北京：中央编译出版社，2011：131.

动探究、信息技术素养、人文素养、问题解决能力、健康素养、创新与创造力、团队合作、数学素养、国家认同、多元文化、价值观、自我管理、社会参与和贡献、国际意识、法律与规则意识、环境意识、情绪管理能力、独立自主、自信心、反思能力、可持续发展意识、尊重与包容、伦理道德、计划组织与实施、公民意识、安全意识与行为、适应能力、生活管理能力、生涯发展与规划、冲突解决能力。①

对于现行课标的核心素养进行整体分析，可以发现，现行课标重视对核心素养的培养，36 种核心素养较全面地关注了未来人才所必备的素养，但现行课标对于各素养重视程度却存在差异，如较重视学习素养、语言素养、科学素养和实践素养这四大工具性素养，而对于人文素养的强调不足，不够重视德育和价值观的培养，缺乏对冲突解决能力的培养。总体概括为，重视学科素养，对跨学科素养重视不足。

因此，新课程的教育目标应当体现出对培养学生的学科素养和跨学科素养的高度重视。由于 36 种核心素养主要涉及学生的智慧能力、道德情感、身心健康、创新实践、社会人生五大素养领域，因此，新课程的教育目标应当体现为以下五个方面。

1. 智慧能力

新课程应当注重学生智力的发展与开发，重视培养学生的基础知识和基本技能，重视挖掘学生潜在的能力，为学生个人的兴趣、爱好和特长提供发展与提高的平台。

2. 道德情感

新课程应当坚持“育人为本、德育为先、能力为重、全面发展”的教育方针。学生是“整体的人”，是人就有复杂的情感。因此，新课程也应当关注学生的情感，培养学生树立公民意识、社会责任、国家认同等意识，以适应未来社会发展的需要。

3. 身心健康

学生的身心素质已成为衡量教育质量的一个重要指标。因此，新课程

① 林崇德 .21 世纪学生发展核心素养研究 [M]. 北京：北京师范大学出版社，2016：196.

应当关注学生身体与心理的健康，通过创设体育类、艺术类等课程，提高学生身体素质，陶冶情操。

4. 创新实践

通过教育推动国家的发展，关键在于“创新型人才”的培养。新课程应当关注学生的创新能力与实践能力的培养，通过科技创新类、综合实践类等课程，为学生创新与实践能力的发展提供平台。

5. 社会人生

新课程应当关注学生对于社会、人生的认识，关注学生的生活管理能力，为学生提供进行生涯发展与规划的平台。

（二）新课程内容的类型

1. 基础类课程

基础类课程是以国家必修课为主，结合与升学相关的国家选修课程。以帮助学生打好坚实的知识、技能与思维基础，根据学生的认知规律与学科特点，对于基础类课程内容进行分类、分化与整合，从而形成独具特色的分层课程、分类课程。既有利于学生将知识进行有机联系，形成知识网络结构，又大大减少了教师的教学时间，提高了教学质量。

2. 拓展类课程

拓展类课程是以国家选修课程为主，以实现培养创新型人才、发展学生个性特长为目的的课程。国家选修课程是在国家基础性必修课程基础之上所构建的学科拓展性课程，充分体现了知识扩展和综合能力发展，是学生终身学习精神、方法、能力培养的重要载体。且国家选修课程有国家课程标准、有规范教材，有可供学生选择的较丰富的课程类型，易于开发和规范实施。[①] 因此，以国家选修课程作为拓展类课程建设的重点。

3. 综合类课程

综合类课程是以培养学生个性特长、兴趣爱好，陶冶情操，开阔视野为目标的课程。主要体现在艺术学科领域，艺术课程的内容丰富、形式多样，

① 刘彭芝，翟小宁，周建华 . 以人为本多元开放：中国人民大学附属中学自主课程建设的实践探索 [M]. 北京：北京师范大学出版社，2015：28.

让学生可以获得特定的艺术知识和技能，提高学生对艺术的审美能力和理解能力，陶冶性情，培养兴趣。

4. 创新类课程

创新类课程是借鉴国内外先进教育，结合学校自身发展的需要而创设的校本课程。强调教育培养学生的创新精神与创新意识，鼓励学生大胆创新。因此，创新类课程主要体现在科学技术领域。学校通过创设特色的科技创新课程，为挖掘学生的创新能力提供平台。

5. 特需类课程

特需类课程是学校根据学生发展的需要或存在的问题而创设的校本课程。为了实现学生与知识间的衔接过渡，可以创设“引桥课程”；为了学生能够有更多机会参与社会实践，可以创设“社会实践课程”。特需类课程充分体现了学校对于课程内容和形式选择的自主性。

（三）新课程内容的特点

1. 整合性

“课程整合”已经成为教育领域综合改革的高频词。课程整合是一项复杂的基础教育课程改革实践。它不是简单地将学科课程合并和重新安排课程计划，而是还意味着课程内容与学生经验的整合，学校课程与社会生活的整合，其最终指向培养适合未来社会的人才，从而让每一个人都有希望、有能力、有可能创造机会发展自己。① 因此，基于核心素养视野下的课程内容设置应当具有“整合性”。基础类课程当中的分层、分类课程，根据学科的特点和学生的认知规律，合理安排模块教学顺序，整合与取舍教材内容，重组、整合优化教学内容，将学科课程的内容进行分类、分化、整合，充分体现出“整合性”。

2. 有主性

学校结合自身发展现状以及“核心素养”理念进行课程建设，则需要在课程内容的设置、课程实施的时间安排、课程评价方式和标准、课程资

① 钱丽欣 . 课程整合：回应未来社会对学生核心素养的期待 [J]. 人民教育，2015（24）：33-35.

源开发等方面具有完全的自主性。

3. 个体性

课程改革的主线是“立德树人”，所以，要牢牢把握“以人为本、培养全面发展的人”的育人方向，充分尊重学生的个性和尊严，为挖掘学生的潜能、培养学生的兴趣爱好、发展学生的特长提供平台，充分体现出学生作为“整体的人”的个体性。基础类课程遵循学生的年龄特点以及认知规律，拓展类课程能够为学生提供丰富的学科拓展性课程，综合类、创新类、特需类课程充分依据学生发展的需要而设计课程内容、实施与评价等。五大类型的课程结构充分体现出了“个体性”。

从学生核心素养出发，衡量学校课程建设成功与否有三个标准：第一，课程是否围绕学生的核心素养而展开；第二，能否在学生的核心素养和学校课程框架之间建立起实质性的连接；第三，是否能够保证每一门课程的质量，为学生的核心素养服务。基于此，学校应当在学生核心素养理论的指导下，以课程整合为依托，促进课程体系的改革与发展，逐渐建立起以学生核心素养为中心的新课程体系，这将是学校追求课程发展的一条关键路径[①]，也是我们建设一所理想的新学校课程体系的必经之路。

三、核心素养下新课程的建设

（一）基础类课程

新课程标准指出，“数学教育要面向全体学生，人人学习有价值的数学，人人都能获得必需的数学，不同的人在数学上会得到不同的发展”。学生之间的差异是一种客观的存在，按照统一标准设定的目标，必然难以落实面向全体学生的要求。要面向全体学生，就必须充分认识到这种差异的存在，并针对这种差异因人定标，因材施教。

传统的分层教学具有不完善性。孔子曰：“圣贤施教各因其材，小以小成，大以大成，无弃人也。”现代课堂上，教师也十分重视分层教学，但一次只能向一个班的学生同时授课，既要给优生更深入地讲解，又要兼

① 钱丽欣．课程整合：回应未来社会对学生核心素养的期待 [J]. 人民教育，2015（24）：35.

顾后进生，这就给教学质量的提高形成了阻碍。

（二）综合类课程

学生的差异除了表现在必修和选修的课程以外，还有兴趣和特长，如技术、美术、音乐、体育。综合类课程是以培养学生个性特长、兴趣爱好，陶冶情操，开阔视野为目标的课程。过去的教学当中，大多偏重技能技巧的训练，并且各科是独立的科目。通过综合类课程，学生不仅能够获得特定的艺术知识和技能，还能得到一定的综合性审美能力训练，以加深对艺术的理解。

（三）创新类课程

创新类课程设计包括两个层面：一个层面是侧重于技术层面，是课程工作者从事的一切活动，包括其对于达成课程目标所需的各种因素、技术和程序，进行构想、计划、选择的慎思过程；另一个层面更为侧重具体设计的理论研究和准备。教育科研机构的专家学者对于课程的研究拟订出课程学习方案，为决策部门服务，拟订教育教学的目的任务，确定选材范围和教学科目，编写教科书等都属于课程设计活动。课程设计的过程中涉及很多方面的课程要素，最主要的课程要素包括过程目标、课程内容、学生的学习活动以及课程评价等。

校本课程多样化可以让学生与时俱进地成长。如有些小学开设了社会技能、体育、艺术、科技、学科五大类别的课程。区别于传统教学课程，新增加了一些实用性课程，如社会技能课程与科技课程，使学生不会与社会脱轨。

一些学校科技课程方面还设有“三维打印、机器人、太空加油站”等创新课程；社会技能课程还设有学生的“创客实验室”、创新工坊、创新团队等，以“创客”的思维启发学生，注重学生的想象力与动手能力。核心素养下的新课程主要是个体在学习、理解、运用人文知识和技能等方面所表现的情感态度和价值取向。重点是要积累古今中外人文领域的基本知识和成果；掌握人文思想当中所蕴含的认知方法和实践方法等。

1. 社会技能课程

（1）学习生活技艺

学习生活技艺就是学习掌握基本的生活知识方法，并动手去操作，提高基本生活能力。在“乐学厨艺”课程实施过程中，学校建设了厨艺教室和劳动基地，实施了丰富多样的活动体验课，主要内容有厨具使用，安全要领，蔬菜择、洗、切，好玩的面团，营养奥秘，调教五味瓶，学做家常菜，创意美食，拼盘比赛，毕业会餐，餐桌上的礼仪，家乡的美味，舌尖上的文化等。在此基础上还开展了“走进厨房学做小主人”“走进家庭献爱心”“走进节日感受文化”“走进社会实践升华”系列主题实践活动。

（2）解决生活问题

让学生根据真实或模拟生活情境，提出问题，解决问题。比如，在“去远方”课程的一个活动中，给出的条件是每人 2 000 元，做一个“小组结伴七日游”的方案。要求是选择什么交通工具出行，比较优劣势，需要注意什么，去几个地方；各小组经讨论制订方案和路线图；小组间交流，评选最佳；课上没有完成的可以课下做。老师也参与讨论交流，进行必要的指导与启发。课上每位学生的主动性得到充分表现，上网查资料，讨论比较，出主意想办法，确定本组方案，向全班推荐。这样的生活情境使学生的好奇心和想象力得以充分展开，激发了学生解决问题的兴趣和热情。

2. 科技课程

孩子的探究行为大量表现在课外的各种活动之中，因此，学校的科技活动以小制作、小实验、小发明、小论文的“四小”活动的形式广泛开展，定期举办全校性质的科技节，这样更有利于科技活动的普及。在科技节中，开展头脑运动会、脑筋急转弯、科学幻想画、科学知识竞赛等活动，并向全校的孩子征集科技创新作品，给孩子们提供展现科技才能的机会。在活动当中，孩子们常常会以各自的兴趣爱好和独特的思维方式，给出我们成年人意想不到的答案。这些活动能够激发孩子的科技兴趣，带着明显的探究精神和创新意识，有助于孩子们想象力与创新能力的培养。

（四）特需类课程——“引桥课程”

每一个不同年龄段的学生都有不同的发展规律与学习规律，从以前的环境到新的环境学习，需要学生不断适应新环境的变化，从而改变自己已有的学习经验，创造出属于自己的学习方法。在衔接学习过程中，有不少学生由于无法适应新环境的学习，或者无法适应学习某一新的知识内容，从而导致学习跟不上，最终出现在前一阶段学习成绩优异，后一阶段学习不尽如人意，学习成绩慢慢下滑，最终失去对学习的兴趣，成绩下降幅度较大，有的甚至转学退学等。其实是因为学生在学习过程中无法在新旧知识之间完成过渡，从而导致了某一知识点在新旧知识之间的连接脱节。

引桥课程是针对衔接教育所开发出的新课程。所谓“引桥”，就是指在高度不一的桥与路面之间的过渡，使得车子能够顺利在桥与路面之间平缓行驶。引桥课程便是以此为原理，为了学段间能够进行更好的衔接，在学习新知识点之前，进行引桥和搭建，帮助学生顺利进入新学段的课程学习。

引桥课程可以分为“学前引桥、难点引桥、发展引桥”。引桥课程适用于各学段，如小学升初中、初中升高中的跨阶段学习，或者初二升初三、高二升高三等跨学段的衔接学习。

第二节　基于核心素养的中学历史导学案的设计

一、学校的引导与支持力度不足

（一）促进教师专业发展的力度不足

在谈到教师的专业素养相关的问题时，不少教师认为，学校层面目前在这方面有可以努力的空间。教师专业发展是一个教师持续发展与进步的必要因素，所以学校对于教师专业发展也是越来越重视，很多学校都成立了促进教师专业发展的部门。从这些现状中可以了解到，教师专业发展已经越来越被学校重视，只是各学校的教师发展中心在履行职责的具体做法中还存在些许不足。比如，随着教育技术的发展，教育信息化与传统课堂的融合逐渐受到关注，学校的教师发展中心也应高度重视这一变化，并不断组织青年教师培训、新入职教师培训等，培训的内容多是目前的教育信息化发展现状、如何融入这一现状、微课和翻转课堂的设计与使用，频繁组织此类培训，使学校一线教师，尤其是青年教师能及时了解和掌握教育信息化的前沿信息与技术，而教师发展中心对提升教师专业理论与专业素养的关注度略显不足，组织此类培训活动的力度稍显不足。

教育技术是辅助教学的手段，教学专业理论是指导教师进行更符合教学规律、符合学生身心发展规律、提高学生综合素养、培养合格的社会公民的必备要素，教学专业理论使教学更具思想性。基础教育一线教师往往把更多精力专注于日常的教学活动，而忽视了教学专业理论的学习，限制了自身专业素养的提高，这个缺陷需要学校和教师共同努力弥补与改进。

（二）专项经费欠缺，影响教师的积极性

没有专项经费的支持，严重影响了教师运用导学案的积极性。随着社会的发展，教师不再是传统观念中无私奉献的完美的人，而是有血有肉需要生活的普通人，教师除了工作之外，也要承担家庭的责任。

运用导学案需要教师花费大量的时间和精力。在导学案编制阶段，包括对课程标准的研读、对学生学情的分析、阅读文献搜集文字史料、网上大量地查找合适的地图或者自制地图、根据学生程度精心设计适合学生合作探究的问题等，其中网上能够查找到的资料往往需要付费。也就是说，导学案的编制除了需要花费教师的时间和精力，还需要资金。导学案的运用包括课前运用、课堂运用、课后运用，每一个运用环节都需要教师的监督和落实。这些只靠教师的工作时间来完成是不可能的，况且教师的日常工作不止这些。对教师来说，市面上有很多现成的教辅资料可供使用，相对于运用导学案，他们使用这些现成的教辅既节省时间、精力，还少了不少麻烦事儿。如果没有学校提供的资金进行鼓励与支持，很难有教师可以坚持下来，也就导致教师运用导学案的积极性不高，他们更乐意使用市面上的现成资料，但是现成的资料与教师自己结合学生学情编制的导学案相比往往针对性不强，学生学习的效果可想而知。

二、教师的综合素养有所欠缺

（一）部分一线历史教师自身专业素养缺失

不少教师曾经提出，导学案的运用主体是学生，但是导学案负有培养学科核心素养的重任，教师在这一过程中有着不可忽视的重要的指导作用，教师自身的专业素养是指导学生合理高效运用导学案的关键和前提。如果教师自身的专业素养有所缺失，培养学生的学科核心素养就无从谈起。

长期以来，我国基础教育领域入职门槛相对不高，是客观事实。这个问题不是历史学科特有的问题，而是共性问题，以致一部分年轻的一线历史教师专业素养不高，本身又由于入职时间短，缺乏教学经验，能够圆满完成的教学任务是传授给学生基础的历史知识，这个任务的完成已经略显吃力，限于自身的专业素养不高，年轻教师在基础知识的基础上很难完成对学生历史学科核心素养的培养。要解决这个问题，需要学校和年轻教师共同努力。

（二）对传统教学方式有路径依赖

在谈到历史学科核心素养的培养中存在的问题时，教师得出了一个共识性的结论，即课堂上教师讲得太多，留给学生的时间太少。之所以出现这样的现象，教师有不同的看法。部分教师认为，历史学科长期以来被当成“副科”“背背就会的学科”，不受重视，以至于学校层面给历史学科安排的课时较少，教师为了在规定的时间里完成教学任务，只能充分利用课堂时间，不敢给学生留时间，担心完不成教学任务，这样一来，学生只能被动地听教师讲。还有部分教师认为，还是自己讲得踏实，不敢相信学生的学习能力，这种情况下，学生的主体地位在学习过程中被忽略，更谈不上学科核心素养的培养。

新课程改革以来，各种各样的关于教学模式的探索如雨后春笋般层出不穷，但是对于历史常态课堂来说，仍然是以传统教学模式为主，即教师讲授、学生听讲的模式，授课方式也常常是满堂灌，这样的教学方式所展现的效果往往是学生能够掌握扎实的基础知识，而对于学科核心素养的提升作用有限。因此，为有效提升学生的历史学科核心素养，教师需要改变以讲授课为主的传统历史课堂教学模式，需要消除一线教师对传统教学方式的路径依赖。

要解决以上历史学科核心素养培养现状中存在的问题，有必要运用历史导学案辅助教学，由老教师和年轻教师合作编制导学案，在导学案的设计中渗透历史学科核心素养，或许能够解决历史学科核心素养培养过程中遇到的困境。

（三）部分老教师呈现职业倦怠趋势

不同的教师表述方式不同，或委婉，或直接，但是分析归纳下来，教师共同表达的是职业倦怠问题。基础教育的教学内容重复，是导致教师职业倦怠的一个重要原因。尤其是从教时间长达 20 年及更长教龄的老教师，年复一年的重复工作，使他们逐渐丧失了对工作的热情。没有工作的热情，也就意味着他们不愿意改变，有了懒惰思想。还有一个原因在于老教师对工作和家庭的平衡。刚入职的年轻教师一般还没有承担家庭的责任，能够把更多的精力用在工作上，而年龄偏长的教师则需要平衡工作和家庭。随着年龄的增长，自身或者家人的健康状况会成为生活中需要注重的一环，如此一来，家庭势必会分散工作所用的时间和精力。基于学科核心素养的历史导学案的运用需要充分发挥学生的主观能动性，调动学生的学习兴趣，这就要求历史教师在备课环节投入更多的精力，充分了解学生的学情，以便有针对性地设计导学案，吸引学生主动运用导学案辅助学习。同时，教师还需要认真钻研课程标准和教材，挖掘课本内容，思考如何培养学生的学科核心素养。另外，导学案中的习题编写环节更需要耗费教师的心神，其中包括从大量的试题库中筛选的试题和给学生提供自编题的材料，学生所做的自编题由于答案个性化，教师在检查时比较烦琐，而且导学案的运用过程也需要教师的精心设计与指导，包括课前运用、课中运用、课后运用。这些因素综合起来看，需要教师消耗大量的时间与精力，很多老教师，尤其是评了高级职称的教师没有了工作的激情，精力也有限。这是老教师运用导学案培养学生学科核心素养的障碍所在。

三、历史导学案运用策略

（一）学校方面

从学校角度来说，教育部已经公布了各学科的核心素养，运用导学案渗透学科核心素养应该在学校的统一指导之下再根据各学科特性具体实施。学校可以在以下几方面进行统筹设计。

1. 组建教师教研团队，合作开发导学案

导学案的设计与运用，不是某一位教师可以独立完成的，学校应该整体上组建开发各学科导学案的教师教研团队。在历史学科方面，可以由历史教研组长牵头，组织协调各年级历史教师进行导学案的编制工作。在此过程中，老教师和年轻教师可以优势互补，老教师对于历史学科知识的背景、古今中外的联系、考试考点等有丰富的经验，专业素养较高，对学科核心素养的理解较深刻，可以给年轻教师更多的指导和帮助，年轻教师刚参加工作，有活力、有激情、有精力，可以多辅助老教师，既在这个过程中锻炼了自己，也能够更好地完成历史学科的教学，编制的历史导学案也会更加合理、科学，契合历史学科核心素养。而此模式的实现，离不开学校的统筹规划与指导。

2. 提供专项经费支持，鼓励教师积极参与

用导学案辅助教学，改变传统的教学模式，不是一朝一夕的事情，需要学校、教师进行不断摸索，投入更多的精力和时间，还离不开更多资源的支持。以历史学科为例，在传统的教学模式中，教师只需要编写教案，进行备课，而运用导学案进行教学，导学案的编制需要全体历史教师的共同参与，研究学情，制订符合学生学情的历史导学案编制工作。为了更好地培养学生的历史学科核心素养，需要在导学案中运用大量的史料，而史料的搜集、整理工作不仅烦琐，还需要资金的支持，网上的各种资源库是需要付费的，所以编制历史导学案需要学校层面提供相应的经费支持。除此之外，教师需要投入的精力更多，教师的投入程度和导学案的质量、导

学案的运用效果有直接的关系，从这个角度出发，学校也应该给教师相应的经费支持，以鼓励教师积极参与。

（二）教师方面

各学科教师是导学案编制与运用的主体，也是用导学案辅助教学取得良好教学效果的关键因素。因此，教师在此过程中的巨大作用应该受到足够的重视，教师自身应该肩负这一重要的使命。就历史学科教师而言，可以从以下三个方面做出努力。

1. 转变教育教学观念，落实教学任务

历史学科长期以来被认为是记忆类学科，在长期的课堂学习过程中，有趣的历史现象不需要分析，复杂的历史人物不需要深入了解，用单一的、现成的结论取代探究历史的过程，片面地强调对历史基础知识的了解、背诵，能够应对考试足矣，这是历史教学长期存在的弊端。随着新课程改革的不断推进，这种状况有了明显改善，但仍存在不少问题，使得很多学生失去了对于历史学习的兴趣。近年来，随着历史考试越来越注重对历史学科核心素养的考查，死记硬背已经很难取得很好的考试效果，历史越来越难学逐渐成为共识，至少是教师和学生的共识。这种现状要求历史学科教师尽快转变传统的历史教学观念，从培养历史学科核心素养的角度设计导学案辅助历史的教学。

2. 内化学科核心素养，适应课程改革

基础教育领域的一线历史教师忙于教学实践，对历史学科核心素养的关注度比较低，缺乏理论知识的支撑，教师自身对于学科核心素养的理解力低下，这对于完成新课程改革对历史学科的要求是相当困难的。因此，教师应该有自觉提升专业能力的积极性，积极参加学校组织的各类培训，积极查阅网上的历史教学类的科研著作和论文等，不断提高自己的理论高度。21 世纪一定是一个需要不断学习，甚至终身学习的时代。课程改革不断深化，对一线教师提出了更高的要求，需要一线教师不断提升自身的专业理论修养，将这些专业理论用于指导教学。教师只有了解什么是历史学科核心素养，才能进一步思索如何在教学中渗透历史学科核心素养，进而

提高学生的学科核心素养。

3. 建立新型师生关系，提升教学效果

基于学科核心素养的历史导学案的运用环节至关重要，而且设计也是为“用”服务的。在传统的课堂上，基本上以教师的讲授为主，学生只需要被动地听，此模式下师生之间的关系拘谨、交流不多，课堂效果也大打折扣。用导学案辅助教学时，需要教师主动和学生建立起新型的师生关系，即尊师爱生、民主平等、教学相长、心理相容等，以此来促进学生主动地与教师交流，调动课堂学习气氛，增强课堂学习活力，使学生愿意主动学习，以积极的态度参与到导学案的讨论、合作探究等活动中去，学生对于导学案中的问题敢于说出自己的想法，如“一国两制”的内涵等问题可以由学生自行讨论解决。如此，课堂才有生成，以学生为主体的导学案的运用才能发挥出最佳效果。

第三节　基于核心素养的中学历史课堂提问设计

一、历史课堂提问的问题诊断

在新课程改革的背景下，要求教师转变历史课堂教学模式，坚持以学生为主体，教师为主导的教学理念，历史课堂提问相关问题也在不断改善。但在实际教学中，新课程改革仍处于“新瓶装旧酒”的状态。部分学校为响应国家要求，把学生按层次分开，另设课改班，但是大部分历史课堂还是教师的独角戏，在时间紧、任务重的教学环境下，历史课堂提问存在的问题不少。历史核心素养注重培养学生的思维能力，对历史课堂教学提出了更高层次的培养要求。为此，需要全面了解现历史课堂教学实际中，关于历史核心素养的课堂教学提问境况如何。

（一）历史课堂提问的问题表征

1. 课堂提问时空联系不强

时间、地点是构成历史的基本要素，也是深入学习历史的基础条件。时间本身是客观存在的，不会因为人类的实践活动改变而停止或加减，但观察历史人物、事件、现象存在的时空环境的视角不同，时空结构就会发生变动，虽说其他学科也有时间空间的表示，但历史学科的时空不是指具体的时间、地点本身，而是处在时空坐标中发生的历史事件、历史现象及活生生的历史人物。教师在开展课堂教学时，一般是根据课堂需要，通过提问回忆史实，问题也不是精心设计的，只是考查基本知识的掌握情况，为讲授新知识做好铺垫。如中英签订的《天津条约》什么时候生效？在该不平等条约中，增开哪十处通商口岸？了解历史发生的具体时间、地点，掌握基本史实，是建构历史联系的前提。但在现在考试中，时间常以朝代或时期等不同的形式呈现，重视空间分布格局的解读，孤立的历史已不适应学业评价的要求，教师逐渐转向整体把握历史脉络与联系，通过提问引导学生建构整体的历史，如唐至明清时期，中央集权发展呈现怎样的趋势？经济、文化与社会方面有什么变化？但是，还存在提问只浮于表面现象，未深入实质的问题，以致时空联系不紧密，挖掘不出其中的深层联系，脱离特定的时间和空间，历史也失去了其应有的本质。

2. 课堂提问欠缺批判性思维

自新课改以来，史料在课堂中的运用更加频繁，课改要求教师要依据史料，创设情境，引导学生发现问题，并从史料中提取有效信息，为解决问题提供证据，培养其批判性思维。但在对史料进行课堂提问时，教师却只注重知识点的落实，史料教学有名无实。运用史料教学时，其基本步骤是提出问题，提供史料，解读史料，得出课本上的知识点。现在历史课堂中对史料的选择存在一些问题，一堂课堆砌了大量史料，而且很多是无意义的史料，对于课堂中所要讲授的知识联系并不紧密，提问也只是针对课本知识点，或者为转变历史课堂的教学方式，从史料中生硬地得出结论。对于转引史料缺乏辨析，忽略了辨别史料真伪和价值的过程，甚至出现先定结论、再找史料的情况；在史料运用方面，对各种史料类型及史料辨别的提问较少。为节省课堂教学时间，教师直接对史料进行解读，缺乏引导学生进行史料互证的意识，自然不会提问这类问题。长此以往，学生的思维固化，难以跳出思维定式进行批判，批判性思维也得不到培养。

3. 课堂提问缺乏全面而合理的解释

课堂教学中在解决历史原因、历史事件的评价及历史现象的解释等问题时，教师注重抛出问题，只想通过一个提问就得出历史结论，缺乏引导性。比如，在分析毛泽东思想产生的历史背景时，教师直接提问：毛泽东思想产生的条件有哪些？并提醒学生从政治、经济、思想、阶级等方面分析。这就限制了学生的思维发展，即使解决了这几方面的条件，学生也只是知道了这几点结论，没有形成问题解决的思维，也没有自己的理解与解释，知其然不知其所以然。人的记忆按信息储存时间的长短，分为瞬时记忆、短时记忆、长时记忆；当学生再次提取信息时，只能依据笔记或其他资料死记硬背，强制记忆。现在大部分的历史课堂教学处于传统状态，在进行历史解释时，教师通过提问来诱导学生以课本上已有的且固定化的结论来解释历史，这与历史教学规律和“论从史出”的原则是相违背的。在提问过后，教师对问题进行整理与解释时，常常以相关历史概念进行解答，直接呈现给学生。此外，教师提问大多数是为了让学生接受某种固定史论，并理解这一史论，而不是通过提问引发学生思考，让学生有机会形成自己的理解并表达自己的观点，培养学生的逻辑思辨能力和历史解释能力。

（二）中学历史课堂提问的问题归因分析

中学历史课堂提问现状产生的原因有很多，归纳起来，主要有以下三点原因。

1. 教师的基本素养不够

教育界有一句至理名言：“要给学生一杯水，教师要有一桶水。”在新课程改革背景下，甚至要变成源源不断的长流水。现中学有很多优秀骨干教师，整体素质相对较高，但仍存在问题。目前普通高等教育扩大招生，师范生的培养效果呈现下滑的趋势。师范生是中学教师的重要储备人才，而教师是课堂教学的指导者。在实际的教学岗位和课堂教学中，有大部分教师因历史专业素养、能力素养等基本素养相对欠缺，时常感到心有余而力不足，主要体现在以下四个方面：其一，教师不能很好地把自身所具有的知识与能力转向学生，主要是能够教会学生自主学习的能力，教学并不是简单的知识传授，而是知识、方法、思维的培养与内化的过程；其二，现在教师进行备课时，大多是通过网络借鉴其他教师的教案与设计，把相关内容进行整合，教师对课件的内容不能很好地驾驭，对提问的内容缺乏准确性，提问形式缺乏创新，自然在培养学生历史核心素养与批判性思维方面存在很大欠缺；其三，教师这一职业具有复杂性，教师阅读时间严重压缩，史学素养得不到提升，在课堂教学和试题评价中，没有培养学生各种能力的意识，主要集中于考试需要，忽视人的培养；其四，教师一方面没有培养学生历史核心素养的意识，另一方面受教学压力的影响，课堂时间有限，课堂提问时常流于形式。

2. 学生的学习积极性不高

我国长期通过应试教育培养人才，认为掌握了知识点，就掌握了考点。在此背景下，学生不会正确地学习历史，他们学习历史时都有一种思想，认为历史知识是固定的，就算上课不听课，在考试前临时背一背也能应付，不注重自己学习能力和方法的培养，习惯这样学习历史。殊不知，历史的考试方式和试题命制形式都随着教育改革发生变化，只有纠正这种错误思想，注重批判性地思考，才能适应考试变化，培养历史核心素养。同时，学生掌握的历史知识都是零碎松散的，因初中开卷考试，对历史学习的意识停留在临时翻书的层面上，没有形成系统的知识体系；在平时的学习中，孤立地认识历史，不知如何把零散的历史知识连贯起来。此外，现在历史教育中，宗旨是注重人的全面发展，提升学生的综合素质。落实到具体学科，该课程的课程标准与教学目标对现阶段学生的培养要求比学生的认知水平要高一些，根据学生最近发展区，激发学生的潜力，所以学生自身认知局限也是课堂提问学生不会问的原因之一。此外，还影响了他们学习历史的兴趣与积极性，他们自身不能够发现问题，对于教师的提问也缺乏深入思考。

3. 师生对历史核心素养的理解不够

历史核心素养是一个新词，大部分教师和学生对历史核心素养的概念和内容不熟悉，理解不透彻，特别是在落后的农村地区，学生即使对历史核心素养略有耳闻，也是从教师的口中得知，自然谈不上理解与应用。历史是发生在过去的人和事，是处在特定的具体的时空下，具有不可重复的特点。人们在研究历史时存在着多方面的局限：其一，研究者是现在时空下的人们，我们现在所属的时空环境有现时代的身份和思想观念，对同一史料的理解难免会受自身固有因素的影响，且史料本身带有史学家自身的主观意念，因时空差异产生理解偏差。其二，历史学家都是通过现有的史料研究历史，尽量地重现历史，接近于历史真实，随着时间与空间的变化，史料也参差不齐，虽说不可能完全重现真实的历史，但也阻碍了人们认识真实的历史时空。在历史课堂中，哪个环节运用史料？运用什么样的史料？对史料解读到什么程度？需要考虑多方因素，学校的办学条件，教师的专业能力和教学水平，学生的知识储备和接受能力，对史料的辨析能力和分析能力，都对史料教学的效果产生影响。随着信息时代的到来，新史料层出不穷，教师专业素养不足，在选择史料时很难选择最合适的史料，对史料实证素养内涵不理解，在提问时也只是为提问而提问；现阶段的中学生虽然具备了一定的史料阅读和史料分析能力，也有一定的理性逻辑思维，但学生的知识储备有限，史料实证意识不强，对理解史料、辨别史料、认识历史、构成结论形成障碍。其三，历史解释与历史史实是不同的概念，学生容易混淆历史史实与历史解释，无法理解什么样的提问才算历史解释的提问，且掌握并能运用的史实比较少，不知道如何去解读和评析。在解决问题时，学生对材料的概括能力差，教师提供的史实不清楚或不全面，不利于学生进行历史解释。

（三）历史课堂提问的深层指向聚焦于历史核心素养

历史核心素养指学生通过学习历史形成学习的关键能力、必备品格和价值观念。与历史核心素养相关的历史课堂提问存在诸多问题，提问是一项师生双向互动的过程，这些问题的存在除了与互动的主体（教师和学生）

有着莫大的关系外，一个很重要、很基本的原因是历史课堂提问缺乏更为深层次的价值指向和目标。提问是历史课堂教学有效实施的重要手段，有教学价值的提问能够激活学生思维、启发学生探究问题、打破惯性的思维定式与思考方式、能够促使学生产生问题并进行发问。与此同时，课堂提问也为学生思考指引了方向，帮助学生学会批判性地解决问题，为学生更好地掌握学习方法，形成正确的历史意识和系统的历史思维提供了路径。教师在设置问题时，需要以本课的教学三维目标为依据，围绕三维目标来展开，也为达成教学三维目标。但从目前来看，三维目标也有些局限性。发展教育的最终目的是提高人的素养，让人们成为更好的人，而历史核心素养注重的是培养人的必备品格和关键能力，是三维目标的进一步提升和凝练，进一步弥补了三维目标的不足。在具体的历史课堂教学提问环节中，除了掌握基本的历史知识和各方面的技能，最终是想通过提问来促进三维目标向历史核心素养的转化，培养学生的核心素养。

二、基于历史核心素养的中学历史课堂提问策略

在历史课堂中，教师现在扮演的角色是主导者，主要引导学生发现问题和解决问题，所以如何采用更有效的教学提问策略十分重要。教师是否掌握了恰当的提问策略，能否培养学生的问题解决能力和创新思维，是当前新一轮的历史课程改革能否实现的重要保障。

（一）基于时空观念素养的提问策略

任何历史事件、历史人物、历史现象的存在都有特定的时代背景，包括过去的某个时间、特定的地点。一种是直接的时间、地点，另一种更深入的就是在这个特定的时间和地点环境下，当时的政治、经济、文化环境如何？从纵向和横向梳理历史发展脉络，同一史事不同时期的演变与变迁（如疆域变迁、都城发展、名称变化），同一时期中外史事的发展（如14—15世纪，中国专制主义中央集权达到顶峰时，西方正值以人为中心的人文主义逐渐发展，正是中西的这种差异，致使中国逐渐落后于西方），有利于学生从整体上把握学习框架，形成自己的时空概念。

1. 整理大事年表，把握事件之间的联系

表 4-1　中国大事年表（以 1840—1915 年为例）

时间	事件
1840 年	鸦片战争爆发，中国开始沦为半殖民地半封建国家
1856 年	第二次鸦片战争爆发，中国半殖民化程度进一步加深
1860 年	洋务运动开始，开启了中国近代化进程
1894 年	甲午中日战争爆发，民族危机空前严重
1895 年	康有为发起“公车上书”，维新变法运动开始
1900 年	八国联军发动侵华战争，中国完全陷入半殖民地半封建社会的境地
1901 年	清政府宣布实行新政，试着进行制度变革
1911 年	辛亥革命爆发，最终推翻了清朝封建统治
1912 年	“中华民国”成立，清帝退位
1915 年	新文化运动开始，“民主”与“科学”思想得到广泛传播

根据表 4-1，可以提出以下问题：1840 年，中英爆发鸦片战争，中国国门被迫打开，对同时期的英国产生了什么影响？从纵向上看，上述年表中不同年份的事件之间存在怎样的关系？请举例说明。大事年表中主要是政治、文化领域的事件，请你在年表中增加 1840—1915 年经济领域的发展情况。西方列强对中国侵略的同时，中国也在反侵略、求民主，大事年表中反映了中国近现代化进程呈现什么趋势？

此表格对历史教科书涉及的中国 1840—1915 年的重大事件进行了整理。这些事件在专题史教材中分布零散，学生在学习时很难对一个国家重要时期的重大事件进行连贯的把握，这增加了学生学习的困难度，且割裂了事件之间的联系，形成孤立无意义的单独事件。要让孤立的历史事件有意义，必须把其放入特定的时间、空间中，这样才能显现其历史意义。整理大事年表有助于学生整体掌握历史脉络，在对历史事件按时间顺序制表整理的基础上，选择对中国或世界来说具有关键影响或意义的年份，通过提问，把该事件与同一时期的其他事件产生联系，或者把该事件与前后时间发生的事件进行联结，把握不同时间段、不同事件之间的关系，或者是从整体方向上进行观察，为学生提供一个思考的方向。这样就冲击了学生思维，开阔了思考的新角度，不仅在历史学习中把握历史事件间的联系，形成时空意识，在落实时空观念素养的同时，学生在潜意识里学会从时空观念方向去思考问题。

2. 从整体上把握历史发展脉络，概括历史阶段特征

人类历史是在时空下由低级向高级不断发展变化的，梳理历史发展脉络，整体把握历史框架，依据历史之间横向与纵向的联系，对不同历史阶段的历史特征进行把握。如在学习“中国民族资本主义的曲折发展”这一课时，整体上概括中国民族资本主义的发展脉络，抓住其主干部分，突出其曲折性的特征。明朝中后期，中国出现资本主义萌芽，因外国资本主义的入侵和本国闭关锁国的政策，资本主义发展缓慢；十九世纪六七十年代，中国民族资本主义诞生了，在帝国主义和封建主义的夹缝中，中国民族资本主义艰难、曲折地发展；甲午中日战争以后（19 世纪末 20 世纪初），中国民族资本主义有了初步发展；辛亥革命后到第一次世界大战期间（1912–1919 年），中国民族资本主义出现短暂的春天；国民政府统治期间（1927–1949 年），因抗日战争及官僚资本的压榨，中国民族资本主义由刚开始的较快发展到日益萎缩至陷入绝境；中华人民共和国成立后（1949–1956 年），中国民族资本主义获得新生，最终彻底转变为公有制经济。结合中国各个时期的整体发展情况及资本主义发展历程，把握不同历史阶段中国民族资本主义发展的不同特征及趋势，思考为什么会形成这样的特征？深入把握其基本线索和规律，在此基础上，创建中国民族资本主义发展曲线图。

中国民族资本主义从产生到中华人民共和国成立后彻底被公有制经济所取代，期间经历了曲折的发展历程。在不同时期，从办厂数量、工业部门、投资总额、生产总值的数据变化分析出民族资本主义在不同时期的特征：第一，如果要你来介绍中国民族资本主义的相关情况，你会从哪些方面进行介绍？第二，中国民族资本主义为什么不同时期会呈现不同的特征？其影响因素是什么？第三，民族资本主义不同的阶段特征对该时期的政治、

思想文化会产生什么影响？

这样对中国民族资本主义的发展的前因后果及历程有一个整体的把握，更好地理解各阶段的发展特征，突破重难点。

3. 针对共同点进行提问，归纳其中的内在联系

第一次鸦片战争、第二次鸦片战争、甲午中日战争各不平等条约被迫开放的通商口岸在哪些地理位置？其地理分布特点如何？从其分布特点，分析外国资本主义对中国侵略方向上有何趋势？中国被迫开放通商口岸，对中国近代经济的发展有何影响？中国近代史上开放的通商口岸与改革开放后开放的沿海地区有什么异同点？

时空观念素养对历史教学有一定的指导意义。就历史课堂教学而言，可以开展时空观念的教学活动，弥补因教学时间不足而省略提问的过程，更好地完成教学任务，甚至展开拓展活动。就学生而言，通过提问渗入时空观念，引导学生把握相关史实的时空联系，能够更全面地掌握知识和学习方法，形成知识体系结构。有效的课堂提问是时空观念落实的重要手段。

（二）基于史料实证素养的提问策略

1. 提高教师的史学素养

史料教学是新课程改革下的重要课程目标，也是史料实证核心素养的重要培养途径。现在史料在课堂中的运用情况并不乐观，这与在课堂中发挥主导作用的教师有着莫大的关系。教师所拥有知识的广度与深度，教师的知识库中包含多少史料资源，引导学生研读史料的方法以及自身的史学观念，都影响着史料教学的效果。这就要求教师要不断提升自己的专业素养和史料素养，在平时的史料阅读中，多搜集和积累一些史料，并按教学需要从不同角度进行分类整理，为教学中存在的问题提供新颖的解决材料和视角，补充教材内容。在备课中，根据学生对史料的运用情况，对史料进行辨别和整合，用唯物史观的科学历史观进行研究，深入解读，并设置一些问题帮助学生理解史料，这样才能在课堂中有效引导学生分析史料。在课堂中，教师应该正确引导学生运用史料，依据史料论证某个知识点或观点的正确性和合理性，建立历史事件间的联系，评论历史人物，解释历

史现象。只有这样，学生才能形成自己的思维，主动提出问题、解决问题，培育史料实证素养。此外，教师应该多看书、多阅读，掌握更多的史学知识和史学研究方法，拓宽自己的视野，在提高自身素养的前提下，才能提高学生的史学素养。

2. 提问的设计要紧扣史料

提问是为了启发、引导学生思考，所以提出的问题要精心设计，提问的内容要有针对性，准确、严密且突出重难点。在历史课堂上，要有效培养学生的史料实证素养，激发学生思维，锻炼学生的批判性思维，需按照新课程标准的要求，依据教学需要和史料信息进行提问，提问的设计要围绕史料深入挖掘，理清史料表达的意思，从哪个方面进行阐述的，是否可信，为提问做好充分的准备。而且，围绕史料的提问还应依据教学目标进行设计，在帮助学生建立批判性的历史思维的同时，有效落实教学目标，提高教学质量。学生在平时回答问题和答题的过程中，容易略过材料；针对教师所提的问题，提取在课堂上学习过的知识直接进行回答。因此，在运用史料解决问题时，提问设计要把握史料信息与要解决的问题之间的关系，充分提取史料中的关键信息，为解决问题提供证据。在此过程中，首先要对史料的真伪进行辨析，明白该段史料对于问题解决的价值。

3. 以史料实证素养培养要求为提问方向

史料实证素养培养要求包括了解史料类型，辨别史料价值，解读、提取史料信息，运用史料证明某观点，或根据研究问题对不同史料进行互证。在教学中，教师需要依据要求及具体的教学内容提出探究问题。其可以从以下方面层层深入。

首先，引导学生区分史料类型，辨别史料真伪。史料是由人编写的，未必全是真实可信的，容易受统治者的意图影响。根据培养要求和具体问题，教师可以向学生提问：如果要你独自解决这个问题，你会通过什么渠道搜集史料？搜集到的史料都是以什么形式呈现的？搜集到的史料是否都是真实可信的？判断史料是否可信的依据是什么？以提问启发学生思考。学生结合实际和所学知识，对这几个问题进行思考，其搜集史料的途径可以是去图书馆、上网、实地考察等。之后，教师对学生搜集到的史料进行分类整理，以提问的方式让学生了解史料的类型及不同史料的价值。按不同载体可分为文字史料（史书、学术著作、档案、文学作品等）、实物史料（很大部分是考古发掘，如绘画、钱币、器皿等）、口述史料（如访问记录、传说、神话等）；按时间与价值可分为第一手史料，也称为原始史料，第二手史料；按形成目的可分为有意史料、无意史料。每种史料都有其优势与局限性，且不同史料有不同价值，这成为判断史料真伪的依据之一。一般而言，可以根据以下综合分析。相对二手史料，原始史料可能更有参考价值，虽然二手史料会参照一手史料，但会受史料撰写者的经历和当时的时代背景影响而加以润色；在采用以文证史方法时，对文艺作品和传说等史料应结合问题做具体分析。通过教师提问和学生实际体验，了解了史料的基本知识，学会辨别史料，为史料的运用奠定基础。

其次，引导学生阅读史料，提取关键信息，进行问题分析。教师在课堂上提供的史料大都是经过精心挑选的，依据不同的课程目标和培养要求，学生在阅读史料时，可以分为“初步了解”和“深入理解”两个层次。对于第一层次，大部分学生都能够做到，即了解史料的类型、了解史料的编写者、史料的编写时间及地点；第二层次是理解层面，根据每个区域和学校的评价机制，该层面所要达到的要求不一，其内容主要包括：该史料告诉我们哪些信息？其中哪些是历史事实，哪些是作者的历史观点？史料体现了作者什么样的写作意图与立场？史料在特定的时空背景下，具有怎样的历史意义？该史料对解决此问题证据是否充足？为什么？如果证据不足，还需要寻找什么证据？在运用史料进行问题分析时，一般从这些方面去思考。对于考试中涉及不多的，在课堂上，教师一般只是稍微提及，不做深入分析。

最后，运用史料论证课文中的观点，对课文中的观点提出质疑。教材是学生学习的蓝本，但不应绝对相信教材，对课文中的有些观点需进行论证；在运用史料论证时，要客观全面地看待史料，解读史料时要把它放在当时的历史条件中，根据各方面的实际情况，多角度理解，利用两种以上的史料进行相互论证，以免因孤证定论得出错误结论。

（三）基于历史解释素养的提问策略

历史解释是建立在对可信史料理解的基础上，结合该史料的作者背景、来源等形成学生的判断和理解，并对其进行合理解释。学生关注的点和角度不一样，也会对历史解释产生影响。教师在进行课堂提问时，要突破教材，站在新课程改革的角度整合教材，引导学生对某一问题从多角度进行解读。例如，可以从全球史观、文明史观等角度进行阐释。根据学生已有的认知特点和知识结构，教师在提问过程中不断启发、引导学生，产生思维碰撞。当学生所拥有的知识不足以解决现在的问题，或者该问题的解读与学生脑海中的固有解释相异时，可以通过查找资料来理解这种解释的合理性或者形成新的历史解释。这克服了传统历史教学满堂灌的弊端，有利于学生历史解释素养的养成。

1. 利用多样化的史观进行提问

历史解释需要在科学历史观的指导下，依据史料对历史进行解释与评析。在过去的历史课堂教学中，最常用来评价、解释历史的史观是革命史观，也叫阶级斗争史观。简单地说，就是从革命斗争角度认识历史。在这单一的史观影响下，学生看待问题的角度就相对单一，缺乏全面性。为适应社会的发展，思想开放的需要，广大历史研究者试着从其他角度开始正确地、客观地、全面地看待历史，以唯物史观为研究历史的指导思想，在唯物史观的方法指导下，对历史进行评析；随着史学研究的深入，出现了多元化的新史观，包括全球史观、文明史观、社会史观、生态史观等现代史观，这些新史观都是唯物史观的衍生。在探究问题时，利用不同的史观进行提问，可以引导学生形成不同的思考思路，形成不同的观点和解释，这样才能全面、客观地认识历史问题和现实问题。如对于历史人物的评价，站在不同的史学角度，运用不同的史观，对同一人物会有不同的评价；展现孙中山先生的不同评价，有人说："他是民主革命的先行者。"也有人说："他是移风易俗的倡导者。"此时，教师可以提出问题：这两者分别是从什么角度评价孙中山的？你是如何看待这些评价的？结合史实说明。你能根据自己所学从其他角度来评价孙中山先生吗？上述分别从革命史观、社会史观对孙中山做出评价，也可以从文明史观、世界史观对孙中山进行评价。通过一系列的问题，引导学生从不同的视角进行思考，形成不同的历史解释，结合孙中山先生的个人事迹与贡献，说明这些历史解释不同的原因，并结合所学，提出自己对孙中山先生的评价，形成多元的历史解释，多视角地看待历史人物。

2. 创设历史情境，通过提问“神入”历史

历史解释离不开人，历史解释的客体是人类历史本身，历史解释的主体在课堂上是教师和学生。只有主体的人深入了解客观的历史，以有血有肉、有情感的历史当事人的角色，综合具体的时代背景和社会环境，才能掌握足够的资料与信息，真正理解历史，置身于历史情境。这样有助于激发学生的学习兴趣和理解历史，形成更客观、全面、辩证的历史解释。历史具有不可逆性，人们只能借助于史料尽可能地在特定的时空下对历史进行还原，理解和解释历史的合理性。

历史上的人们和现代的我们一样，在面对重要抉择时，都会陷入两难的境地，此时，大部分人都会结合各种因素后做出抉择。《历史上重大改革回眸》专题九“戊戌变法”中，作为戊戌六君子之一的谭嗣同，面对鸦片战争后外国侵略者打开了中国的大门，并签订了众多的不平等条约、国势日益衰败、民不聊生这样的局面，积极投入维新变法运动中，但在后期却遭到慈禧太后等顽固派的血腥镇压。在这生死关头，谭嗣同是怎么做的呢？如果是你面对这种处境，你将怎么办？

戊戌变法失败后，许多人劝谭嗣同逃走，他拒绝了。谭嗣同慷慨地表示：“各国变法，无不从流血而成。今中国未闻有因变法而流血者，此国之所以不昌。有之，请自嗣同始。”他劝梁启超逃走，梁启超要他一起走。谭嗣同说：“不有行者，无以图将来；不有死者，无以酬圣主。”

对谭嗣同在戊戌政变中拒绝逃亡一事，学界有不同的观点与解释。要想知道学生对谭嗣同的行为会形成怎样的历史认识，教师可以提问以下问题：你对于谭嗣同就义一事有何看法呢？回答这一问题时，需要学生有历

史主人公的意识，把自己置身于历史情境中，以谭嗣同的身份站在当时的时代背景下，在正确历史观的指导下，结合谭嗣同的个人经历及其思想、著作等材料，进行深入分析和揣摩，感受历史人物的处境及其思想，深入到具体的历史情境当中，才能形成正确的历史解释。

3. 于疑难处提问，运用比较法进行解释

历史解释受多方面因素的影响。任何历史的发生都有其相应的时代背景，包括政治、经济、文化等历史解释离不开人的存在，对历史进行解释的史学家的个人思想、立场、情怀及价值观是影响历史解释的重要因素，立场不同，解释就会不一样。史料是进行历史解释的重要依据，历史解释者所掌握史料的真实与否、多寡差异都会导致历史解释不同。在进行历史研究时，研究的角度、方法、史观多样，不同的角度、方法、史观，历史解释也不同。正因如此，历史解释呈现多样化。例如，对哥伦布发现美洲这一历史事件，欧洲人认为哥伦布是“发现美洲新大陆的功臣”，拉丁美洲人认为其是“造成殖民掠夺的强盗”。为什么对于同一事件会有完全相反的评价和解释？因为哥伦布给欧洲人和拉丁美洲人带来的东西不一样，解释者感受完全不同，只是从各自的角度和立场出发，以自身的解释标准来看待，虽两者的解释截然不同，但只是角度不同，不存在实质性的冲突。

鸦片战争战败原因是历史教学中的重难点，也是学生较难理解的知识点。鸦片战争结束后，有不少人对中国为什么会战败进行研究，虽说有不少观点，但依然未穷境。在学习历史时，学生很难全面地对鸦片战争中中国为何会战败这一问题做出合理解释。中英为什么会爆发战争？一直以“天朝”自居的中国为何会战败？学生首先想到的是中英在政治、经济、军事等方面的差异。此外，也有传统的观点认为是因林则徐的禁烟引起的。

（1）如果林则徐还在职，中国就不会败了吗？

学生经过初中阶段的学习后，知道林则徐禁烟只是偶然因素，英国依然会对中国进行侵略；就算没有林则徐这一事，中国也难逃战败的结局。为深入理解问题，需尽可能地搜集资料，而学生能够接触到的史料资源较为欠缺。根据教学实际需要，教师可以查阅一部分经典史料，以学案的形式呈现，如以下史料，学生在分析、解读史料的基础上，理解鸦片战争中中国战败的因素。

（2）从军事方面来看

主要从哪几个方面对鸦片战争进行分析？从外交方面来看，又是从哪些角度进行分析的？（军事方面：武器装备、军队素质、清军作战指挥者、战争投入等；外交方面：外交谈判及外交活动）

针对学生难以理解和把握的问题，运用对比法，对交战双方进行比较，解释中国为何会战败，也可以此来解释那时中国人的心理。通过多方面思考，搜集材料，建构历史事件之间的因果关系，在正确的史观的指导下，对历史进行客观的解释，提高历史解释能力。

第四节　基于核心素养的中学历史课后作业设计

一、历史作业的分类

（一）从学习的进程看作业的类型

根据学生学习的进程，可以将作业分为前置作业、随堂作业、课后作业和单元作业。

1. 前置作业

前置作业属于课堂教学的前奏，教师设计恰当的历史作业可以引导学生合理的预习。传统的教学方式不太注重学生的自主性学习，前置性作业的布置可以激发学生学习的主动性和积极性。对于学生通过自主探究与合作解决了的问题，教师要少讲或不讲。这里凸显了前置作业的价值，在科学的前置作业设计之下的课堂教学更有针对性，有利于提高课堂效率。

2. 随堂作业

随堂即课堂同步，所以随堂作业与课堂同步进行。在随堂作业的设计过程中，需要注意的是，不能机械地把作业分割到课堂中，要精心选择，针对具体的课时设计多种形式的随堂作业，将它有机地渗透到教学环节中去，帮助学生及时查漏补缺，从而提高教学质量。在历史课堂上增加随堂作业这一环节，还可以有效减轻学生课后的负担，这样学生就有时间读课外书，可以给学生提供一个好的学习环境。

3. 课后作业

课后作业是在教师完成一个课时以后布置的作业，课后作业具有及时性和有效性。教师设计课后作业的目的是有效地检查学生学习的效果，培养学生的综合素质，促进学生能力的提高。因此，教师在课后作业的设计上不仅要立足于教材，还要引导学生对教材加以合作探究，在交流与实践的过程中提升自己。

4. 单元作业

单元作业是学生在学完一个专题或者一个单元之后的作业。在历史学习过程中，有一些课外知识以及能力的培养需要学生更多的课余时间的支持，学生在课堂上无法将更多的课外知识完全掌握，学生的能力也很难发生质变。通过单元作业这一环节不仅有助于学生巩固教材知识，还有利于学生课外知识的拓展。此外，单元作业多以活动的形式展开，在此过程中，学生学习的兴趣会增加，有利于学生由被动学习转变为主动学习。

（二）从设计的形式看作业的类型

从作业设计的形式来看，可以将作业分为书面作业和非书面作业。书面作业培养学生理解、分析和归纳的能力；非书面作业以实践为主，培养学生实践和创新等能力。

1. 书面作业

具体来说，书面作业又可分为复习总结性历史作业、论文式历史作业、问答式历史作业、拟卷式历史作业、表格式历史作业、脉络式历史作业和办报式历史作业。

复习总结性历史作业是基于教学任务而布置的作业，可以帮助学生将知识系统化，加强学生对知识的深化认识。

论文式历史作业是学生根据限定的史料或主题撰写一篇小论文，要求论点明确，论据充分。教师在设计该类作业的过程中，选材要合理，可以让学生从多个角度选择小论文的主题，并且在写作方法上也要给予一定的指导，该类作业可以培养学生严谨的思维。

问答式历史作业是一种对基础知识概括性较强的作业，要求学生在认真审题的基础上对问题要进行条例的回答。这类作业容易培养学生归纳综合的能力和严谨细心的治学态度。

拟卷式历史作业是学生在进行一个阶段学习之后的查漏补缺。这类作业的内容较多，而且知识点较为零散，需要教师设计针对性较强的试题，并要求学生在限定的时间内完成。这类作业不仅有利于培养学生多向的思维，而且有利于学生学习效率的提高。

表格式历史作业主要是针对学生容易混淆的或者相似的知识点布置的作业。教师将这些内容进行有机组合，学生在教师的指导下制作表格，这样可以给学生留下比较直观的印象，帮助学生记忆相关的知识点。

脉络式历史作业主要针对前置作业和单元作业，让学生自己编写相关知识的脉络图，有利于增强学生知识的系统性和逻辑性，并对章节知识进行有效的梳理。

办报式历史作业就是通过办板报的形式，让学生把相关知识点呈现出来，这种作业形式具有一定的新颖性，可以激发学生探索的兴趣，引导学生搜集课外知识，从而完善自己的板报。需要注意的是，学生在完成这类作业的过程中会花费较多的时间，可能会影响到学生其他科目的均衡发展，因此这种作业类型布置次数不宜过多，否则可能达不到预期的教学效果。

2. 非书面作业

非书面作业可以分为实践性历史作业、辩论式历史作业、故事式历史作业和调查式历史作业。

实践性历史作业与现实生活紧密联系，要求学生善于观察生活，在生活中发现问题，然后对所发现的问题进行分析，从而找出解决问题的方法。这个过程有利于培养学生的创新能力和动手操作能力。

辩论式历史作业就是设计两种对立的观点，学生找出论据，说明自己的观点。通过举办这样的活动，可以提高学生参与的意识，锻炼学生的口头表达能力。

故事式历史作业可以说是一种历史体验，也是一种历史的重现，设置情境让学生回到历史中去。对此，教师可以举办一系列的故事会，让学生讲些历史小故事。这种方式的作业使学生带着兴趣去完成，学生的记忆不再是枯燥的，而是加入了很多有趣的情节，让学生在快乐中学习。

调查式历史作业是组织学生进行一系列的调查，其中可以采取问卷的形式，也可以采取访谈的形式，让学生有目的地去当地的乡镇地区搜集相关的知识，在生活中学习。

三、中学历史作业设计策略

（一）教师层面

教师作为作业设计的主导者，首先要具备夯实的专业素养；其次，对学生核心素养的培育不能急于求成，要分层实施、长期推进；最后，在作业评价环节，教师可以构建多元化的作业评价方式。

1. 教师专业素养的提升

随着社会的进步，知识也在不断更新，教师这一职业需要教师自身不断地发展与进步，这就要求教师有“活到老，学到老”的理念与追求。

作为一名中学历史教师，渊博的知识量能有效充实自己的课堂，所以教师首先需要养成阅读的习惯。历史教师有必要了解一些细微的常识，如政治史中涉及的庙号、谥号和尊号的区别和纪年的方式，经济史中生产力与生产关系的关系、商品经济和价值规律，文化史中涉及的建筑、音乐、戏曲等知识。历史教师并不一定对此有深刻的研究，但是对其基本的概况必须有所了解。

教师需要学习相关的教育学和心理学知识。在日常的教学工作中，教师要注意观察中学生的心理发展特点，以了解学生的心理发展状况，配合自己的教学工作。作为教师，处理好与学生关系的前提是要尊重学生，给学生提供正能量。另外，教师要公平对待每一个学生，对于出身不同、性格不一、体貌不同的学生要做到一视同仁，以此培养学生的公平意识。此外，教师要善待学生，当学生犯错时，教师不可以体罚、打骂或羞辱学生，因为中学生具有一定的自控能力，学生在教师的正确疏导之下往往可以及时改正错误。

2. 核心素养的分层实施、长期推进

核心素养对教育目标的达成起着重要的作用。就教育目标而言，可以分为总体教育目标、学科教育目标。对学生核心素养的培养体现了总体教学目标，对学生历史学科核心素养的培养体现了学科教育目标。总体的教育目标需要根据不同的情况进行细分，如此才能形成更加具体的教育目标，二者层次分明，互不冲突。使其层次分明，不仅有利于在宏观和微观上把握教学目标，而且有利于对教师的日常教学工作进行理论性的引导。具体到历史学科核心素养，其五个组成部分也是层次细化的，相互之间呈现关联的性质，五者相互依存，密不可分。在唯物史观的科学引领下，加强对学生时空观念、史料实证、历史解释和家国情怀的培养。

对学生核心素养的培养不是一朝一夕就能完成的，学生核心素养的达成存在着由量变到质变的转化过程，教师需要有耐心，不能急于求成。以历史解释为例，对学生这一素养的培育要以史料为基础，培养学生理性分析的能力和客观评判的态度。目前相当部分的中学生在史料的阅读方面有较大的困难，由此可知这部分学生在古文功底方面较为薄弱，因此中学历史教师有必要帮助学生从基础抓起，讲授历史学科中常用的古文基础，在此基础上，加强学生阅读史料的能力，便于其搜集史料、阅读史料，从而培养科学的思维方式。在中学历史作业这一环节，历史学科核心素养的培养是至关重要的。作业往往是学生发挥其主观能动性较强的一个过程，教师要给予学生充分发展的自由空间，锻炼其自学能力以及提高其思维能力。

3. 多元化作业评价方式的构建

作业评价是作业设计的一个后续环节。历史评价要重视学生多种能力的提升，而不单单是智力的提升，多元化的历史作业评价方式有利于培养学生的历史学科核心素养。在传统的作业评价中，教师充当了作业评价的主角，然而教师的思维不一定就是学生的思维，切忌教师包办一切，以自己的思维代替学生的思维，这种机械的评价方式难以使教学质量达到质的飞跃。在评价主体多元化的理念下，评价主体可以是教师、学生和家长，学生评价在后文将谈到，这里主要论述教师评价和家长评价。

在教师评价方面，教师的一句言语或眼神都会对学生产生或多或少的影响，教师鼓励性的语言可以激发学生的兴趣，激励学生进一步发展。因此，教师更多的是尊重和理解学生，进而鼓励学生。当然，这并不意味着教师要一味地夸赞学生，当学生有错误时，教师要及时详明地指出学生的错误，教师在指出学生错误的同时，要注意语言的运用，切勿苛刻，打击学生的自信心，更不能说出侮辱学生人格的话语，这是有损师德的体现。总之，中学历史教师对于作业的评价要着眼于学生的长期发展，教师对于学生的每一点进步都要给予鼓励，以激励学生向上发展的动力，这是作业评价发展性的一个重要体现。

在家长评价方面，家长与学生接触时间较长，充当着学生的启蒙教师，所以家长有一定的义务与责任参与到学生的历史作业评价中来，陪伴学生的成长。当学生完成作业以后，家长可以为学生提出一些客观性的评语，对其进步的地方给予肯定和鼓励，对其薄弱的地方提出建议，并进行恰当的交流与反思，帮助学生及时纠正。这样，学校和家庭在无形中联系更加紧密，有助于教师更进一步地了解学生的学习情况，实施合理的教学方式。此外，家长与学生的关系也会更加密切，家长成为学生的朋友和教师，有助于学生心理发展健康的同时提高学习积极性，进而促进素养和能力的提高。

（二）学生层面

在作业设计方面，给学生自主设计作业的机会；在作业完成方面，有效建立学生之间沟通的桥梁；在作业评价方面，给学生一定的评价权。在灵活多样的学习环境中，有助于提高学生的参与意识、创新意识和实践能力。

1. 让学生自主设计作业

作业的设计通常是由教师完成的，这是因为教师是教学过程的主导者，教师能够更确切地把握学习的进度以及学习的重难点，从而尽可能地改善教学效果。在核心素养理念之下，我们提倡多种多样的教学方式，注重师生之间的互动合作，在教师设计作业的同时，也可以给学生一些机会，让学生自主设计作业。

21世纪以来，教育部多次强调对学生减负，其中反映的不仅仅是作业量大的问题，还有一个相当重要的原因就是学生的兴趣度。学生对历史作业的兴趣度降低，作业完成的效果也会变差。让学生来设计作业，就会有效地避免这一点，学生是作业的完成者，学生在设计作业的时候会充分考虑自己的兴趣度以及完成效果，这样设计出来的作业非常适合学生。

在学生自主设计作业的过程中，要遵循目标性原则、综合性原则、主动性原则和实践性原则。目标性原则是指学生自主设计的作业不能脱离课标，要在课标的参照下设计出切合教学的作业；综合性原则是指学生设计的历史作业不一定要局限于历史这一学科，可以参照语文、政治等学科来设计作业，打破学科孤立，有利于学生均衡发展；主动性原则指学生在设计作业的过程中需要搜集大量的资料，这是一个自主设计、主动探索的过程，其间也会花费学生大量的时间和精力，学生设计的过程也是自主学习的过程；实践性原则是指学生设计作业不仅仅是教材知识点的搬移，而是要亲身参与实践活动，在实践中有所收获。

总之，学生从自主设计作业到完成作业是学生主动学习的过程，包含着学生的心血与劳动。教师除了要对学生作业设计到完成质量进行评价，还要对学生的辛勤劳动给予肯定和鼓励，让学生发现自身的价值，体验学习的快乐。

2. 搭建学生沟通的桥梁

目前很多学校采用学生单独完成作业的方法，轻视了在完成作业的过程中学生交流的作用。作业除了有巩固知识的功能，还有发展与延伸的功能。学生独自完成作业时往往会遇到一些疑难问题，教师如果主动给出答案，学生就缺少了思考的机会，长此以往，学生就可能产生依赖教师的心理，形成不思考的不良习惯。作业的完成是学习的一个环节，以上论述强调了在学生独立完成、独立思考作业的同时也要重视学生之间的交流，发挥学生的主观能动性。

教师可以给学生提供交流平台，具体做法是：首先，教师给学生充分思考的时间，学生在完成作业的过程中把自己感兴趣的问题或有疑惑的问题记录到一个本子上，然后教师每周或每两周进行一节作业交流课，让学生针对自己作业中的问题互相交流。在交流的过程中，各种思想碰撞在一起，擦出火花，不仅解决了学生作业中的问题，学生的思维也变得活跃，并在潜移默化中激发了学生学习的兴趣。

3. 给学生一定的评价权

在传统教育观之下，作业的评价与教师直接挂钩，学生几乎没有评价权。在核心素养的理念之下，学生是发展中的人，教师教给学生的不仅仅是知识，更多的是培养学生的素养和能力，所以需要给学生一定的评价权。评价过程中有三种方案，分别是学生自评、同桌互评和小组评价。

在学生自评方面，自评的形式有利于学生自我反省、自我认识。学生自评的时候可以回忆起自己出错的原因，可能是粗心，也可能是知识掌握方面的缺陷或者能力的薄弱，学生针对出错的原因采取合适的解决方案，在此过程中培养了学生自我诊断和认知的能力。

在同桌互评方面，学生在学习的过程中未免会出现枯燥厌学的消极情绪，在这种情况下，加强同桌之间的互动是一种操作性较强且行之有效的方法，因为学生在评价别人的作业时会更加认真。在互评过程中，不仅能够强化知识，还能培养学生细心的习惯和态度。通过这种途径的互帮互助，还能够培养同学之间团结互助的精神。

在小组评价方面，教师可以把班级学生分成几个学习小组，如每六个人为一组，每个学生轮流当组长，这样可以让每个学生都承担起相应的责任，积极参与到作业评价中去。在此过程中，历史学习能力较弱的学生在小组互评的过程中可以借鉴他人的长处，弥补自己的不足。此外，学生获得评价权以后，会潜移默化地形成主人翁意识，在学习的过程中更加积极主动，并形成良好的学习习惯。对此，教师可以定期采集小组内成员的评价信息，对其中的典型问题及时讲评，以提高教学质量。

给学生一定的评价权，可以有效培养学生细心、辨别和思考等能力。在自评或互评的过程中，学生学习的参与度得以提高，有利于从被动学习转为主动学习。

第五章　中学历史课堂教学方法

第一节　课堂教学的功能与组织结构

教学组织形式为前提，是现代学校的主要教学形式，也是培养和发展学生历史学科核心素养的基本渠道。历史教师基于新的认知观、教学观，将知识本位转为素养本位，在课堂教学中运用多种教学方法和技艺，使学生在探究历史问题的过程中掌握历史知识，发展历史思维，建构历史意识，确立正确的历史观，从而形成历史学科的核心素养。

一、课堂教学的价值与功能

认识课堂教学的价值与功能是课堂教学的前提。作为历史教师，只有对教学的价值与功能，特别是历史学科课堂教学的价值与功能有所了解，才能更好地把握历史学科教学的特质以及运用适当的教学方法和技能。

（一）课堂教学的一般价值与功能

课堂教学的价值与功能主要是在与其他教学组织形式的比较中显现出来的。教学组织形式是围绕既定教学内容，在一定时空环境中，师生相互作用的方式、结构与程序。教学组织形式直接影响着教学活动的成效。

随着社会进步与学校教育的发展，教学组织形式也不断丰富与多元。不过，现代学校运用最广的还是班级授课形式。它以固定的班级为组织，把年龄、程度大致相同的一群学生编成一个班级，由教师按照固定的课程表和统一的进度并主要以课堂讲授的方式分科对学生进行教学。

课堂教学有很多公认的价值与功能，主要表现在：一是课堂教学具有高效、经济的特点，适应了近代社会以来普及教育的需要；二是在课堂教学中，学生可以与教师、同学进行多向交流，有利于相互启发、切磋，有利于共同进步，便于利用集体的力量教育个人，对青少年学生的社会化起着家庭、社区等难以替代的作用；三是课堂教学有利于发挥教师的主导作用，为教师的专业化发展创造了条件。当然，课堂教学也存在某些局限，如在一定程度上抑制学生的个性发展，不能充分因材施教等，但是这可以通过将小组教学与个别教学整合到课堂教学中的方式予以改善。

（二）历史课堂教学的价值与功能

历史课堂教学，借助教师的讲授和展现相关材料，引导学生认识历史的发展轨迹。在英美国家，大约 1870 年，历史成为中学的基本教学科目。在我国，自从 20 世纪初近代学校教育诞生以来，课堂教学就是历史教学的主要方式。

中学历史课堂教学是指历史教师依照教学目标，采取恰当的教学方法，对学生进行历史教学，以完成历史课程标准所规定的目标任务而进行的教学活动。课堂教学之所以是中学历史教学的主要表现形式，有以下原因。

1. 它是实现历史课程目标的主要场所

中学历史课程的主要目标在于使学生掌握中外历史的基本知识，初步掌握学习历史的基本方法和技能，形成正确的世界观、人生观和价值观，为成为具有良好学科核心素养的合格公民奠定基础。基础知识的学习、基本方法的掌握、核心素养的养成，主要依赖常规的历史课堂教学。

2. 便于充分发挥历史教师的主导作用

由于历史知识是人们对过去人类社会发展过程的认识，本质上具有过去性、间接性的特点。历史教学所引导学生认识的对象是已经过去了的人类活动，对这些对象已经不能进行直接观察和接触，也不能借助任何技术和手段使其重演，因此历史教学主要是通过课堂教学的方式，借助教师的讲授、提供相关史料以及师生互动交流等方式来实现的。

3. 便于开展历史学科的合作学习

历史课程的学习固然需要教师的讲述，也需要学生的独立思考、自主学习，然而历史知识的复杂性，以及不同学生认知水平的差异，决定了历史教学需要鼓励学生进行一些必要的交流合作。依据苏联心理学家维果茨基的认知发展理论，教学的最佳效果产生在最近发展区（可能发展区），而最近发展区是介于实际的发展水平和可能达到的发展水平之间的发展区域，它离不开教师的协助，也需要同伴之间的合作学习。如果说自主学习主要立足于学生的实际发展水平的话，合作学习则主要是满足学生的最近发展区的学习需要。

二、课堂教学的类型与结构

课堂教学有不同的类型及其内在结构。课堂教学的类型是指现代学校教育中以学科课程为课程形式、以班级授课制为教学组织形式、依据教学任务、遵循人的认知发展规律来划分的课堂教学的基本形式。在每一类型的课堂教学中，又有更具体的、不同的教学阶段、环节、步骤，形成课堂教学的结构。把握不同类型的课堂教学及其结构，有助于教师有针对性地设计教学方案并组织教学活动。

（一）基于教学任务的类型与结构

根据教学任务的不同，课堂教学分为单一和混合两种类型。前者指一节课只完成某种单一教学任务的课，如导言课、讨论课、活动课、复习课、练习课、考查课、讲评课等。后者指一节课需要完成两种或两种以上教学任务的课。

1. 单一类型

（1）导言课

导言课又称为引言课、绪论课。这种类型的课是在新学期或新学年、新单元、新专题教学开始时采用的。导言课一般具有三个内容：一是说明学习历史或新单元、新专题的目的和意义。二是介绍本学期或本单元、本专题所学历史的时间范围、基本线索与主要内容。比如初中中国近代史学习板块的导言课，需要先介绍中国近代史的起讫年代，进而介绍中国近代史的基本线索，即中国人民反对君主专制、争取民族独立的历史以及中国开启近代化的历史。三是提出具体要求和学习方法（如学习方法、作业要求、参考资料等）。导言课的结构是：组织教学—讲述学习的目的和意义—介绍要学习的主要内容—提出学习方法和要求。导言课的作用，在于为学生的学习打下良好的基础，诱发学生的学习兴趣，培养良好的学习习惯。导言课的教学需注意以下两点：一是教师需要深入理解并高屋建瓴地把握教学内容与教学重点，这样介绍时能纵横捭阖，以丰富的学识吸引学生的学习兴趣。二是教师需要对学情有所了解，把握学生的认知水平，拉近与学生的心理距离，有针对性地进行教学，使导言课发挥应有的奠基和引导的作用。

（2）讨论课

讨论课是学生根据教师提出的课题或学生的问题，在课堂上相互议论，交流观点，相互启发，探索求知的一种课型。这种类型的历史课是围绕某一主题，以多向论辩、探讨问题为主要特征，用一节课的时间进行研讨，而不是进行新知识的讲授，也不是常见的综合课。这种课能充分体现学生在历史学习中的主体作用，激发学生学习历史的兴趣，而且可使学生彼此交流，开阔思路，训练学生的历史思维能力、语言表达能力以及分析问题、解决问题的能力。讨论课的结构一般是：确定课题—搜集资料—展开讨论—归纳总结。采用这种课型，学生需要具备一定的知识基础；师生在课前要做必要的准备工作，包括史料的收集、讨论要点的拟订等；教师要引导学生独立思考，畅所欲言，不能由教师或少数学生垄断谈话；结束时教师要做总结，并尊重不同意见。讨论课还要正确处理“历史结论”问题。

所谓历史结论大体有三种情况：第一，学术界公认的结论。第二，见仁见智的结论，即对某一历史问题，人们从不同角度、视野做出了自己的判断。第三，相对滞后的结论，即随着时代发展和学科进步，一些结论显得比较滞后，需要教师重新加以审视。

总之，“论从史出”是必须遵循的最基本原则。

（3）活动课

历史活动课是以活动为中介，以一节课时间，引导学生进行主题活动的课堂教学类型。历史活动课的形式，包括史料研习、角色扮演、调查交流、历史竞赛、历史制作等。广义地说，历史讨论课也可归于活动课。这里所说的活动课，主要指讨论课、辩论课等以论辩为主要特色的课型之外的课堂教学种类。我国基础教育自新课程改革以来，中学历史教材大都在一个单元或全书之后设计了活动课。历史活动课可以为学生提供相对自主的探究空间，使学生体验知识的迁移，有利于培养学生的合作学习能力，弥补其他常规课堂教学的不足。历史活动课的基本结构是：确定活动主题和活动形式—制订适当的活动目标—围绕主题展开活动—活动成果展示—教师对活动成果进行评价总结。

活动课需要注意：第一，主题要与常规课教学进度基本同步，能引起学生的认知冲突；第二，目标要贴近学生的“最近发展区”，有可操作性；第三，活动形式要具有自主性、互动性、创新性；第四，活动课资源的挖掘要以全国性资源为主，兼顾地方性资源的利用；第五，注重过程性评价和及时的总结性评价；第六，激发学生进一步探索的欲望。

（4）复习课

复习课是以复习巩固为主要目的，用一节课时间对本单元、本版块（模块）、本学期或本阶段所学内容进行复习的课堂教学类型。复习课一般多用于某个单元、版块（模块）学习结束，或者期中、期末考试之前，在学业水平测试时常常连续采用。历史复习课的目的在于帮助学生把所学过的历史知识加以概括、归纳，使知识系统化、结构化、要点化，以期把握历史基础知识，加深对历史知识的理解，增强记忆，提高分析归纳能力。复习课的结构是：说明复习要求—梳理线索要点—练习、消化、巩固—指导、讲解、练习。

（5）练习课

练习课是在一个单元或版块（模块）的教学完成后，或在复习课之后，用整节课时间进行作业练习的课型。练习课的基本结构是：说明练习的要求—布置练习活动—学生练习实践—教师检查总结。练习课以学生的练习活动为主，以教师的指导为辅。

（6）考查课

考查课也称考试课、检查课，主要任务是检查学生对所学知识的掌握和运用情况，并通过考查的结果来检验教师的课堂教学效果。考查课的时间一般安排在期中和期末。考查的方式有多种，如笔试、口试等。考查课的基本结构是：教师说明考查方法与要求—教师出示笔试试卷或口试题目—学生作答—教师回收试卷或对口试评分。笔试试卷由教师在课前编制、印刷，上课时发放，下课时收回并迅速批阅，以供讲评。编制笔试试卷应依据课程标准，制订双向细目表（行为目标、教学内容）以保证考查的准确性、覆盖面，同时注意考查内容的难度、信度、效度。口试一般由教师在课前设计若干问题，课上由学生抽签选择题目，然后学生回答问题，教师可就学生的回答进行诘问，或接受其回答，或给予指正，最后对学生的口试表现给予评分或等级。

（7）讲评课

讲评课也称评讲课、试卷分析课，是通过对学生的考查结果进行分析，指出取得的成绩和存在的问题，以激励学生改进学习、提高成绩的一种课型。讲评课都安排在考查课之后进行。讲评课的基本结构是：公布考查结果—对考查结果进行详细分析—对改进学习提出要求。

讲评课的要求是：第一，应在考查课结束后尽快进行；第二，要依据双向细目表对学生的学习结果进行评价；第三，要详细分析全班存在的共性问题，产生问题的原因以及解决问题的方法、途径。

2. 混合类型

这种课型的结构是：组织教学—复习旧知与导入新课—学习新知—巩固总结—作业练习。具体步骤：一是组织教学。通过与学生的简单互动，了解学生的学习准备情况，集中学生的注意力。二是复习旧知与导入新课。通过概述、提问或演示课件等方式，复习学过的内容或创设问题情境，用较短时间（3 分钟左右）快速导入新课。三是学习新知。通过多样化、恰当的教学方法和手段，组织学生学习新课的内容。这是混合类型课堂教学的中心环节。四是巩固总结。通过复述、提问、练习等方式检查学生掌握新知的效果，并进行课堂小结，提炼、深化学习内容。五是作业练习。包括课堂练习和课后作业。目的是及时复习、巩固新知，培养学生运用知识的能力，并为以后的学习打好基础。由于历史学科知识的特点，中学历史教学经常采用这种课型。需要指出的是，混合课型中的新授课，其教学环节与其相差无几，在教学现场不常单独运用，多是混合使用。

（二）基于教学方法的类型与结构

根据教学方法的不同，课堂教学可分为讲谈课、讨论课、探究活动课等类型。讲谈课以教师的讲授为主，同时结合与学生的谈话，讲中有谈，谈中有讲，讲谈有机结合。讨论课以班级学生及教师之间的讨论为主要教学方式，通过讨论交流观点，以形成对某一问题较为一致的理解、评价和判断。探究活动课以主题学习、体验学习、探究学习为主要特征，以小组合作学习为主要形式，以社会实践活动为基础，在课堂上集中展示学生在教师的指导下围绕某一学习主题进行探究而形成的学习成果。这种划分方法是21世纪初我国基础教育课程改革以后提出的，主要受奥苏贝尔的有意义学习和布鲁纳的发现学习等现代教学论的影响。

讲谈课是目前中学历史教学中最常见的课堂教学类型。但是这种讲谈课并不等同于传统的讲授课，而是以讲谈为主，同时辅之以讨论、探究等课堂教学活动。讲谈课的基本结构是：提供引导性材料—以问题为核心的讲授与师生对话—学生实现学习内容的同化。

探究活动课需要在课前做大量工作，包括引导学生进行课题设计、指导学生组成课题组、撰写课题研究论文等，课堂教学结构是：成果展示—问题答辩—个人总结—教师评价。探究活动课的课题可以由教师提供，也可以由学生自拟。课题的选择应注意：一是难度适中，方便学生查找资料；二是切忌太大、太空，以让学生探寻身边的历史为宜。问题答辩和教师评价环节，需要注意的是：第一，对学生的课题研究，不要轻易否定，重在考查学生的证据是否充足，论证是否严密，是否在调查研究的基础上得出结论等。第二，注重过程评价以及创新导向，全面地评价学生的课题研究。

（三）基于学习方式的类型与结构

根据学习方式的不同，课堂教学可分为同步学习、分组学习、个别学习等类型。同步学习是指在教师的直接指导下，整个班级学生一起进行的学习。分组学习是指把整个班级分成若干小组，以小组为单位进行自主性的共同学习。个别学习是指在教师指导下学生自主进行的问题解决学习。这种划分方法源于日本学者佐藤正夫的《教学原理》。三种类型各有利弊。同步学习能够发挥教师的主导作用，是一种比较经济的教学组织形式，但从学生的学习角度看，它不能照顾不同学习起点和学习速度的学生。分组学习可以促进学生的自主活动与互动，使学生养成合作学习的习惯，但是它必须具备两个前提：分组的科学依据；足够的教师配备。个别学习有助于培养学生的独立思考能力和自我总结、反思的能力，但是也需要与同步学习、分组学习结合。以这种划分方法来看，中学历史课堂教学应以同步学习为主，同时配合以分组学习和个别学习。

同步学习分提示型同步学习和师生共同解决型同步学习两种。提示型同步学习，是以教师的提示（说明、谈话、演示）为中心进行的，活动的焦点在教师。提示型同步学习的课堂结构是：教师提示—学生聆听、思考或提问—教学效果检查。这种同步学习的实效取决于下列因素：教师的讲述品质、学生接受的程度与素质、教师调控课堂教学的能力等。师生共同解决型同步学习，是教师提出问题或课题，通过师生及学生间的对话或讨论共同解决课题，现今更倾向于采用讨论的方式进行同步学习。这种同步学习的焦点既在教师又在学生，其课堂结构是：教师提出问题或课题—引导学生围绕问题或课题进行讨论—教师发问或插入简洁的见解（归纳、修正、补充、深化等）。这种方式的同步学习是以学生具备一定基础知识及思维能力为前提的。

上述这些历史课堂教学类型与结构，是基于教学论及历史教学实践提炼出来的，历史教师需要把握其基本内容与方法，在教学实践中自觉加以运用、检验与发展。同时也必须指出，对中学历史课堂教学类型及其结构的划分不是绝对的，更不能把历史课的类型与结构看成固定僵化的模式。

第二节　历史课堂常用的教学方法

教学方法是为了达成一定的教学目标，教师组织引导学生进行专门内容的学习活动所采用的方式、手段和程序的总和。那么，在中学历史课堂教学实践中，教师常用的教学方法主要有哪些？各有什么特点？在选择和使用这些教学方法时应当注意把握哪些基本原则？

一、历史课堂常用的教学方法

在中学历史课堂教学中，教师常用的教学方法主要有讲授法、谈话法、讨论法和探究法。

（一）讲授法

讲授法亦称“口述教学法”。顾名思义，它是指教师通过自己的语言向学生系统传授历史知识的方法。具体说，它是教师用口头语言向学生叙述历史事实、描绘历史情境、解释历史概念，合乎逻辑地分析、论证历史原理和阐明、揭示历史规律，引导学生分析和认识历史问题的本质，并在此基础上促进学生的智力、情感态度与价值观都有收获的一种教学方法。

讲授法在我国古已有之，远古社会的“口耳相传”可以说就是讲授法的萌芽，孔子所主张的“不愤不启，不悱不发”和孟子的“引而不发，中道而立”等则是早期启发式的讲授法。在国外，讲授法同样源远流长。美国教育心理学家奥苏贝尔曾对讲授法进行过深入研究，他认为，“讲授法从来就是任何教学法体系的核心，……因为它是传授大量知识唯一可行和有效的方法”。由于讲授法在传授知识方面具有简捷、高效的明显优势，可以帮助学生高效率、全面、准确、系统地掌握教材知识，并在此基础上潜移默化地发展其学科能力、陶冶人格情感，并且“可用于传授新知识，也可用于巩固旧知识，其他教学方法的运用，几乎都需要同讲授法结合进行”，因此它延绵至今、长盛不衰，成为迄今包括历史教师在内的广大中学教师依然普遍采用的、最基本的教学方法。

具体来说，讲授法包括讲述法、讲解法、讲读法和讲演法四种形式。在中学历史课堂教学中，常用的主要是讲述法和讲解法。

1. 讲述法

讲述法是指教师围绕教学目标，运用生动形象的口头语言，对历史事件、历史现象、历史人物活动等进行系统的叙述、描述或概述的讲授方法。由于历史是已经逝去的过往人类活动的记录，无法重演，所以若要将过去的历史现象能够形象地再现在学生面前，以帮助他们形成具体、清晰的历史表象，即便是在现代化多媒体技术已经普遍应用于中学历史课堂教学的今天，在很大程度上依然需要教师生动、具体、准确、形象的讲述。

讲述法的主要特点就在于一个“述”字，即陈说之意。它既可以适用于向学生传授新知识，也可以适用于复习巩固旧知识。具体而言，它又可分为叙述、描述和概述三种。不同特点的历史内容，需要采取与之相适应的、不同的讲述方法。

（1）叙述

叙述是指历史教师按照历史时间的先后顺序，对于历史事件的发展过程、历史人物的主要活动等，向学生进行全面、系统、具体而有条理的讲述。

叙述一般以叙事为主。它具有动态性和完整性的特点，即它可以借助生动形象并富于条理的语言，再现历史事件发展的生动场景，完整、清楚地交代重大历史事件发展的全过程，从而使学生透过特定历史情景的动态变化，把握历史发展的基本线索和历史事件的基本过程，并形成清晰、准确的历史表象和历史概念。基于此，叙述法一般适用于讲授重大的社会变革、战争、革命或运动，以及重大的发明创造等有事实经过的政治、军事、科技、文化事件和历史人物的活动等教学内容。

叙述应当有一定的结构安排和节奏变化。譬如，在叙述某个重大历史事件的完整过程时，一般应当包括事件的由来、开端、发展，以及事件的高潮、高潮的降落和事件的结局等六个组成部分。其中，尤以开端、高潮和结局这三者最为重要。

历史教师在课堂教学中运用叙述法，应注意以下几点。

第一，目标要明确。教师的叙述一定要紧扣教学目标，在此前提下可以适当补充有关史实材料，以便更好地服务于教学目标的实现。但是，教师要切忌游离教学目标而信马由缰、无度扩展。

第二，选材要严谨。教师叙述的史实必须要严格遵循历史学科的科学性原则，注意做到确凿、可靠；所选用的历史材料要具有真实性和典型性，能够突出反映整个历史事件发展过程中具有代表性和决定性的问题。教师应切忌将来源不明的道听途说不加考究地视为信史，而在课堂讲述。

第三，叙述要有条理。教师在叙述历史事件等教学内容时，应当牢牢把握整体发展线索，以及时间、地点和情节发展过程，讲清来龙去脉；同时，还要注意与该历史内容相关的特定历史背景下的政治、经济、文化等各领域之间的联系。另外，应注意分清历史事件过程的主次情节，切忌本末倒置，在旁枝末节上铺陈过度，致使头绪繁乱，从而冲淡学生对主干内容的把握。

第四，语言要生动。教师要注意自己的教学语言艺术，做到具体生动、形象直观；语言节奏要快慢有度，或迅疾如雷、慷慨激昂，或和风细雨、娓娓道来，从而使学生如亲临其境，能够感受到历史的真实场景。教师要切忌语言干瘪，味同嚼蜡，以至于学生昏昏欲睡，泯灭了学习兴趣。

第五，感情要充沛。教师应当把自己鲜明的喜怒哀乐等丰富的情感因子与是非观念融入历史叙述之中。譬如：当叙述某个历史时代被压迫民众的悲苦生活状况时，语调要低沉，充满同情之感；当叙述某个民族大众不甘被奴役而奋起抗击外来侵略者的英勇斗争时，语气应激昂，饱含敬重与讴歌之情；当叙述历史上著名的爱国人物，或思想家、文学家、艺术家和科学家等杰出历史人物的事迹时，语调要庄重、亲切，充满敬仰、赞美与怀念之意，而在叙述历史上形形色色的反面人物的丑恶行径时，语言中应表现出厌恶、鄙视或愤怒的情感色彩；等等。只有这样，教师的叙述才能做到“以情动情，以情燃情”，从而使学生的心灵深受感染，产生情感上的共鸣。教师应切忌面色僵硬、语气呆板、情感冷漠、机械陈述的状态。

（2）描述

描述是指历史教师以细腻生动的语言，对于某些重大历史场面、典型历史现象、重要历史人物的特征、形象与行为，以及某些历史事件所发生的具体情景和地理环境等情况，抓住其具体细节进行绘声绘色、细致入微、栩栩如生的讲述的一种教学方法。

描述重在对历史细节的刻画，其最大特点就在于鲜明的形象性。如果说叙述侧重于讲述历史事件的过程和情节，描述则着重于讲述具体对象的特征。它犹如影视作品中的“特写镜头”，把历史的某一局部放大，通过细腻、生动、形象的语言艺术，栩栩如生地再造、展现某一历史情景，使学生对于所学的历史事件、历史人物产生一种如临其境、如见其人、如闻其声的真切感受。

描述法的重要功能在于它能够增强教学的形象性，使学生透过历史事件发展或历史人物活动的细节，感悟历史发展的复杂性，形成更加鲜明的历史表象，并有助于培养学生的分析和综合能力，以及情感态度与价值观。这种方法更多地适用于讲述历史人物、科技成就和战争场面，也适用于讲述地理环境、生活和生产劳动场面等内容。

历史教师在课堂教学中运用描述法时，应注意以下问题。

第一，描述应围绕着教学目标，从教学内容的实际需要出发，一般放在教材的重点部分使用，切忌哗众取宠、喧宾夺主，不能为描述而描述，从而本末倒置，导致教学重点被冲淡。

第二，描述的对象应当具有代表性，并应选择那些有助于学生深刻认识历史事件性质或历史人物个性的典型材料来进行，以使学生能够更好地理解和掌握相关历史内容的主要特征，为学生形成正确的历史认识与历史概念奠定基础。

第三，描述的历史细节应来自具体、可靠的史料，不能仅凭自己的臆想而编造。同时，根据学生的认知心理特点，描述用词要力求生动形象，可以多用动词和形象化的语言，并辅之以各种图像和图示而进行，以尽可能贴近学生的认知和接受能力水平，消除学生对历史的隔膜感，让学生更好地接受。

（3）概述

概述是指历史教师对教学内容进行概括讲述的方法，其特点是不必有情节，也不强调形象化，只要以精练的语言简明扼要地勾勒出历史发展的基本线索和总体面貌即可。

概述法一般可用于在教材中虽然较为次要，却又关系到对历史整体理解的那些必须交代清楚的部分。具体来说，尤其适用于对重要历史问题的背景性情况介绍、前后事件的衔接、与重点内容相关的部分，以及对本课知识的小结等。在讲述林则徐主持的禁烟运动时，应首先概述鸦片走私给中国社会所带来的白银大量外流、毒害人民健康和加剧官场腐败等主要危害，这样才能使学生理解禁烟运动的正义性及其重要历史意义等。至于教师在每节历史课最后的课堂小结部分，则基本上采取的都是概述方式。

在历史课堂教学过程中，对于以上三种讲述方法的运用，并非截然孤立的，相反，它们之间常常是相互配合、相辅相成的，即叙述中会有描述，描述时则要以叙述为基础，而在叙述中又往往需要运用概述。

2. 讲解法

讲解法是指教师运用系统而逻辑严密的语言，向学生分析、解释、阐述和论证历史概念、历史观点、历史因果关系、历史发展规律，以及历史事物的本质特点等内容的讲授方法。

讲解法的最大特点就在于一个“解”字。即它不在于讲事而在于讲理，重在运用分析、综合、比较、概括、演绎、归纳、论证等方式，针对那些比较抽象枯燥、难以理解和掌握的历史概念、观点、规律等知识，释疑解难，做出实事求是、深入浅出、合乎逻辑的说明和解释。由此可见，讲解法与讲述法的主要区别在于：讲述法是以“述”为主，重在陈述交代历史事实；讲解法则是以“解”为主，重在化解晦涩抽象难懂的疑难问题。基于此，讲解法一般多用于阐释历史上的政治制度、经济结构、国际关系、法令条约、事件因果、人物评价、性质影响，以及其他专有概念、文献、术语等方面的内容。

讲解法的主要功能在于通过教师深入浅出的、通俗化的阐释，使学生能够真正理解那些比较抽象、难懂的历史知识，深化历史认知、建构历史概念，发展其历史抽象思维能力，以及培养其分析问题和解决问题的能力等。

讲解法大致可归纳为三类：一是解说式，即用言简意赅的口头语言，把历史事物的性质、特征、成因、关系等理论知识深入浅出地解释说明，表述清楚。一般主要有概括解说、分类解说、举例解说、比较解说、图表解说等。二是解析式，即对历史事物展开剖析、深入分析式的讲解，主要用于解释历史规律、历史原理、历史法则等。三是解答式，主要用于解答历史教材中的各种思考练习题，以及迁移、延展到现实生活中的有关问题等。讲解的具体方法主要包括释义说明、实例论证、分析与综合、比较与对比等。

（1）释义说明

对于学生第一次接触的历史名词和学科术语等概念，教师需要以释义说明的方法，向学生做出简明的解释和说明。例如，诏书、册封、漕运、祭酒、尚书省、天干地支、革命与改革、君主立宪、民主共和，乃至“挟天子以令诸侯”等。释义说明应务求通俗易懂、浅显明了，以便于学生理解、接受。

（2）实例论证

对于学生难以理解和把握的历史概念的本质，教师可以先借助有关实例来使概念具体化，再通过论证揭示出其本质属性。运用实例论证方法的步骤一般为：先提出结论，然后举出典型事例加以说明，再以说明来论证结论，最后概括为具有规律性的认识结论。

（3）分析与综合

所谓“分析”，就是把某一历史事件或历史现象分解为各个因素或部分，并分别给予具体的说明；所谓“综合”，则是把从历史事件或历史现象中分解出来的各个因素或部分归纳起来，做出整体的结论。分析与综合是相辅相成、相互依存的统一体，是一个思维过程的两个方面，没有分析就没有综合，为了综合则必须分析。在历史教学过程中，教师常常需要对历史事件或历史现象的各个方面进行具体分析，并在分析的基础上综合历史认识，这样才能使学生形成对这些历史事件或历史现象的基本看法。

教师在运用分析与综合时，一般有两种情形：一是先分析后综合，即先对具体史实进行分析，然后综合得出结论；二是先综合后分析，即先提出结论，然后依据具体史实进行分析，最后再回到结论。

（4）比较与对比

所谓“比较”，就是根据一定的标准，将彼此有关系的两个或两个以上的同类历史事件或历史现象进行对照，找出它们的异同点及其关系，从而认识事物的本质特征和一般规律。历史教学中的比较主要有“纵向比较”和“横向比较”两种。其中，前者是对不同历史时期的类似历史现象或历史事件进行比较（如欧、美、亚主要国家的资产阶级革命等）；后者则是对同一历史时期相同或相似的历史现象进行比较（如戊戌变法与明治维新等）。

所谓“对比”，则是把彼此相反的、不同性质的事物加以对照，以便更深刻地认识事物之间的区别，进而揭示历史事件或历史现象的本质。

教师在运用比较与对比方法时，应注意要在学生对于所比较或对比的具体对象有所了解和认识的基础上进行，否则就难以收到好的效果。另外，要注意相似概念的区别，避免张冠李戴、相互混淆，否则也难以实现进行对比或比较的初衷。

总之，讲解法的基本特征是思考性较强。从教学内容来看，它要求：一要把历史知识之间的内在关系讲清楚，使学生掌握的历史知识不是零散的，而是整体性、结构性的，这样才能保证思维的畅通；二要挖掘和揭示历史知识之中所蕴含的思想观点，使学生在掌握历史知识的同时，也能相应地形成历史学科的思想观点，并能够掌握历史学科的思维方法。由此，在历史教学过程中，教师既应当讲知识，同时也应当讲思维方法和思想观点，并注意将自己提出问题、分析和解决问题的过程有意识地展示给学生，从而使学生能够把“听”与“思”相结合，使思维处于活跃状态，既能获得相关历史知识，又能掌握获得知识的思维方法，逐步提高其独立思考问题的能力。

应当指出，无论是讲述法还是讲解法，都是讲授法的具体方式之一，其共同特点在于：它们都是主要借助于教师的口头语言来传授历史知识，并根据班级学生的一般特点和水平进行教学；教师在教学过程中居于主导地位。由此，讲授法的优势与局限性是显而易见的。

讲授法的主要优势：第一，讲授法可以使教师在较短的时间内向学生集中传递大量系统的历史知识，即可以大幅度提高课堂知识传授的效率；第二，讲授法可以借助教师的语言艺术，将深奥、抽象、枯燥的历史知识变得具体形象、深入浅出、通俗易懂，易于被学生所理解、接受；第三，讲授法有利于充分发挥教师的主导作用，除了知识传授之外，还能够潜移默化地影响、陶冶学生的精神人格，使之获得远比历史知识更为丰富的收益；第四，讲授法还是其他教学方法的基础，即任何教学方法的运用都必须与讲授相结合，才能充分发挥其价值。另外，相对其他教学方法来说，讲授法更容易被教师所掌握；由于教学成本低，在教学条件和设施相对落后的欠发达地区的历史课堂教学中，它的重要地位尤其不容忽视。

讲授法的主要局限：第一，在教师运用讲授法教学时，学生主要以听讲的方式进行接受式学习，而不是靠自己思考探究获得知识，因而容易产生“假知”现象，即听上去似乎都明白了，事实上却又说不清楚，一遇到新问题便会手足无措。第二，在运用讲授法教学时，教学内容大都是由教师以系统讲解的方式传授给学生，课堂上的信息传递往往是教师的单向输出，因而容易使学生形成依赖心理，不利于发挥其学习的主动性。第三，教师过多的讲授会占据课堂的大量时间，这就必然要以减少学生的活动时间为代价，也就势必会影响到对学生进行自主探究问题和解决问题的能力培养，不利于其批判性和创造性思维能力的发展。

教师在运用讲授法进行历史教学时，要注意扬长避短。具体来说，教师的讲授应根据课程标准的要求，围绕着教学目标，从学生的实际出发，在新旧知识之间架起一座桥梁。教师要避免照本宣科、满堂硬灌的现象，努力使自己的讲授具有启发性和思考性，以引发学生思维的积极参与；教师在讲授时还应避免情感冷漠、机械说教的状态，做到全身心的倾情投入、以情感人，使讲授不仅成为向学生传授知识的桥梁，同时也成为师生进行情感、心灵交流的桥梁。此外，教师在运用讲授法时，还需要注意不断锤炼自己的教学语言表达艺术，使之能具有强烈的思辨性、审美感和感染力；注意与其他教学方式和教学手段有机结合，避免沦入由教师完全操控、垄断课堂的“灌输式”和“填鸭式”教学，从而最大化地提高历史课堂教学活动的整体效果。

（二）谈话法

谈话法又称问答法，是教师根据一定的教学目标要求，并结合学生已有的知识或经验，围绕着教学重点内容提出一系列的问题，启发学生思考，师生之间通过问答对话的形式进行教学的一种方法。

与讲授法相比，谈话法中师生之间的双向交流性比较强，在教师充分发挥主导作用的同时，能够使学生成为教学活动的积极参与者。它可以更好地集中学生的注意力，调动学生学习的积极性，促使学生能主动思考、理解和掌握知识，并锻炼学生的思维和表达能力。

谈话法也是人们运用较早的教学方法之一。在我国，春秋时期的孔子即已提出教学应注意“循循善诱”，要运用“叩其两端”的追问方法，以引导学生从正反两方面去探求知识。此后，《学记》也提出了“善问”与“待善问”的思想，倡导教师既要善于向学生提出问题，又要善于对待学生提出的问题。在西方，最早使用谈话法教学的是古希腊的苏格拉底。他特别强调教师应当像“助产士”那样，运用循循善诱的谈话方式去启发学生动脑思考，帮助他们主动探求真理和获取知识，并催生出对知识的认识结论。

谈话法的运用范围比较广泛，它既可以适用于各种课型或模式的教学过程中，也适用于课堂教学过程的各个不同阶段（如新课导入、讲授新知、课堂小结、复习巩固等）。在历史教学中，谈话法一般是结合其他教学方法一起运用的。另外，根据历史教学的不同任务和内容及课堂结构特点的不同，我国学者将历史教学中谈话法的主要类型归纳为启发性谈话、概括性谈话和巩固性谈话等。

1. 启发性谈话

启发性谈话，即教师在讲授新课之前或在讲授新课的过程中，围绕所设计的一系列问题，或者根据自己对所教历史知识内容的分析、综合，按照新旧知识之间的内在联系，以及学生已有的知识和经验基础与之展开谈话，以启发、诱导学生经过自己的独立思考，得出认识结论，从而获得新知识的一种谈话教学方式。

一般来说，教师在课堂教学中运用启发性谈话法，大致有两种情形：一是在讲授前先提出一系列问题，指导学生阅读教材并进行思考，然后再展开导入性谈话；二是在讲授完某一内容之后，再提出问题进行谈话，以帮助学生消化、进一步理解刚学过的知识。

2. 概括性谈话

概括性谈话，即教师在学生学完某一问题后，基于其拥有的知识基础而与之进行综合性的谈话，以引导学生就学习内容进行分析、综合、比较等，并在最后概括出比较完整的结论或概念的一种谈话教学方式。它通常用于新课小结或复习课中。

3. 巩固性谈话

巩固性谈话，即教师在讲完新课后，为帮助学生巩固所学的新知识，并从中了解教学效果的一种谈话教学方式。这种谈话方式也可以运用于讲授新课前的复习旧知识环节，以及在进行单元复习时检查学生掌握知识情况的环节。

在运用谈话法进行教学时，应注意以下问题。

1. 目的要明确

谈话要有针对性和计划性。谈话的中心应紧紧围绕并服务于教学目标要求，要抓住教学中的主要问题而进行。

2. 问题要清楚

教师所提出的问题本身不能模棱两可或过分复杂，而应当明确具体、指向清晰、难易适度，既可以使学生准确领会其要求，不至于答非所问，又具有启发性和一定的挑战性，有助于激起学生的谈话兴趣并积极展开独立思考。另外，问题还应当有助于教师对学生的回答做出明确而恰当的评判。

3. 注意问题之间的逻辑关系

教师在谈话中若连续提出几个问题，一定要注意它们之间的逻辑关系和发问时机。诸如问题的范围大小、难易深浅、前后顺序，以及当学生处于何种状态下时发问等，都需要进行周密考虑、合理安排。一般而言，应把范围小、难度低的问题放在前面，范围大、难度高的问题放在后面，以免谈话出现冷场。同时，应尽可能使问题与问题之间呈现环环相扣的逻辑关系，否则课堂教学将会显得松散，难以把教学引向深入。

4. 要面向全体

教师在教学中的提问、谈话，并不只是与个别学生之间的交流，必须面向全体学生。因此，教师不论是在课堂的导入、新授环节，还是在小结、巩固环节进行的谈话，都应先提出问题让全班学生共同思考，等候片刻，再指定学生回答。即便是让某个学生作答，也要暗示学生这是全体师生间的共同谈话。选择学生作答时，应根据问题的难易程度，注意兼顾不同学习层次的学生，特别是绝不能将学困生弃之不顾。如果有的学生经启发后仍然答不上来，教师应及时让其他学生回答，这样既节省时间，也可以防止让其他学生认为问题的回答与己无关。教师一定要避免每次谈话只是与几个学习成绩好的学生进行，而置其他学生于不顾的行为。

（三）讨论法

讨论法是指根据一定的教学要求，学生在教师指导下，围绕某些特定历史问题在课堂上各抒己见，相互启发并进行争论、辩论、磋商，以此辨明是非曲直，弄清问题缘由并提高对历史的认识的一种教学方法。

讨论法的主要特点在于其多维互动性和探究性，即课堂讨论不仅发生在学生之间，也可以发生在教师与学生之间。讨论法可以充分调动学生学习的主动性，促进他们积极参与教学，对于培养学生的批判性思维能力、逻辑思维能力、交流沟通能力，以及增强合作意识和树立积极进取的态度等，都具有非常重要的作用。

讨论法有着不同的分类标准一般来说，从讨论的组织形式来划分，有全体学生都参与的班级集体讨论，也有将全班学生分成若干小组进行的小组讨论；从讨论的内容特点来划分，有用于扩大有关历史理论知识的学习而组织的综合性课堂讨论、就历史教学内容中的个别问题或疑难问题而组织的专题性课堂讨论，以及就某一历史课题进行深入探讨而组织的研究性课堂讨论。小组讨论是历史课堂教学中最常见的一种讨论组织形式。实践表明，在分组时，应注意尽量把那些相互之间比较喜欢，但性格、观点、经验和学习水平又不相同的学生分在一组，这既可以使小组成员之间具有较强的向心力和凝聚力，又可以取长补短、相互启发，共同受益。另外，每个小组人数不宜太多，否则将会影响成员参与讨论的积极性，并使讨论的质量下降。依据相关研究和实践检验，一般每个小组以 4 ~ 7 人为宜。

教师运用讨论法进行教学，应注意以下问题。

1. 讨论前要做好充分准备

教师要精心设计富有价值的讨论题目，并提前告知全体学生，以便让学生围绕将要讨论的问题先行查阅相关资料，积累一定的背景材料，做好讨论的必要准备。否则学生在讨论时就可能无话可说或不知所云，达不到讨论的目的。另外，所讨论的问题应围绕学习重点来设计，并可以具有一定的争议性，以便更好地激起学生参与讨论的欲望，积极展开观点论辩。同时，教师还要注意将学生进行合理分组，并指导他们做好讨论的其他准备事项，明确在讨论中自己应当怎样做，懂得注意倾听并尊重别人的意见等。

2. 讨论时要做好组织指导

教师要做到专心倾听学生的发言，并适时、适度地介入和调控讨论进程，以启发点拨的方式确保学生的讨论不偏离主题，将讨论逐步引向深入，从而使学生对所讨论的历史问题形成比较深刻的认识。在这个过程中，教师不要向学生暗示问题的结论。同时，教师要不断鼓励每一位学生都大胆发表自己的看法，并注意适当控制学生发言的时间，尽量使每位学生都能有发言的机会，而不要由极少数学生或教师自己垄断发言；对于学生就所讨论的历史问题发表的不同看法，教师既要及时予以鼓励或肯定，也要注意对学生可能存在的模糊、片面甚至错误的认识，适时做出必要的澄清和正确的引导。

3. 讨论后要做好全面总结

当讨论结束后，教师要与学生一起及时进行认真总结。对于学生所发表的各种观点和意见，教师要进行全面的梳理、归纳、综合与分析，并做出某种比较全面、科学的结论。对于学生在讨论中出现的争议性观点，教师可以依据史实做出客观评判。对于讨论过程中学生的良好表现状态，要给予充分肯定；对于所存在的不足和问题，则要明确指出并期望学生今后能加以改善。

无论何种形式的讨论，在实际运用中都有一个真实性高低的问题。也就是说，并不是所有的讨论都是有效的，也并不是所有的讨论都是真正意义上的讨论。因此，在运用讨论法进行教学时，教师应当注意防止出现教师发问—学生回答—教师再发问—学生再作答的现象，这并非真正意义上的课堂讨论。另外，在学生进行讨论时，教师还应当注意尽力营造宽松、自由的教学环境，让学生在心理上有安全感，可以尽情地大胆表达自己的思想观点；在讨论过程中，教师尤其要注意不能越俎代庖，不能急于武断地给出结论，试图以自己的观点来替代学生的思维，这与课堂讨论的本意是相悖的。

（四）探究法

探究法是指在教师的指导下，围绕教学的重点内容，让学生自主地发现问题、分析问题、解决问题的一种教学方法。在历史教学中，要求教师创设适宜的问题情境，引导学生围绕问题收集历史材料（或由教师提供），进行分析、处理、论证等，并由此展开独立自主的研究活动，从而使学生在参与研究活动的过程中，逐步养成独立思考的学习习惯，发展历史思维能力和解决问题的实践能力。

探究法一般由以下四个环节构成：

一是教师创设并呈现问题情境，向学生提出（或引导学生发现）所要探究和解决的问题。所要探究的问题应具有典型性，并且基本上应来自历史教学的重点或难点内容；其难度既要适合学生已有的水平，又必须经过一番努力才有可能得以解决，由此激发学生积极投入发现和探索问题的学习欲望。

二是教师指导学生利用有关材料，提出对问题的假设或答案。教师启发学生在学习历史教材及其他相关历史材料的基础上，通过对有关信息的筛选、分析、比较等处理，结合已有的知识与经验，大胆提出自己对问题的各种可能的假设与看法。

三是学生对所提出的各种假设进行检验，完成解决问题的过程。在教师的指导和帮助下，学生进一步搜集或仔细审读有关材料，展开更深入的思考、比较、分析和讨论，不断对假设进行修正和完善，并得出初步的结论，与此同时，学生要分析并记住整个探究问题的思维过程，从中感悟并学到思维的方法。

四是引导学生对问题展开更深入的讨论或重新审视，形成正确的认识结论即教师启发学生在验证假设并形成初步认识结论的基础上，对问题进行更全面、更深入的审视与讨论，并据此对原有的探究结论进行修正和完善，从而形成正确的结论。之后，教师予以总结和评价。

显然，与传统教学方法相比，探究法为学生提供了可以自主探究历史的空间，更加有利于学生积极、主动地进行历史学习，更加有利于学生历史思维能力和研究问题与解决问题的实践能力的培养。但是，探究法也对教师的教学理念和教学组织、调控与指导能力等提出了更高的要求。其中，需要特别注意以下问题：

第一，注意精心选择所要进行研究的问题和相关材料。问题（或课题）是探究式教学的载体，教师首先要综合考虑教学的目标要求、教学内容的特点和学生的认知水平及特点等，来确定将要探究的课题。课题应当具有一定的挑战性和研究价值，学生需要灵活运用已学过的、多方面的知识并经过多种探究和尝试才能解决。同时，为了确保学生开展探究的兴趣，教师所选的应用于探究的相关材料既需要具有一定的吸引力，又需要具有较大的思考空间；既可以适用于不同层次学生的探究需要，还可以使学生从多个角度出发进行探究。

第二，注意突出学生的主体地位，充分保障学生的自主性和创造性的发挥。采用探究法进行历史教学，对学生的自主性和创造性提出了很高的要求，因此，教师在进行探究式教学过程中，应当注意切实确立学生的主体地位，以及学生在探究活动中的自主性。

第三，注意加强对学生探究过程的指导。虽然探究法特别强调要突出学生的自主活动，但这并不意味着教师可以就此放弃对学生的指导。事实上，学生在探究、发现过程中必然会遇到许多困惑或走入迷途，需要教师适时进行有针对性的启发和点拨。换言之，教师的有效指导是提高学生探究性学习效果的必要保障。

二、历史课堂教学方法的选择与应用

历史教学方法多种多样，它们既各有优势和针对性，也各有局限性。教师对于教学方法的选择和应用得当与否，将会直接影响到历史课堂教学的效果。

（一）选择教学方法的基本依据

教师在选择和使用各种历史课堂教学方法时，必须要结合具体的客观条件和自身情况等各种相关因素来加以综合考虑归纳起来，主要应依据以下几点。

1. 基于教学目标

教学目标既是课堂教学的基点，也是课堂教学的旨归。教学方法只是实现教学目标的手段，其价值与功能就体现在它是否能为全面完成教学任务而发挥事半功倍的促进作用。因此，教师在选择历史课堂教学方法时，必须首先考虑各种教学方法与历史课堂教学目标和任务的适切性和契合度，即能否切实有助于教学目标的实现。比如，对于那些要求学生理解和掌握，但对他们来说又比较难以理解的、抽象枯燥的历史概念类知识目标，教师可以重点选择使用讲解法来进行深入浅出的阐释；对于那些旨在培养、提高学生的历史思维能力，尤其是批判性思维能力的目标要求，教师则可以更多地选择采用讨论法或探究法等来引导学生展开全方位、多维度的探讨与认识。总之，教师需要明确的一点是：在历史课堂教学中，各种教学方法本身并没有高下之分，能够最充分、最有效地促成教学目标全面实现的方法，就是最合适的教学方法。有什么样的历史课堂教学目标就应当选择、匹配与其主旨最适切的教学方法。常言道，目标决定方法，而不是相反。

2. 基于教学内容

教学目标和任务是通过教学内容来实现的，但是不同学科的属性及其内容的性质和特点却并不相同。如果教师在课堂教学中无视这种学科性质的差别，不加分析地都采取同一种教学方法，教学效果势必会大打折扣。即便是从历史学科本身来看，其教学内容也具体分为政治、经济、文化、军事、社会生活等不同的专题史知识，或者分为历史表象、历史概念和历史规律等内容。历史教学内容的性质和特点如此复杂多样，也就特别需要教师精心选择与其性质和特点相契合的教学方法。例如，就一个历史事件的教学来说，教师对于其产生的背景可以采用概述法，对于其具体过程可以采用叙述法，而对于其性质、因果、影响和意义等既可以采用讲解法或谈话法，也可以根据实际情况综合运用讨论法、探究法等。总之，在历史课堂教学中，教师采用何种教学方法受到教学内容的制约，即方法应为内容服务，根据教学内容的性质与特点决定选择什么教学方法。

3. 基于学生特点

课堂教学的对象和学习主体是学生，教师所有的教学行为都应当是为了促使学生取得更好的学习效果。换言之，教师的“教”是为了学生的“学”。所以，选择教学方法的一个重要原则，就是必须紧紧围绕着学生的身心特点而为之，必须要体现出明确的教学针对性和有效性。由于学生的年龄、性别、性格、兴趣和爱好等各异，生活经历、知识积累、思维类型和审美情趣等也不相同，所以，“没有一种教学方法对任何学生来说都是最优的。相反，某方法对一些学生是理想的，而另外一些方法则可能对具有不同特性的其他学生最为有效”。因此，教师在选择历史课堂教学方法时，必须全面了解学生已有的历史知识水平、能力状况和兴趣特长，准确把握学生的身心发展规律和认知特点，既要面向全体学生，又要关注不同学生的差异，在此基础上才能选出最具有针对性和有效性的教学方法。

4. 基于教师素养

每个人的生命都是独一无二的。如同每一位学生的个性特点都存在着差别一样，每一位教师的个性素养和特点也各不相同、各有长短。例如，有的教师口头语言表达能力特别强，极易打动、感染学生；有的教师口头语言表达能力却比较弱，常常令学生不知所云或昏昏欲睡。由此，前者在历史课堂教学中采用讲授法，效果会比较好；而后者如果同样采用讲授法，效果往往比较差。可见，“教师自身的素质条件和驾驭能力，直接关系到选用的教学方法能否发挥其应有的作用”。换言之，即便是某个被普遍认为是特别有效的教学方法，假如使用它的教师自身素质、个性优势和驾驭能力与之不相符，那么其教学实际效果也未必就一定会好。教师在选择教学方法时首先必须清醒地认识到，教师的素养总是一定的，并不是每一个教师都有能力使用任何教学方法。教师必须对自身的素养条件进行实事求是的分析，清晰地认识到自己的优势与不足，然后根据自身的实际情况“量体裁衣”，扬长避短，选择那些自己可以驾驭自如、得心应手的教学方法，而不是盲目跟风、机械照搬别人的所谓“高效”方法，这样才能发挥好教学方法应有的功用，收到良好的教学效果。

5. 基于教学条件

在课堂实际教学中，教学环境和设备条件状况对教学方法功能的全面发挥具有一定的制约作用。例如，在历史课堂教学中应用探究法，往往需要借助图书馆、互联网信息技术等设备和手段来搜集、筛选相关史料（包括文献资料、音像资料等），并借助多媒体等多种教学手段创设特定的历史问题情境，演示、展现给学生，从而激起学生的探究兴趣。同时，运用探究法还需要有比较充裕的教学时间。但是，我国各地经济发展程度尚不平衡，东西部地区和城乡之间的办学条件和教学资源在客观上还存在着一定的差距，教师在选择教学方法时，就必须注意因时、因地、因校制宜，紧密结合本地、本校的实际教学环境和条件情况。

（二）应用教学方法的基本原则

合理地选择、确定了教学方法，只是保证历史课堂教学有效进行的前提之一，教师想让教学方法的功能在历史课堂上得到最大化的彰显、发挥，还必须注意对各种教学方法进行优化组合，在课堂教学中正确实施、应用。概言之，教师在应用教学方法时，应注意重点把握以下几个基本原则。

1. 要坚持以学生为主体的原则

教学实践活动是教师的教和学生的学的统一体。在课堂教学活动中，学生永远居于学习的主体地位。教师的教说到底就是为了促进学生的学。“教学方法”本身就包括教师的教法和学生的学法两个方面。所以，教师在运用教学方法时，既要有利于教师的“教”，更要有利于学生的“学”。换言之，在讲究教法的同时，绝不能忽视学法，并且应当努力使两者在教学过程中实现有机的统一。这意味着，对于历史课堂教学方法的优化，既应当包括优化“教法”，更应当包括优化“学法”。具体来说，教师首先应关注激发、调动学生积极参与教学过程的内驱力和主动性，使他们能够做到“要学”；继而要特别重视对学生的学法指导，使他们能够做到“会学”。简言之，教师教法的运用应更多地有利于学生的学法。只有当学生真正做到了愿学、要学、会学，教法的实施才能产生预期的效果。

2. 要坚持启发引导的原则

历史课堂教学的目的不只是使学生掌握历史知识，更重要的是要培养学生独立探究问题、思考问题和解决问题的能力和技能，陶冶其情感与人格。所以，教师在运用各种历史教学方法时，必须充分关注学生的参与性，尤其要重视培养学生的历史思维能力。如果教师仅仅把学生看作历史知识的被动接受者，只采用“注入式”的教学方法对学生进行知识的单向灌输，那么其思维能力的发展就无从谈起。

启发式教学就是受教育者在教育者的启发诱导下，主动获取知识，发展智能，陶冶个性，形成完美人格的过程。它强调教师要注意循循善诱、启迪引导学生积极主动地去发现问题、掌握知识、形成技能、发展能力和促进个性健康发展。在教学方法的运用方面，强调教学方法的综合，重视不同阶段的不同教学方法的优化组合，重视指导学生的学习方法等。事实上，正如有的学者在谈论讲授法的应用时所分析的那样：如果教师在运用讲授法时，无视学生的主体性和教学的交互作用，只是一味单向枯燥地讲到底，就成了注入式教学，就不能引发学生的积极思考和能力的锻炼与提升；但是，如果教师的讲述和讲解中充满着强烈的问题意识和启发性，重视与学生的有机互动，就能够唤起学生的学习动机，使之全身心地积极参与到课堂教学过程中来，积极思考问题并主动寻求解决问题的途径和答案，这样运用讲授法，就不再是机械灌输的注入式，而变成了积极有效的启发式。可见，各种教学方法既有启发性质，又有注入性质，是一把“双刃剑”，全在于教师如何应用了，因此，教师不论在运用哪种历史教学方法时，都需要自觉坚持启发引导的基本原则，注意将启发式教学指导思想贯穿始终。

3. 要坚持综合运用的原则

任何教学方法都具有一定的针对性和局限性，而历史教学目标、教学内容却是多种多样的，各地所拥有的教学手段、教学条件、教学资源等很不平衡，教师自身的素养和学生的学情也千差万别、各不相同，所以，教师在课堂教学中绝不能指望仅凭某一种方法“包打天下”，而是必须树立整体观念，根据教学的实际需要，灵活地综合运用各种适当的教学方法，形成最优化的教学方法组合，实现教学效果的最优化。熟练的教师总是掌握了多种多样的教学方法，尽管其中的一些方法比另一些方法或许略胜一筹，但没有一种是尽善尽美的，因为根本不存在尽善尽美的教学方法。实际上，当把适用于某一科目、某组学生或某种教学目的的教学方法用于另一种场合时，效果也许完全不能令人满意。教师应当掌握许多教学方法，使之能够根据自己的个性、班级学生的特点，所教科目和它的目的，选择最合适的技术与方法。对此，教师应具有清醒的认识。

第三节 历史课堂教学的技艺

课堂教学的技艺是教学技能和教学艺术的统称。教学技能是指教师在课堂教学活动中运用与教学有关的知识与经验，促进学生学习，达成一定教学目标的一系列教学行为方式。教学技能的获得，主要依靠在教师指导下的反复训练。教学艺术是指教师在课堂教学中娴熟、综合地运用教学技能，按照教学规律和美的规律而进行的独创性教学实践活动。教学技能与教学艺术，是一个难以截然分开的整体，在教学实践中往往被统称为教学技艺。

一、教学导入的技艺

教学导入又称为导入新课、导课，它是教师在一个新的教学内容或教学活动开始时，引导学生进入学习的教学行为。

（一）导入的功能和作用

1. 引起注意

导入的主要目的是将学生的注意力吸引到学习中来，抑制其他有碍学习的无关活动。导入环节，如能通过富有启发的“开场白”，或精心设计的“场景”，使学生的注意力迅速集中到即将学习的内容上来，就能为完成学习任务奠定良好的心理基础。

2. 激发兴趣与动机

兴趣是指个体对某人或某事物所表现的选择时注意的内在心向。动机是指引起个体活动，维持已引起的活动，并引导该活动朝向某一目标的内在历程。兴趣与动机具有密切关系。兴趣和动机都是推动学生学习活动的内驱力，兴趣是激发学习动机的重要基础，而学生在学习动机的指向下实现学习目标所获得的满足感又会激发学生的兴趣。因此，兴趣与动机对认知过程及其效果有很大影响。教师如能运用精练的语言，或配合图片、影像资料，巧妙地导入新课，可以使学生产生强烈的求知欲，激发学生的学习动机，使之愉快而迅速地进入学习状态。

3. 引导学习与思考

导入能引导学生积极思维，使学生有意义地开展学习活动。例如，每一节历史课的教学内容、教学目标都是不同的，通过导入环节，教师清晰地阐明本节课的教学目标和学习的内容，使学生形成对学习的期待，做好学习新知识的心理准备。同时，通过设疑置问的方法，引起学生的思考，使学生带着问题去获取新知识，这样学生既获得了新知识也能发展思维能力。

4. 建立新旧知识的联系

要促进新知识的学习，教师首先要与学生认知结构中的有关知识建立起联系。巧妙地导入设计，可以在旧知识与新知识之间搭建起“桥梁”和“纽带”，具有承上启下的作用。

（二）导入的主要方法

1. 课题导入

课题导入是一种从教学课题内涵导入新课的方法。上课开始，教师直接点明课题的内涵，引起学生的注意并产生认知需要。

此法能使学生迅速进入主题，但是如果把握不好，容易缺乏感染力，因此不宜连续使用，在初中历史教学中应慎用。

2. 复习导入

复习导入是一种通过复习旧课或原有知识导入新课的方法，教师要善于从学生学过的知识中寻找与新知识之间有紧密联系的知识点，让学生在回顾原有知识的同时，为接受新知识做好铺垫。复习导入的方法一般先由教师提出问题，在学生回答的基础上，教师加以总结，再引导到新课上来。

此法能使学生很快从已知领域进入未知领域，开启新知识的学习通道。

3. 演示导入

演示导入是一种结合多媒体课件的演示或出示直观教具导入新课的方

法。上课开始，教师运用多媒体演示图片、动漫、视频，或者出示图片、文物、历史模型等直观教具，引导学生观察，引起学习兴趣，提出相关问题，切入本课教学。

此法形象直观，能迅速引起学生的注意，进而引发其思考，初高中历史课都适用，但是演示材料应贴切，切勿牵强附会、拐弯抹角。

4. 经验导入

经验导入是一种利用学生已有生活经验，激发其产生探究历史问题的兴趣来导入新课的方法。此法从学生已有的生活经验入手，能使学生感到亲切、自然，缩短历史与现实的距离感。

此法使学生由此及彼、因旧启新，提高学习的兴趣，但是哪些课题能够联系生活经验则需要认真思索，如联系不当，反而弄巧成拙、事与愿违。

5. 故事导入

故事导入是一种通过简短而生动的故事导入新课的方法：运用故事导入，会使学生感到亲切、有趣，符合中学生尤其初中生的认知心理。

运用此法要注意故事的简短精练，以及与本课有一定的关联，最好还能从故事中引出问题，促进学生的思考。

6. 设疑导入

设疑导入是一种围绕教学中的重点、难点、衔接点设计悬念的导入方式。上课伊始，教师有意识地设置疑问，使学生产生悬念，激发其求知欲，引起积极的思考。

除了以上方法外，教学导入还有很多方法。如从导入的素材看，还有时事导入、诗文导入、乡情导入等；从导入的形式看，还有歌曲导入、影视导入等。作为一种教学技巧，教学导入形式各异，有时互为重叠、交叉，也没有固定模式。教师设计导入时，应从学生的情况和教学的需要出发，创造性地加以运用。

（三）导入的基本要求

1. 针对性

导入一方面要能以旧引新，与新课的重点有密切的关联性；另一方面要针对学生的年龄特点、心理状态、知识水平和思维能力的差异，而采用多样化的方法。例如，初中历史课的导入可多采用故事导入、经验导入等方式，高中历史课则可多采用设疑导入、课题导入等方式。

2. 启发性

导入要能引导学生发现问题，引发学生解决问题的强烈愿望，调动他们思维的积极性，促进他们更好地理解新的教学内容。为此，教师要运用直观、有趣味性或发人深省的启发性语言或材料来激发学生的思维活动。

3. 新颖

导入切忌平淡刻板，导语应力求新颖、别致。新颖的、富有时代性的导语，更能引起学生的兴趣。材料越是新颖，越会受到学生的关注；越贴近学生的生活，学生参与的热情就越大，效果也就越好。

4. 简短

导入切忌冗长拖沓。导入仅是一个“引子”，课堂教学的重点是新课内容的教学。所以导入的时间不宜过长，一般 3 分钟内必须转入正题，时间过长会喧宾夺主，浪费宝贵的教学时间，不利于教学活动的开展和教学目标的顺利完成。

二、创设教学情境的技艺

所谓教学情境，是指教师在教学过程中所创设的情感的、知识的氛围。良好的教学情境能充分调动学生学习的主动性和积极性，启发学生思维，是提高教学有效性的重要途径。

历史教学情境，是根据情境教学理论、历史学科特点和学生学习历史的认知规律，在历史教学过程中，针对具体教学内容，运用多种教学方法和手段创设特定的教学情境，以激发学生的学习兴趣，促进学生优化认知过程，掌握历史知识，培养学习能力，形成正确观点。

（一）历史教学情境的类别

从不同的角度，历史教学情境有不同的分类。如从情境的真实性与否来看，历史教学情境可分为真实情境和虚拟情境；从情境的特点来看，可分为体验情境和问题情境；等等。

（二）创设历史教学情境的方法

1. 运用形象的语言

人类的历史丰富多彩，但已无法重现。教师如果照本宣科，学生必然感到枯燥乏味，也不利于历史理解。因此，教师应重视运用形象的语言来创设历史教学情境。

2. 运用数字化教学手段

数字化教学视听并举，图文并茂，形象逼真，直接刺激学生的视听器官，而且能增强教学过程的娱乐色彩，使教学更加直观，更容易把学生带入历史情境之中。教师要重视运用数字化手段来创设历史教学情境。

3. 讲述生动的历史故事

基于中学生的年龄和认知水平，历史课尤其初中历史课，特别需要教师采取讲故事的方法来创设历史教学情境。讲故事也是一种讲述法，但与一般讲述不同的是，它要求讲得动听，要能够真正吸引住学生。讲故事不仅要求生动，而且头绪要少，还要讲出故事所蕴含的意义，使学生从中获得某些启示，引发一些思考。

4. 运用历史插图、地图等直观材料

创设历史教学情境需要教师尽可能运用插图、地图、表格等直观材料、直观手段，调动学生的视觉和听觉，激发学生的想象和联想。

5. 引用文学名著、成语典故

历史课引用文学名著、成语典故等方法创造历史教学情境，可以开阔学生视野，增强历史感，丰富历史知识，深化情感教学。

（三）创设历史教学情境的要求

1. 注意科学性

科学性要求创设的历史教学情境与史实相符合，不能违背史实，且与教材内容紧密联系，概念准确，没有知识性的错误。教师在运用直观教学手段展现历史教学情境时，应该注意所展示的音像资料的科学性；教师把编演历史小品、短剧引入课堂时，要对学生编演的历史小品、短剧进行指导，以免出现科学性错误。

2. 注意实效性

实效性要求创设历史教学情境时使用的方法、手段，选择的媒体，必须是教学上实用的、能达到最佳效果的，而不能拼凑，不能把媒体当成装饰物，要注意实效性。

运用现代教学媒体，有形、有影、有声，入眼、入脑，活泼感人，这有利于创设历史教学情境；而教师站在讲台上，一本书，一根粉笔，一幅图，娓娓道来，使学生如临其境，师生产生情感、意识上的共鸣，也能够创设历史教学情境。

3. 注意感染力

教学语言具有感染力是创设教学情境的重要条件之一。有些历史教师缺少饱满的激情，语言贫乏，没有亲和力、吸引力，有些教师的教学语言缺乏“历史味儿”，没有感染力，这样的情形都不利于历史教学情境的创设。

4. 注意思考性

当下，有些教师由过去传统的“满堂灌”变为“满堂问”，以问代讲。这样的课堂看似热闹，学生发言踊跃，但是许多问题缺乏思考性，为了提问而提问，学生只是在应付性地配合老师的“问题情境”。这种教学情境并不能有助于学生对历史的理解。

5. 注意贴近生活

创设历史教学情境的目的之一，是要拉近历史与学生生活的距离。但是在现实教学中，有的教师所创设的教学情境，缺少与学生生活的有机联系，使学生仍然难以理解历史、感悟历史。

6. 合理运用现代教学媒体

要避免为了演示现代教学媒体而创设历史情境。教师应认识到，在教学过程中，现代教学媒体的作用只是一种“辅助”作用，而不能成为教学目的，否则现代教学媒体成了教学机器，教师成了只会按键盘的“机械手”，这样的课堂看起来生动活泼，实质不利于创设真正的历史教学情境。

三、板书设计的技艺

板书设计就是教师在教学过程中，为了帮助学生理解、掌握知识，在黑板上书写简练的文字、符号和图表等，起辅助教师口头讲授的作用。

（一）板书的作用

1. 提炼知识内容，突出教学重点

清晰、适当的板书，有助于学生把握教学内容，使教学内容结构化、要点化，有助于突出教学重点，突破教学难点。

2. 刺激学生注意，启发学生思维

板书可以不断刺激学生的视觉注意，使学生了解教学的进程，将学生的思维始终集中在教学上。

3. 便于记忆理解，感受美的意境

板书便于学生对知识的记忆与理解，形象、优美的板书，还给学生以美的享受，有助于活跃学生的思维。

（二）板书的内容

板书的内容主要有三个方面：一是章节标题及内容提纲，这是板书的主体；二是年代、人名、概念等，这是对主体内容的补充；三是图表，这是对教学内容的形象概括。

传统的板书，一般分正板书和副板书。正板书写在黑板的左侧，书写讲课的提纲、要点；副板书写在右侧，内容通常是正板书没有列入的人名、地名、年代、数字、概念等，是对正板书的补充。

如今用 PPT 等多媒体课件辅助教学比较普遍，在许多时候，正板书的内容多由课件的知识要点来代替，黑板上则写一些原属于副板书的内容。PPT 展现的知识要点也可称为电子板书。运用多媒体课件，可节约板书的时间，也能解决粉尘影响师生健康的问题，但是由于是课前预设的，难以解决生成性问题。因此，多媒体课件还不能取代传统的板书，可采取以多媒体课件为主、板书为辅的呈现模式。

（三）板书的类型

1. 纲要式板书

纲要式板书，又称提纲式板书，是根据教学内容的逻辑体系，概括出教学内容的基本结构、层次、要点，形成层次分明的板书样式。这是历史课堂教学最常见的板书形式。纲要式板书的特点是逻辑性强，结构完整，层次清晰，要点明确，便于学生记忆和理解。纲要式板书也适合制成电子板书（PPT 的教学要点）。

2. 图示式板书

图示式板书以图形、箭头等作为符号，将内容要点连接在一起，形成关系框图的一种板书样式。这类板书的特点是简明生动，文字、线条都代表一定的含义，既有逻辑性，又直观形象，便于记忆和联想。对于较复杂和抽象的内容，图示式板书更有助于学生的理解和掌握。但是它难以概括一些生动的、过程性的知识，并非所有知识内容都能运用图示式板书。

3. 表格式板书

表格式板书是把教学内容通过表格体现出来的一种板书形式。这种板书对于头绪纷繁、不易说明的历史要素，能够化繁为简地展现，而且具有综合、比较、归纳等方面的作用。尤其有关政治措施、法律条约、思想文化、科学技术等方面的内容，运用表格式板书，能够一目了然，便于学生对知识的把握。但是表格式板书仅适用于重点和难点知识，难以兼顾一般性知识。

4. 线索式板书

线索式板书是围绕某一教学主线，抓住教学重点，运用线条、箭头等符号，把教学内容的结构、脉络清晰地展现出来的一种板书形式：设计和使用这种板书的关键在于抓住教学内容的主线，把它提取出来，使其成为教学的主要思路，便于教师的讲授和学生的理解。

需要说明的是，历史课堂板书类型的划分并没有统一的标准，有些板书类型，如纲要式板书与线索式板书也并非截然不同，随着历史课堂教学改革的发展，人们还会创造出更多、更有效的板书式样。

（四）板书的要求

无论何种板书形式，都要精心设计。板书设计的基本要求是提纲挈领、条理分明、详略得当，既涵盖教学要点，又重点突出、清晰醒目。这既是对传统板书的要求，也是对运用PPT课件或在电子白板上书写教学提纲的要求。

1. 突出教学重点和难点

要将教材的重点和疑难点列入板书，列为大小标题或者用重点符号加以突出；次要的、非重点的内容尽可能不写或少写。

2. 构成条理分明、清晰的历史线索

要按照史实发生的先后，或史实发生的因果关系设计板书提纲，构成逻辑性强、系统化的教学线索，使板书起到提纲挈领的作用。

3. 言简意赅、详略得当、讲求实用

要选择概括性强、简练准确的词语，反映历史的基本线索，帮助学生形成清晰的认知。同时还须掌握详略的分寸，避免过详或过略，使板书既成为教师的“讲授提纲”，也成为学生学习的“知识要点”。

4. 规范、美观，体现艺术性

板书的文字，要准确、规范，既要工整，又要流畅，布局合理、井然有序，字体大小适中、行距一致。板书要避免出现随心所欲、杂乱无章、标点符号不统一、错别字等。

四、教学提问的技艺

教学提问是指教师在课堂教学过程中向学生提出问题以及对学生的回答做出反应的教学技能。它是教师进行启发式教学，调动学生学习积极性，培养学生思维能力，了解学生学习状态的一种教学行为。

（一）提问的作用

教师的提问是促使学生参与教学活动、推动学生思维发展的主要教学手段之一。在课堂教学中，提问具有引起注意、激发兴趣、开启思维、反馈信息等多方面的作用。课堂提问技艺的高低，在很大程度上反映出教师课堂教学水平的高低。因此，掌握和熟练运用提问的技艺，对于历史教师来说是非常重要的。

1. 引起注意，激发兴趣

教师的提问，能引起学生的注意。好的问题还能激发学生的兴趣，调动学生的学习积极性，使学生的思维与教师的教学活动保持高度一致。

2. 发展思维，参与教学

教师的提问，能为学生提供参与教学、锻炼表达能力的机会；能活跃课堂气氛，促进教学相长。好的问题，对养成学生善于思考的习惯与能力很有帮助。

3. 信息反馈，教学反思

通过提问，教师能了解学生掌握历史知识的深度和广度，了解学生历史学习的方法以及解释历史问题的水平，不但能促进学生的学习，纠正错误，而且能使教师获取反馈信息，及时进行教学反思，对提高历史教学质量大有益处。

（二）提问的类型

教师的提问大致上可以分为两大类。

一类是封闭性问题。这类问题的答案是固定的，属于以复习知识为目标的检查性的问题。如“秦统一六国是在哪一年”“中英《南京条约》的主要内容有哪些”等，就属于典型的封闭性问题。

另一类是开放性问题。这类问题的答案不唯一，是以培养学生思维能力为宗旨的认知性问题。如“如何评价太平天国的历史地位”“中国资本主义萌芽缓慢发展的原因何在”等，就属于典型的开放性问题。

封闭性问题对于学生巩固基础知识必不可少，开放性问题则可以使学生在不同的知识和能力水平基础上，通过自己的分析和思考，提出对历史问题的看法。按照教育心理学家皮亚杰的观点，封闭性问题主要引起认知结构的同化，开放性问题则引起认知结构的顺应。开放性问题对培养学生的历史思维能力更有意义。

（三）提问的要领

备课时，教师要对课堂提问进行精心设计，在仔细研读课程标准、相关教材以及学情的基础上，认真思考需要提什么样的问题，这个问题是否是学生的真问题，提出的问题是否有助于学生的学习与理解，等等。此外，教师还应考虑学生可能的回答以及对学生回答的应对。一般来说，提问应把握以下要领。

1. 紧扣教学内容

提问要围绕教学内容，特别是教学重点和难点，使问题的提出与解答有利于突出重点和解决难点，有利于完成教学目标。例如，讲汪精卫投日时，教师让学生回答民国“四大美男子”是哪些人，就完全脱离了教学内容。

2. 问题表述清晰

提的问题应是明确的、清晰的，避免提一些模棱两可的问题。只有题旨明确，学生才能积极地思考，才有可能回答问题。例如，“科举的主要科目有哪些？”这就是题意不清的问题，因为不同朝代科举考试的科目并不尽相同。

3. 注重启发探究

问题应能够促进学生积极思考，激发学生的探究欲望。如果问题的解答只要简单地回答“是”或“不是”，或者能直接从课本找到现成答案，那么这种问题就没有思考价值，对学生的思维能力培养没有益处。

4. 注意认知差异

提问应考虑不同年龄、不同认知基础的学生的差异，注意因材施教，有针对性地设计符合“最近发展区”的问题。例如，关于西周分封制，对初中生可以提问：“西周分封制的内容是什么？”对高中生则可以问：“西周分封制有什么特点？它与宗法制的关系怎样？”对同一班级不同水平的学生，教师可设计不同层次的问题，以调动、引导所有学生积极思考。

5. 面向全体学生

提问要面向全体学生，而不能针对少数几个学生提问。在每次提问后，要有停顿，让学生有消化问题、准备答案的时间，而不要一提出问题，立刻就叫某个学生回答。

6. 把握频率和数量

提问的目的是促使学生思考，培养学生的思维能力，但如果提问频率过快，数量过多，就会导致学生应接不暇，影响学生对知识的理解和消化，提问也就失去了意义。因此，教师需要在课前合理规划提问的数量和频率。

五、解析概念的技艺

概念是揭示客观事物本质属性的最基本的思维形式。任何学科知识都是由一整套概念体系构成的。概念组成了学科知识的内容、范围及不同层次。理解和掌握学科的基本概念，对于学习任何学科来说都是非常重要的。掌握解析概念的技艺是历史教师必备的教学基本功之一。

（一）历史概念的含义和特点

历史概念是对历史事件、历史人物、历史现象的本质属性的反映。它具有概括性和层次性的特点。所谓概括性，是指它反映的内容是概括的、抽象的；所谓层次性，是指它不仅包括时间、空间、人物、特征等要素，而且它的内涵随着历史的发展而变化，各种历史概念上下左右交织在一起，构成一个网络。这些特点决定学生掌握历史概念需要经历一个由模糊到准确、由片面到全面、由浅入深的过程。

历史概念的产生，是历史认识过程中的质变，表明人的认识从感性阶段上升到了理性阶段。学生通过对历史概念的准确理解、深刻分析及系统综合，来把握历史知识体系，认识历史本质，揭示历史发展的基本规律。

（二）历史概念的类别

历史概念可以分为史实概念与理论概念两类。

史实概念是对具体的历史事件、历史现象、历史人物的概括和评价。如“西安事变”这一概念，包括对该事件基本史实的概括——历史背景、时间、地点、基本过程，以及对这一史实的评价——西安事变的和平解决，促成了国共两党第二次合作和抗日民族统一战线的初步形成。

从教学实践出发，历史教材中的历史名词都可以视为历史概念，如秦始皇、洪秀全、孙中山、“五四运动”“七七事变”等。不少人物概念与事件概念是互相包含的，如“洪秀全”与“太平天国运动”，“陈独秀”与“《新青年》”，二者的不同之处在于侧重点不同，前者侧重论人，后者侧重论事。

理论概念是经高度抽象和概括而形成的体现一定历史观的历史概念，如原始社会、封建社会、半殖民地半封建社会、君主专制、农民革命、资产阶级革命等。这种理论概念大多属于唯物史观理论范畴，是人们认识历史的基本观点。在历史教材中，涉及很多理论概念，但又不可能对这些理论概念有专门阐述，所以主要靠教师在讲授有关历史问题时，进行正确的阐释，借以对学生进行唯物史观的教育，培养学生运用唯物史观观察和分析历史问题的能力。

（三）历史概念教学存在的问题

一般来说，教师解析历史概念，容易产生以下几个问题。

1. 对史实概念缺乏理论分析

教师在讲课中一般都注意讲解史实概念，并能向学生提出掌握史实概念的要求，如要求学生在概括中注意时间、地点、背景、过程、结果、影响等几大要素，但对几大要素之间的内在联系，则缺乏理论层面的分析。

2. 对理论概念的教学比较薄弱

教师在向学生提出掌握历史概念要求时，一般都只落实到史实概念，很少提出掌握理论概念的要求，很少对学生掌握理论概念的情况进行摸底与分析，很少要求学生运用理论概念来分析历史材料。

3. 对唯物史观的基本原理缺乏深入的理解

不少教师缺乏唯物史观的理论素养，在教学中难以对基本史实做出较深刻的理论分析，也不能指导学生形成科学的观点。

（四）历史概念教学的基本方法

在历史概念教学中，教师需要把握概念的内涵、外延及基本特征，善于运用各种方法把概念阐释清楚，使学生真正理解和掌握历史概念。

1. 准确表述历史概念

每一历史概念都有它特定的内涵和外延，教师应指导学生用高度概括、准确的语言对历史概念进行表述。

指导学生表述历史概念，需要注意以下几个方面：第一，定义应简明，不能过宽或过窄。如将“帝国主义”表述为“由自由竞争进入垄断阶段的资本主义”，这个定义就比较适中。第二，定义不能与概念同语重复。如将“帝国主义”表述为“是实行帝国主义的国家”，概念的词语与定义的词语重复，等于没有定义。第三，概念的定义不应是否定的，如将“社会主义国家”解释为“社会主义国家不是资本主义国家”，还是没有明确界定。第四，概念的定义不应使用比喻。如将“帝国主义”定义为“帝国主义是纸老虎”，就不是对帝国主义概念的准确定义。

2. 运用实例阐释历史概念

讲解历史概念，尤其是理论概念，需要教师运用实例进行阐释，因为讲解历史概念不能从概念到概念，用实例使这个概念具体化，以揭示该概念的本质属性，才能讲解清楚。常用的方法有两种：一种是从实际历史问题引入，在讲清史实后加以归纳，揭示其本质属性；另一种是先阐述概念的本质属性，然后举例来说明。总之，在历史教学中阐述历史概念不能脱离历史的实例。

3. 运用变式组织感性材料

所谓概念学习就是能够概括出同类事物的共同本质特征。在概念教学中运用变式有助于学生对概念的理解和掌握。在教育心理学中，变式是指运用不同形式的直观材料或事例说明事物本质属性的表现形式，也就是通过变更对象的非本质特征的表现形式，让学生在变式中思维，从而掌握事物的本质特征。在历史概念教学中，教师除了运用文物图片、模型、图表、录像、多媒体等教学手段向学生展示感性材料外，有时还带领学生参观博物馆、实地考察、调查访问，帮助学生积累感性经验。更多的时候教师运用史料来传递感性认识。鉴于学生在学习时，注意和选择性知觉的特点，往往容易关注材料外部的特征，而忽略内隐的本质特征，因此教学中就需要运用变式。所谓正例，又称肯定例证，指包含着概念本质特征的例证；反例又称否定例证，指不包含概念本质特征的例证。教师在历史概念教学中运用丰富的正例，有助于学生迅速掌握概念的关键内涵和特征，从而进行概括。

不过，在呈现若干正例的同时，必须伴随呈现适当的反例。因为反例虽然不具有概念的关键特征，但是概念的正例和反例在无关特征方面可能有许多相同点，因此同时呈现反例有助于学生辨别，从而使概念的掌握精确化。

4. 运用比较法讲解历史概念

用比较法讲解历史概念，可以区别不同概念之间的特殊之处，认识它们的共同点所在。

（1）从属关系的概念比较

“氏族”和“母系氏族”这两个概念，前者是上位概念，后者是下位概念。氏族是按照血缘关系组成的比较固定的集团，若增加“母亲的”这一属性，则变成“母系氏族”这个概念。因此，后者指按母系血统组成的比较固定的集团。教学中对学生进行指导，有助于更好地把握远古时代的历史与社会特点。

（2）并列关系的概念比较

“英国资产阶级革命”和“法国资产阶级革命”这两个概念，教学时可引导学生分析、抽象出相同的“质”，即“资产阶级革命”，但在构成概念的时空因素及历史特点等方面却有不同的“量”的表现。通过比较，既清楚“质”的规定性，又明白“量”的界限，学生掌握起来才能准确、深刻。

（3）矛盾关系的概念比较

“中央集权”与“藩镇割据”，“维新派”与“顽固派”等。通过比较，揭示它们之间的矛盾关系，有利于学生弄清概念和培养对立统一的辩证观点。

（4）不同情境下的同一概念比较

“印度”作为历史地理概念，在古代包括整个印度半岛，在现代则要排除巴基斯坦、孟加拉等国家；教材中“原始农耕文化”与“秦汉文化”中的“文化”，在本质内涵上有区别。前者是广义的，指社会物质和精神财富的总和；后者是狭义的，主要指思想文化、意识形态领域。在教学中进行比较，可以避免概念模糊和混乱。

需要注意的是，比较的概念必须是有关联的，是在同一属性、同一种关系上进行的，不同属性的事物不宜比较。如将农民起义与统治阶级的变法相比较就不伦不类。

5. 建构系统化的历史概念体系

这要求教师引导学生对学过的概念进行分析、比较，揭示概念的共性和个性、联系与区别，根据因果、包容、并列、递进等关系，组成有一定层次性的概念体系。

“革命”这个概念，包含“资产阶级革命”和“无产阶级革命”两个概念。而在“资产阶级革命”之下，又有英国的、美国的、法国的资产阶级革命等多种概念。再往下，各国资产阶级革命过程中又有许多事件和人物，它们都以概念的形式反映出来，如英国的克伦威尔、新模范军、纳西比战役、《权利法案》等。这样，就至少构成四个层次的历史概念体系。

教师有意识地帮助学生把各种概念上下左右联系起来，使之形成一个有序的体系，能使学生抓住概念的本质，明确概念间的差异，深入地理解和运用概念。

六、教学过渡的技艺

教学过渡是指教师在教学过程中巧妙地将所教内容的章与章、节与节、目与目、此问题与彼问题有效衔接的一种教学技能。

（一）教学过渡的作用

在历史课堂教学中，在每个主题或每个问题的教学之间，往往需要教师进行一些连接活动，也就是运用过渡来使相对独立的部分前后呼应，构成整体。一般来说，过渡具有以下作用。

1. 有助于各教学内容的衔接

教学过渡语能把课堂中的教学内容、各个环节有机地串联起来，使不同内容之间的信息得以衔接，从而有助于各教学内容、各教学环节的有机联系。

2. 有助于学生思维的连贯性

教学过渡语不仅在教学内容、各环节之间起串联作用，还可以使不同部分之间的信息得以激活和释放，使知识之间上下贯通，给学生一个感知历史的整体过程，有助于学生历史学习的思维连贯性。

3. 有助于集中学生的注意力

一节课中，学生的注意力经常会分散或转移。教学时，运用巧妙恰当的教学过渡语，能有效地创设悬念，使学生处于“悱”“愤”的学习状态，有助于提醒学生，提高学生的注意力。

4. 有助于激发学生的思考

教学过渡语具有温故知新，促进学生思考的作用。如采用复述式或总结式过渡，不仅可以加深学生对所学知识的印象，而且还能使学生及时对知识进行归纳，养成不断思考的学习习惯。

（二）教学过渡的类型

根据教学内容的编排情况，教学过渡可以分为不同类型。

1. 单元或主题之间的过渡

中国近代史教学中，在“侵略与反抗”学习单元之后有“近代化的探索”学习单元，这两个单元虽然在时序上有所交叉，但是毕竟属于不同的主题，如何从第一个主题转移到第二个主题，就需要教师巧妙地设计教学过渡语。

2. 课与课之间的过渡

讲《马克思主义诞生》一课，有必要联系《工业革命》一课，从工业革命的影响过渡到本课的学习。需要注意的是，这种教学过渡，有时要从复习上一节课内容过渡，有时则要联系更早时候学习的内容。

3. 一课中各部分之间的过渡

《中国近代教育与新闻出版》一课中，包含京师大学堂、科举制废除、

《申报》、商务印书馆等内容，如何把这些相对零散的知识串起来，需要教师精心设计教学过渡语。

中学历史的教学内容一般都划分为若干学习单元或学习主题，这些单元或主题具有相对的独立性，而且各单元或主题之间有时还会出现知识的“空白处”，这就需要教师运用教学过渡语加以衔接。

每单元又分若干课题，形成一节节的课。这些课题虽然具有相对独立性，但是课与课之间是有一定内在联系的，因此需要运用教学过渡语实现课与课之间的衔接。

教师基于课程标准和教科书，设计出一堂课的教学内容。一堂课的内容通常会划分为几个问题或教学板块，这些问题或板块之间需要运用教学过渡语将之串联起来。如过渡得好，一节课会显得环环相扣、浑然一体。

（三）教学过渡的要求

教师善用过渡，不仅是语言表达技巧问题，更是教师对教学内容处理的问题。善用过渡技巧，需要教师把握以下基本要求。

1. 注意联系性

教学过渡的设计，必须注重衔接转换之间的有机联系性，使教学过渡语不生硬，自然贴切、顺理成章，这样才有助于学生理清知识之间的内在联系，从而顺利地过渡到下一主题（问题、环节）的学习，为学生的后续学习做好铺垫。

2. 注意启发性

教学过渡既是为了教师更好地讲授，更是为了学生更好地学习，重心在于学生的学习。所以，教学过渡语的设计必须具有一定的启发性，能促进学生的进一步思考，使学生的思维活动紧紧跟上教学的步骤。

3. 注意简洁性

各单元、章节、板块之间的过渡、衔接尽管很重要，但它毕竟不是教学的重点所在，它是为凸显教学重点、化解教学难点服务的，也是为了使教学内容的内在线索更加清晰而设计的。因此，教学过渡语要简洁扼要，以免喧宾夺主。

4. 注意生成性

理想的课堂是预设与生成相统一的课堂。课堂需要预设，但是仅有预设是不够的，还必须有随机应变的能力，在教学过程中及时处理新生成的知识。教师的过渡设计也是预设的，但是课堂教学存在许多不确定的因素，整个过程是动态变化的，因此教学过渡也要在预设性的前提下注意一定的生成性。

七、史料解析的技艺

历史教学必须以历史材料为依据来解释历史。史料解析能力是历史教师的重要教学技能之一。

（一）历史材料的价值

近几十年来，国内外的中学历史教学，大都比较重视大量运用历史材料。历史材料在教学中的功能与价值，主要表现在三个方面：一是激发学生学习历史的兴趣；二是增强历史教学的历史感；三是让学生养成借助历史材料探究历史的习惯和能力。让学生直接阅读历史材料，接触各种历史文献，介绍各种说法、解释和观点，可以使学生对历史产生浓厚的探究欲望，通过分析各种材料，思考这些材料是什么人、什么时间、为什么和怎样做出来的，其证据的可靠性、权威性和可信性如何？从中反映出作者什么样的观点和背景？这些材料是对事件叙述的全部依据吗？等等。这样能够使学生避免死记硬背现成结论的弊病，加深其对历史的理解，促进历史思维的发展。

（二）历史材料的类型

基于载体、来源或价值的不同，学界对历史材料有多种多样的分类。按中学历史教学实践的角度，历史材料大致可以分为文献史料、口述史料、文艺史料、实物史料、图像史料等五种。

1. 文献史料

文献史料是历史教学中最重要的资料经书正史，官私档案的重要性自不必说，私人信札，似乎无关大局，但是其中也蕴含丰富的历史信息。例如，司马迁《史记·自序》述其遭受腐刑，然不知其故，但阅读其《报任安书》，则详知其事。再如，以历史学家眼光审视，老字号“同仁堂”“王麻子”“都一处”等商家开店迄今的账簿也是史料，那些旧杂志、报纸、传单等，也无一不是史料。

2. 口述史料

口述史料是当事人自身经历或听到的历史，以及对历史的看法，通过口头的方式予以表达。它往往反映了下层民众的真实的历史。由于口述史料往往是口述者亲历的，至少是同时代的记录，因此更具细节和参考价值。中学历史教学中运用的口述史料，大抵有两种情况：一种情况是教师在课上直接引用已经出版的某些口述史料；另一种情况就是师生合作或由学生去访问历史亲历者或知情人，撰写访谈录，以加深学生对近现代史事的认识。

3. 文艺史料

文艺史料对于历史教学来说也很重要。在任何时代的文艺作品中，我们都能够找到作者对当时社会的刻画，它们是各时代的社会缩影，其中蕴含的历史记录，往往是正史上找不出来的。不过对于诗词歌赋、小说戏剧等非传统的史料，教学中不能拿来就用，而应参照其他史料，对它进行“历史化”的处理。这种“历史化”的处理，不仅仅是单纯的史料辨伪工作，更重要的是，它通过艺术与历史的跨学科对话，挖掘出文艺史料蕴含的历史价值。

4. 实物史料

实物史料可以弥补其他史料的不足，是历史教学的重要材料。实物史料在历史教学中的运用，除了引导学生参观博物馆、纪念馆、历史遗址遗迹之外，多数情况由教师借助多媒体课件向学生演示实物图片。当然如具备条件，教师也可直接向学生出示历史遗留物原件或复制件。

5. 图像史料

图像史料在中学历史教学中大都运用多媒体课件展示出来。这包括向学生展现的历史地图、历史人物图像、历史影视片段等直观材料，图像史料分为原始性图像史料和再造性图像史料。历史文物、历史地图以及历史人物、历史事件的照片、影像资料等属于原始性图像史料；而历史人物画像、历史事件想象画、历史题材的漫画等则属于再造性图像史料，其史料价值不及前者。随着科技的进步，摄影图像成为记载历史的重要材料。与历史学科相关的影像史料主要有历史纪录片和历史题材的影视片。后者虽然不是历史的实录，但是也能在某种程度上反映当时的历史风貌、历史事件和历史人物，从中也能获得一定的历史信息。

当然，上述这些划分不是绝对的。事实上，文献史料、口述史料、文艺史料、实物史料、图像史料等类别有时很难截然分开，而且随着时代变迁或背景的变化而具有相对性。例如，出土的墓志铭，既是实物，也是文献史料。而文献中的口述史料，也不在少数，如随笔、回忆录中提及的传说和谈话。不仅如此，它们彼此还可以相互转化，口述史料被记录下来，就变成了文献史料；将实物史料拍成照片或视频资料则成了图像史料；用文字叙述实物史料，则实物史料的信息又演变成文献史料。再从史料的价值性考虑，原始史料和第二手史料的划分也是相对的。

（三）史料搜集的方法

历史教师掌握史料解析的技艺，一般来说，需要把握基本的史料搜集方法。

1. 利用中学教科书中的史料

无论哪种版本的历史教科书，在正文之外，都配有大量历史材料，包括文字的和图片的。这些材料基本上都是比较典型的史料，不但成为正文叙述的有力证据，而且有些材料是正文的延伸，教师应充分利用好教科书中的材料，发挥教科书这个最核心课程资源的作用。

2. 从历史书籍和报刊中搜集史料

教师要讲好课，光靠教科书及教师教学参考书显然是不够的，还需要阅读许多原始材料和近现代学者的著作，从中搜集讲课需要用到的史料。

“二十四史”、《资治通鉴》等中国古代的历史典籍，档案、名人日记等近代资料中，均含有大量适合运用于中学教学的材料，教师可以加以搜集并运用。如条件不具备，也可从一些权威的近现代历史学者的著作中寻找典型的史料以供教学使用。

3. 根据著作的引注搜寻史料

任何书都难免要引用其他书的材料，而且一般都要在引文或者注释、参考文献中指出它的来源。我们可以根据引文或注释、参考文献的线索，去追寻原书。在原书中，又会碰到类似的线索，继续追寻，就能够进一步找到与这一史料有关的其他书。这样，原先不过一两条简单的史料，就可以像滚雪球一样越积越多。

4. 通过调查、采访搜集口述史料

通过口述历史访谈，取得某一特定历史问题的口述史料，不但可以弥补某些重要历史事件的记载不足，而且口述历史教学还是一种新的历史教学手段。口述历史教学能将以往静态的历史教学面貌变成充满活力的、内容丰富的动态教学活动，提高学生对历史的兴趣。

5. 利用现代信息技术搜集史料

随着现代信息技术的发展，史料搜集的途径和手段空前增多，许多史料被制成了电子版，并且可以进行全文检索。教师一方面要注意运用专业的数据库，如超星图书馆、读秀知识库、中国知网、万方数据库等中文数据库以及 JSTOR、UMI 等国外数据库资源；另一方面也要注意运用史学研究及历史教学专业网站的资源，如“近代中国研究”“中学历史教学园地”及“百度”等搜索引擎。需要注意的是，由于网络信息传播缺乏严格的学术审核机制，各种资料鱼龙混杂，因此教师需要仔细鉴别，判断资料的真伪及准确性。

（四）史料解析的方法

在解析史料的过程中，历史教师需要运用以下基本方法。

1. 慎重对待，注意辨析

史料有真伪及价值高低之分，是否适合中学历史教学也须仔细斟酌，因此对于搜集到的史料，我们应持慎重的态度，不能拿来就用，而是需要进行辨析。在运用文献史料时，应充分利用各种文献史料以相互补充、印证。

2. 逐句过关，讲清细节

对于一些经常引用的或教科书编入的重要史料，教师应指导学生“细嚼慢咽”，逐句过关。甚至对于某些冷僻字的读音、个别难懂的典故等，教师都要给予讲解。史料教学应该重视这些看似细节却很关键的知识，而不应该粗枝大叶、走马观花式地指导学生阅读历史材料。

3. 精心设问，培养能力

学生对史料的理解和把握，最终要通过学生解答有关问题的形式进行培养。在史料教学中，教师可以围绕教学目标、教学重点与难点，根据学生年龄和心理特征，设计一些高质量、启发性强的问题，以激发学生阅读史料的兴趣，启发他们积极思考，加深对历史的理解。

需要注意的是，与史料配套的问题设计，从历史学科能力要求的角度看，教师要注重学生对材料的阅读和对所学历史知识的理解；从教育价值的角度看，教师要注重培养学生的历史思维和历史意识，特别是历史发展意识和以史为鉴的观念。问题的设计不能仅停留在弄清楚史实方面，教师还要引导学生关注历史与现实的联系，将历史—现实—未来联系起来思考，启迪学生对历史进行深刻的反思。

八、运用直观教具的技艺

直观教具是教师教学所运用的辅助性工具。历史教师运用的直观教具，既包括通过多媒体技术演示的历史课件，也包括传统的直观教具，如历史地图、文物模型等。随着教育现代化的不断推进，历史课堂越来越多地运用多媒体课件。不过由于我国地域辽阔，各地经济与文化发展不平衡，仍有相当一部分学校的教学硬件暂时跟不上，需要运用传统的教具；而且即便普及了多媒体教学条件，传统教具在历史专用教室中仍然是不可缺少的直观教学工具。

（一）运用直观教具的意义

历史学科知识既具有过去性、不可重复性的特点，又具有综合性、复杂性的特点，这使得它既不能直接观察，也无法演示、实验，与中学生的有限人生阅历、认知水平之间存在较大的矛盾。在教学中运用直观教具，以鲜明、生动的直观手段，再造过去历史的形象，对培养学生的想象能力，激发学习兴趣，进而促进对历史的理解，具有重要的意义。

（二）直观教具的基本形式

历史教学中运用的直观教具，从学科逻辑上大致可以分为以下几种。

1. 历史年表

历史年表是表现时间性的直观工具，教学中运用历史年表不仅可以帮助学生了解历史现象发展中的纵横联系，从而理解和掌握历史发展的基本线索，而且从时间上进行联想，由此及彼，有利于记忆和掌握所学的历史知识。历史年表有以下几种表现形式。

（1）时间带

时间带也称为时间轴，是最常见的历史年表的形式之一。它通常把本课的相关史实按照发生时间的先后排列在横向数轴上。时间带根据板书或PPT设计，可横式，也可竖式；对于重要的年代还可用彩色粉笔或色彩加以突出，提醒学生牢记这一关键性的年代时间带能显示相关史实的发展过程和彼此的关系，以表现历史发展的因果联系。

（2）大事年表

大事年表是把某一单元或某一阶段的重要史实按照时间先后顺序排列的表格。中学历史教科书最后大都附有大事年表，教学中教师也可以根据教学需要自制相关史实的大事年表。

（3）专题年表

专题年表是指对某一历史问题，单独按照时间先后排列其发生、发展的情况，使学生在复杂的现象中，清楚地了解事件或现象以及人物活动的基本过程及其结果，从而对某一专题有比较系统的认识。

2. 历史地图

历史地图是反映历史事件或历史现象空间位置和地理环境的工具。利用历史地图进行教学，把历史史实和地理空间环境紧密结合，是历史课的一个特点，按照范围的大小，历史地图可以做如下划分。

（1）综合性历史地图

综合性历史地图，即反映某一历史时代多方面现象的综合地图，如《三国鼎立形势图》等。

（2）专题性历史地图

专题性历史地图，即反映某一历史事件的过程或某一历史现象的内容的地图，如《红军长征路线图》等。

（3）明细性历史地图

明细性历史地图，即为了突出某一历史事件或历史现象的局部面貌而在专题性历史地图中加以详细呈现的附图，如《美国独立战争形势图》等。

3. 历史图像

历史图像包括历史人物画像（如秦始皇画像）、人物照片（如慈禧太后照片）、历史视频以及含有历史信息的漫画（如清末漫画《时局图》）、讽刺画等。

4. 历史图示

历史图示是指教学中用简单的线条或图形，勾勒相关历史信息，以增强讲述的形象性。

（三）运用直观教具的要求

1. 紧密配合教学目标和教学重点、难点

演示不是目的，而是手段，不宜在教学目标之外或非重点知识教学时演示过多的内容而造成喧宾夺主的效果。

2. 与教师的讲授、讲解密切地结合起来

演示前应先做说明，提出观察的目的与要求。实物、模型、图片等直观教具或者多媒体课件，虽然有直观性强的特点，但是还需要经过教师的讲解、分析，才能使学生对历史事物形成较为完整的表象进而理解它的本质。

3. 演示的内容清晰，使学生都能看清楚

实物、模型的体积较小时，教师可以拿着它们在教室内课桌间的通道内边走边展示；多媒体课件演示的图片、视频等也要清晰。

4. 不能盲目照搬现成的教学课件

在互联网高度发达的当今社会，网络上现成的教学课件比比皆是，但是这些现成的课件并不一定适合自己所教的学生，如果不了解学情，不钻研教材，仅仅根据自己对教学内容的理解与把握来制作课件，是很难取得较好教学效果的。

5. 演示应注意适量性

一节课只有 45 分钟，使用的多媒体课件等直观材料的时间不宜太多，其中历史视频资料的运用尤其要注意，一般来说不宜超过 5 分钟。如果播放了 5 分钟还没有进入主题，就说明截取的这段视频没有抓住重点，或者说选择不当，应该考虑更换。历史图片也不能使用太多，对于某一历史问题，选择一两张有代表性的图片就可以了，如果太多会分散学生的注意力，冲淡教学重点，甚至喧宾夺主。

6. 演示结束要及时归纳、总结

演示的目的是让学生获得生动、具体的感性知识，然后上升为理性知识，形成对历史的本质认识。因此，演示之后，教师应该引导学生及时归纳总结，使演示发挥实际功效。

九、教学小结的技巧

小结技能是教师完成一项教学任务时，有目的、有计划地通过重复强调、概括总结、练习训练、转化升华等方式，对学生所学的新知识和技能进行及时的强化、巩固和应用，使之稳固纳入学生认知结构的教学行为。

（一）教学小结的功能

一堂好的历史课，不仅要有良好的导入环节，而且还要有归纳梳理、启发思维、深化提升的教学小结。一般来说，教学小结具有以下主要功能：

1. 重申主要内容，增强学生记忆

心理学研究表明，人的遗忘规律是先快后慢。因此在刚学习完新内容之后及时小结，能够有效防止遗忘、提高记忆效率，巩固所学新知识。通过教学小结，可以使学生明了本节课所要掌握的主要知识、重点、难点，及时巩固所学新知识。

2. 构建知识体系，形成知识系统

历史知识之间存在密切的时序性和逻辑性，教材的新旧知识之间也隐藏着内在的必然联系，教师在小结环节可以帮助学生将所学的零散知识系统化，形成具有内在联系的网络化知识。小结时还可以通过联系比较，揭示教材的内在联系，形成“点—线—面”相结合的知识体系。

3. 及时反馈新知，检查教学效果

在教学小结环节，通过总结性的提问、练习等方式，可以及时反馈信息，了解学生对新知识掌握的熟练程度和学习中遇到的困难和存在的问题，从而达到检查教学效果的目的。

4. 能够承上启下，埋下新的伏笔

良好的教学小结，不仅使学生知道他们已经掌握了哪些知识，还为学生下一节课的学习埋下伏笔，做好铺垫，使他们了解下面将要学习的内容，从而激发他们学习的兴趣，增强他们主动探究知识的欲望。

5. 拓展延伸，升华主题

通过新授课内容的学习，学生已经有了一定的知识储备。教学小结时，教师可以结合刚学过的内容，提出一些趣味性和争议性较强的问题，让学生在课后继续思考讨论，训练学生的自学能力和思维能力。

（二）教学小结作用

教学小结环节一般也就三五分钟，虽然用时不多，但是作用很重要，是不可或缺的一环。历史教师在进行教学小结时应注意以下几点。

1. 语言概括，紧扣中心

小结的语言概括性要强，要少而精，切忌拖泥带水。要紧扣本节课的中心，梳理知识，总结要点，形成知识网络结构，做到突出重点，以精练的语言使教学的主题得以升华，使学生对所学知识有一个清晰完整、主题鲜明的认识，以利于学生回忆、检索和运用。

2. 前后一致，首尾呼应

小结实际上是对课题导入设疑的总结性回答，或是对导入所讲的内容进一步延续和升华。只有主线清晰，前后一致，课前设计的问题在小结时得到呼应，才是一节完整的课。

3. 形式多样，新颖别致

小结不能千篇一律，要形式多种多样。例如，有概括要点的小结形式；有讨论、归纳的小结形式；有课堂练习的小结形式；等等。总之，要根据每节课的具体内容以及学生的心理、生理特点而选择不同的小结方法。

第六章　历史教学模式

第一节　教学模式概述

一、教学模式的概念

教学模式是在一定思想理论的指导下，为了完成特定的教学目标与内容，围绕某个主题形成的较为稳定的教学结构理论以及具体的、可操作的教学活动方法。通常情况下，教学模式是两种以及两种以上的教学策略的综合运用。教学模式可以概括为：以一定的理论为指导；有着明确的教学目标与内容；有着一定的教学活动序列与方法策略。

教学模式又被称为教学结构，是人们在长期的教学实践中不断总结、改良逐步形成的，它起源于教学实践，并且反作用于教学实践，是决定教学质量与效率的关键因素。因此，教师应了解教学模式的发展规律。

（一）国外对教学模式的定义的研究分析

美国乔伊斯等在《教学模式》一书中系统地研究了各个流行的教学模式。其中“信息加工型教学模式”“社会型教学模式”“个人型性教学模式”详细地介绍了八种具有代表性的教学模式的结构特点以及这些教学模式的应用技巧。但是，对于教学模式的定义，国内外的学者并没有统一的看法。乔伊斯等对教学模式的定义比较具有权威性，他们认为教学模式是构成课程和课业、选择教材、提示教师活动的一种范型和计划。实际上，教学模式并非是一种计划，而是蕴含着某种教学思想，通过计划将其简单化。在教学模式的研究领域中，乔伊斯等人的研究直到现在都发挥着至关重要的作用。

美国的比尔和哈德格雷夫对教学模式下的定义为：“模式是再现现实的一种理论性的、简化的形式。”比尔和哈德格雷夫认为，教学模式主要包括三个方面。第一，模式是现实的再现。他们认为，模式是现实的抽象概括，是来源于现实的。第二，模式是理论性的形式。模式是一种理论，并非是一种工艺性的方法、方案、计划。第三，模式这种理论形式是精心简化了的，以经济明了的形式表达。

（二）我国对教学模式的定义

我国对教学模式的定义可以分为三个范围。第一种观点认为，模式属于方法，有很多人认为模式就是教学方法，还有一部分人认为模式是多种方法的综合。第二种观点认为，教学模式与教学方法既有区别，也有联系，各种方法在具体的时间、地点和条件下表现为不同的空间结构和时间序列所形成的不同模式。第三种观点认为，模式与“教学结构—功能”紧密相关，教学模式是人们在教学思想的指导下，对于客观的教学实践所做出的主观选择。我国的一些学者在20世纪80年代中期提到教学模式之时，提出了以下几种见解。一是所谓教学模式，简单地说，就是在一定教学思想指导下所建立起来的为完成所提出教学任务的比较稳固的教学程序及其实施方法的策略体系。二是教学模式是在教学实践中形成的一种设计和组织教学的理论，这种教学理论是以简化的形式表达出来的。三是教学过程的模式，简称教学模式。它作为教学论里一个特定的科学概念，指的是根据客观的教学规律和一定的教学指导思想而形成的，师生在教学过程中必须遵守的比较稳固的教学程序及其实施办法的策略体系。四是教学模式是指具有独特风格的教学样式，是就教学过程的结构、阶段、程序而言的，长期的、多样化的教学实践，形成了相对稳定的、各具特色的教学模式。五是教学过程的模式，简称教学模式，它作为教学论里一个特定的科学概念，指的是在一定教育思想指导下，为完成规定的教学目标和内容，对构成教学的诸要素所设计的比较稳定的简化组合方式及其活动程序。

现在，我国对教学模式的定义大致可以分为以下五种。第一种，教学模式属于方法。第二种，教学模式与教学方法是相互区别且联系的，各种教学方法在具体的时间、地点和条件下能够表现为不同的空间结构和时间序列，能够形成不同的教学模式。第三种，教学模式与“教学结构—功能”紧密相关。第四种，教学模式是在一定的教学思想之下所建立起来的，为了完成教学任务所形成的较为稳固的教学程序以及教学方法的策略体系。第五种，教学模式是教学实践中所形成的一种设计和组织的教学理论，并且以简化的形式表现出来。关于教学模式大致可以分为以下几种见解。

1. 过程说

过程说将教学模式放入教学过程之中，认为教学模式是教学过程中的各种模式，是一种教学“策略体系”“教学样式”。在过程说中有一种十分经典的说法：“教学过程的模式，简称教学模式，它作为教学论里一个特定的科学概念，指的是一定教学思想指导下，为完成规定的教学目标和内容，对构成教学的诸要素所设计的比较稳定的简化组合方式及其活动程序。”

2. 结构说

结构说认为，教学模式属于教学结构。结构是指事物各要素之间的组织规律和形式，教学结构主要是教师、学生、教材之间的组合关系。《教育大词典》中给“教学模式”下的定义是：“反映特定教学理论逻辑轮廓的，为保持某种教学任务的相对稳定而具体的教学活动结构。”《现代教学论》中给“教学模式”下的定义是：“教学模式是指在一定教学思想或理论指导下，建立起来的各种类型的教学活动的基本结构，它以简化的形势稳定地表现出来。”从狭义上来说，教学结构指的是教学过程中各个阶段、环节、步骤等各个要素之间的组合关系。结构说中有个典型的说法是：“将‘模式’一词引用至教学理论中，旨在说明一定教学思想或教学理论指导下建立起来的各种类型的教学活动的基本结构或框架。”

3. 策略说

策略说认为，教学模式是进行教学的策略。“教学模式”一词在《教学的原理、模式和活动》中被定义为：“依据教学思想和教学规律而形成的，在教学过程中必须遵循的比较稳固的教学程序及其方法的策略体系，包括教学过程中诸要素的组合方式、教学程序及其影响的策略。”虽然这种说法说出了教学模式的程序性与稳定性，但却忽视了教学模式的简约性与结构性，没有揭示出教学模式的本质。

4. 理论说

理论说将教学模式看作一种简约化的教学理论。理论说中有这样的说法：“教学模式是在教学实践中形成的一种设计和组织教学的理论，这种教学理论以简化的形式表达出来。”理论说搞错了教学模式的上位概念，没有看到教学模式是教学实践与理论的中介，很容易让人们误以为教学模式属于教学理论或者将其等同于教学理论。

5. 方式说

苏联教育学家巴班斯基认为，教学模式是在“教学实践中基于教学形式和方法的系统结合而产生的一种综合性的形式”。我国学者指出：“所谓教学模式，是指在一定的教育思想指导下和丰富的教学经验基础上，为完成特定的教学目标和内容，而围绕某一主题形成的，稳定且简明的教学结构理论框架及其具体可操作的实践活动的方式。”但是，这种定义没有意识到教学模式的程序化，也没有用精练的语言揭示教学模式的内涵。

可以这样理解教学模式：“教学模式是在一定教学思想或教学理论指导下建立起来的，较为稳定的教学活动结构和活动程序。”结构框架是指能够从宏观上把握教学活动整体以及各个要素之间的内部关系的功能，活动程序是为了突出教学模式的有序性和可行性。

二、教学模式的发展

古代最经典的教学模式是传授式，其程序结构是“讲—听—读—记—练”，是教师灌输知识、学生被动接受知识的教学样式。书中的文字与教师的讲解、学生对答与书本以及教师的讲解达到了高度的一致，学生的学习是靠着机械地重复与背诵进行的。

17 世纪，随着学校教学中自然科学内容与直观教学法的引入及班级授课制度的实施，夸美纽斯提出教师应该将讲解、质疑、问答、练习统一在课堂教学之中，并且将观察等直观活动纳入教学系统之中，首次提出了“感知—记忆—理解—判断”的程序结构的教学模式。19 世纪是一个科学实验兴旺繁荣的时期，赫尔巴特从统觉论的角度研究了人的心理活动，认为在学生学习的过程中，只有当新经验与已经构成心理的统觉团中的概念发生联系的时候，学生才能够真正掌握知识。因此，教师的任务是选择历史教学模式正确的材料，用适当的程序来提示学生，帮助学生形成学习背景或者是统觉团。从这个角度来说，赫尔巴特提出了“明了—联合—系统—方法”的教学模式，后来他的学生莱因将其改为“预备—提示—联合—总结—应用”的教学模式。

上面这些教学模式都有一个共性，即忽视了学生学习的能动性，从不同程度上压抑与阻碍了学生的个性发展。在资本主义工业大发展的时期，人们越来越强调个性的发展，因此，以赫尔巴特为主的教学模式遭到了人们的抵制，而同时，以杜威为主的实用主义得到了人们的推崇，也促进了教学模式的发展。杜威提出了“做中学”的教学模式，即“创设情境—确定问题—占有资料—提出假设—检验假设”，打破了传统教学模式单一化的倾向，强调了学生的主体作用。不仅如此，杜威所提出的教学模式还强调要提高学生的探索技能、解决问题的能力，从而开辟了教学模式的新道路。

但是，杜威提出的实用主义也存在着很多缺陷，它将教学过程和科研过程等同，过于强调了学生的主动作用与直接经验，却忽视了教师在教学过程中的主导作用，也严重影响了教学质量。因此，这种教学模式在 20 世纪 50 年代遭到了人们的抵制。

20 世纪 50 年代以来，科技的发展对教育的发展提出了全新的挑战。因此，人们开始采用新的理论与技术来研究教学问题。现代心理学和思维科学对人脑的活动机制进行分析，对教学实践产生了十分深刻的影响，这也为教学模式的发展提出了新的课题。这一时期出现了很多全新的教学模式。

第二节　问题探究式教学模式

一、问题探究式教学模式的内涵

（一）问题探究式教学模式的内涵

问题探究式教学模式是以问题解决为中心的，让学生仿照科学家的探究性，在发现问题、分析问题与解决问题的过程中不断培养自身的创新能力。在这种模式下，学生的整个学习过程都是以任务与问题结合在一起的，学生会在真实的情境中带着问题来学习。这种教学模式以探究问题的解决办法为主要目的，以问题来维持学生的探究兴趣与学习动机。一般而言，问题探究式教学模式的程序结构为“提出问题—分析问题—创造性地解决问题”。在这个模式下，学生是在教师的指导下参与问题解决的历史教学模式认知过程的，在中学历史教学中，多以任务驱动的方式进行。问题探究式教学模式能够促使中学生在“自知”中求知，在“合作”中获取，在“探究”中发展。

1. 在“自知”中求知

自主学习是合作学习的前提与基础，它不仅是一种学习方法，更是一种学习状态。在教师的引导下，学生带着问题进行自学，这就需要教师在布置自学任务的时候考虑几个问题：指导中学生设计自学提纲，时间要提前；教学设计要简单与具体，并且逐步扩展到抽象的、概括性的问题之中；要有充足的学习资料；要充分调动学生学习的兴趣与积极性；为学生介绍多种自学方法。

2. 在“合作”中获取

小组合作讨论能够有效培养学生的合作学习的精神与意识，并可以为每一个学生提供展示自我的机会，使每个学生都有发表自身见解的机会。

在合作学习中，整个探讨过程与结果都需要学生进行有效的合作与交流，学习成果也是以小组成绩展示的。在小组内，每一个学生除了要发表自己的见解以外，还必须要聆听他人的见解与观点。这可以使学生在合作中养成倾听的好习惯，能够促进学生之间的交流与沟通，使他们在互相帮助下解决学习历史的过程中所遇到的各个问题，共同进步。

3. 在“探究”中发展

学生的自主探究与创新精神是密不可分的，他们只有在探究与实践中才能够发展自身的个性，创新精神就在此过程中得以培养与实现。因此，在实际的教学中，教师一定要注意培养学生的求异思维，促进学生的探究精神与创新能力的发展与进步。在问题探究中，教师一定要鼓励学生从不同的角度进行思考，鼓励他们追求合乎情理但独具特色的问题答案，使学生具备科学的探究精神。

问题探究式教学模式主要是来自“问题解决”与“探究学习”两个层面。最早提出“问题解决”的是威廉·詹姆斯，经过皮亚杰等人的研究发展成具体的、系统的教学理论，后来经过斯塔特金、巴班斯基等人的研究，这种教学模式的影响逐步得以扩大。“探究学习”产生于20世纪美国进行的课程改革之中，布鲁纳和施瓦布分别提出了“发现法”与“探究学习”的教学理论，强调要以科学的概念、方法、态度来理解科研过程。布鲁纳认为，教学应该重视科学的知识结构，重视发展学生的智力与创造能力等。更为重要的是，学生在学习中能够形成科学的探究态度，并做出建设与判断，从而不断提高自身的应用能力，激发与维持他们探究新事物的兴趣。这种教学模式的具体步骤是：创设问题情境，激发学习兴趣；精心设计处于“最近发展区”的问题，促进学生的学习与迁移；学生要提出问题并进行猜想，根据预测展开探究以便论证猜想是否正确；及时反馈与评价教学效果。

我国教育的近代化是在1904年开始的，清政府颁布的《奏定学堂章程》创建了第一个近代化学制，历史课正式以一门独立的学科被纳入课程体系之中。但是，当时的教学模式还比较保守。直到民国时期，我国社会掀起了革命浪潮，促使了教育革命的发展与改革，很多学者都开始研究并引用国外先进的教学方法，如分团教学法、自学辅导法、社会教学法、设计教学法，也因此出现了很多与教学模式与教学方法有关系的文献资料。其中，影响最为广泛的就是设计教学法与道尔顿制。

设计教学法打破了学科之间的限制，以大单元的形式进行教学活动，它以激发学生的学习兴趣为基础，以实际问题为中心，引导学生不断发现问题、提出问题、分析问题、解决问题等，帮助学生设计学习动机，然后使其以小组、全班讨论等多种形式进行讨论与学习，最终由教师与学生一起做出评判。设计教学法认为，教师应该将历史知识点当作附带的知识纳入大单元的学习之中，同时也要注意联系各个学科的知识与内容，因为历史学科是以时间顺序为主的，十分看重知识的实用性，但是学生在设计教学法下的历史知识体系过于凌乱。

道尔顿制十分看重教学组织形式的改革与作业程序的设立，它由原来的班级授课制转变为个别教学，由原来的教师讲授转为学生自学研究。整个教学活动都需要依赖于作业指定、室内完成作业指定、记录成绩。这种教学方法旨在培养学生自我决定、自我计划、自我实行等多种能力。提高他们自我教育的能力，看重的是学生的个性和自我发展，虽然这种教学方法是比较先进的，但是由于其与我国当时的教育情况并不吻合，所以在我国没有得到真正落实。

纽厄尔和西蒙指出："问题是这样一种情境，个体想做某件事，但不是即刻知道对这件事所需采取的一系列行动，就构成问题。"探究，则是一种求索的过程，其本质是求真质疑。在教育中，探究则是寻找、探求等。问题探究式教学模式就是在教学中，师生双方通过共同创设情境，挖掘、引发学生产生不同的疑问与想法，提出假设与问题，使其以个人与小组的形式在课堂上积极探索、大胆质疑的教学过程。这种教学模式反映了学生的认同思维过渡到创造思维的过程，也决定了教师的教学必须要有明确的目的与意识，并通过层层深入不断提出一些探究性问题，引导学生逐步认识历史本质。这种教学模式更加强调学生发现问题与解决问题的过程，也更加具有开放性、实践性，学生在探究过程中能够综合锻炼自己的理智与情感，从而掌握提出问题与解决问题的方法，逐步形成质疑、探究、求知、乐学等多种优良的学习品质，最终达到预期的教学目标。

（二）问题探究式教学模式的提问方式

问题探究式教学模式的重点就是提出问题，这直接关系着教学目标是否能够顺利实现，可以说，问题探究式教学模式的灵魂便在于提出问题，整个教学活动也是以“问题”为基础与线索的。在中学历史教学中，教师可以从多个方面提取问题，如与学生生活实际相关、感兴趣的话题，学生在课堂中生成的问题。

1. 师—生设问方式

师—生设问方式是我国最普遍的教学模式，即“教师提问，学生回答”。这种方式有利于教师把握教学进度，更易于管理课堂，但是很少有教师能够在这种模式之下突出“以学生为主体”这个新理念。有很多教师为了响应新课改的教学理念，落实问题探究模式，花费了大量的心血来思考如何巧妙地创设问题，但是却忽视了中学生提出问题的能力。长此以往，中学生将会习惯等待问题，并不擅长主动提出问题。

（1）递进式

历史知识具有一定的条理性、规律性，这些规律常常会隐藏在历史事件的背后，对此，教师应该从最浅层的历史表象出发，设计递进式的历史探究问题，逐步引发学生的好奇心与求知欲，促使中学生“形成知之乐之好之的心理变化过程”。这种提问方式要求教师在课堂上以问题来引导学生，进行设问，便于教师把握整个课堂活动，但是从本质上说，学生依然是“被牵着鼻子走”。虽然学生能够根据教师的引导逐步加深思考的深度，但是他们的质疑能力与思考却受限于教师。在这种探究问题方式下，整个课堂的教学活动是以教师的思维为主的，整个问题都是在教师的逻辑框架之中进行的，欠缺培养学生的问题意识。一般而言，这种设问方式是以“问题—情境创设—问题二—情境创设—问题三”的程序呈现的。

（2）拓展式

拓展式问题就是指以教材为主，设计与教学内容有关的问题，教师在设计问题的时候，要遵循探究问题的规律性，并且根据学生的认知水平重新整合历史教材，对其做出适当的变动。比如，教师可以将一个大问题分解成几个小问题进行教学，让学生在突破小问题的过程中完成对大问题的解答，最终形成统一结论。一般而言，这种设问方式主要是以“一个大问题—多个小问题”的方式呈现的。

（3）循环式

教学活动的实施主要可以分为问题情境、假设论证、解决问题、引证假设等几个步骤。如果教师应用得当，就会大大促进中学生分析历史问题、质疑、客观求证等多种能力的提升。这种提问方式比较适用于历史素养水平较高的学生，因为需要“史论结合”，甚至需要学生展开跨学科研究。

（4）总分总式

在充分了解了学情之后，在学生的探究欲望被进一步激发出来以后，教师可以利用不同的组织形式来满足学生的学习需要。在这种时候，教师便可以利用课堂中的生成性问题或学生根据自己的兴趣爱好自行提出的问题进行提问，然后再让学生收集资料、展开辩论等。这种形式下的问题多是开放性的，所以答案并不唯一，教师要以平等、民主的态度鼓励学生说出自己的观点，不可以扼杀学生的“求异”思维，要维护学生的话语权。例如，在活动课《你怎样评价辛亥革命》中，教师可以以讨论课的模式来安排学生学习相关知识，而学生已经在课前、课后对这些历史内容有了一定的了解，所以这就为他们对辛亥革命的评价提供了前提条件。首先，教师要让学生为了表述自己的观点做好充分的准备，引导学生通过学校、市图书馆、互联网等多种途径来收集资料，充实自己的观点，并为学生的讨论做好充足的准备。教师要及时跟踪学生的准备进程，及时为学生提供必要的指导。其次，教师要让学生以网页或幻灯片的形式来展示自己的研究成果，并且附上结题报告。最后，教师要以启发、探讨等方式在课堂上展开历史辩论，从而逐步完成整个教学过程。这种研讨活动能够有效加深学生对辛亥革命的认识，也能够了解研究历史的基本方法与原则。而整个探究活动也能够很好地激发出学生的认知冲突，促使他们不断推进自己的思考深度与广度；更为重要的是，这种活动能够刺激学生产生批判性思维与创新思维，能够开发学生的潜能与智力。

2. 生—师设问方式

生—师设问方式就是指在学习过程中，学生就自己的疑难点进行提问，教师就这些问题进行有效的解答。通常情况下，这种提问方式比较简便，也能够直接获得问题答案，但是并不能有效促进学生的探究过程，也不能锻炼他们的思维能力。有人这样说过，提问的“关键不在于以最快或最有效的方式得到正确答案，而是激发一个学习活动。这个过程不仅可以成功地构建更为准确的答案，而且这些答案是运用学生自己的选择并在教师的指导下的个性化的探索和发现活动中获得的。”在历史教学活动中，如果长期处于学生问、教师答的状态之中，学生就会产生一种思维惰性，他们会忽视自己解决问题的能力，过于依赖教师的指导。但是，如果教师能够灵活处理这个问题，就能转变这种教学劣势，这就需要教师在学生提问的时候，不要直接给出答案，而是将解题的思路展示给学生，让他们在解题思路的引导下逐步发展自学能力。

3. 生—生设问方式

生—生设问方式是最有价值的提问方式，是指教师将提问的主动权交还给学生，让学生完全按照自身的思维与思路来质疑、解疑，这也是最高层次的一种提问方式。

问题探究法的关键因素就是问题，不管是哪种提问方式，都需要以问题为中心。因此，中学历史教师在教学中除了要思考如何设计巧妙的问题，还应该关注学生问题意识的培养与提升。问题意识是指学生在认知活动中意识到一些难以解决的实际问题和理论问题时所产生的一种怀疑、困惑、焦虑、探究的心理状态。问题意识是科学创新的原始动力，也是提高学生科学素养的基本出发点。历史是一门思考性的学科，没有思考的历史教学是没有意义的；历史学科也是一门学问，没有学问的历史是一种没有思考活动的教学行为；同时，历史也是一门方法学科，没有方法的历史教育是没有思想与学问的，也不适宜在学校中单独设置学科。因此，中学历史教师应该在实际教学中突出问题意识，教师也应该及时抓住课堂中的生成性问题来培养学生的问题意识，在课堂中利用各种问题来引导学生产生不同的看法。因为学生的生活环境、家庭背景、知识储备与经验经历等是不同的，所以他们对一个问题或多或少都会产生不同的观点，在这种时候，教师一定要善于激发学生的创新思维与思考火花。但是，如果中学生在历史课堂中遇到的问题过于繁多，那么教师就不能一一解答，但也不能置之不理，应该将这些问题中没有探究价值的剔除掉，找到一些关键性的实质问题进行探究。恰当筛选和处理学生的问题是操作关键，它决定了整个教学方式的有效实施。按学生提出的问题组织教学，绝不意味着放弃教师的主导地位和作用。另外，教师要鼓励学生根据真实的历史资料提出问题，保证问题的价值与严谨，否则由学生凭空想象而得出的问题是经不起探究与推敲的，教师必须始终秉承着这一观念。另外，学生要在史料中学会质疑，从而发现、筛选出问题，并且自行进行探究与解释，从而有效塑造学生的理性判断能力，进而提升他们的科学素养水平。

要想做好生—生提问，教师就必须在历史课堂中体现预设与生成之间的统一，科学把握二者之间的关系。一般情况下，课堂上的突发事件都是在师生交往与对话的过程中生成的，这是新课改所期望的一种最佳的教学效果。但是，很多教师在实际的教学中会被考试桎梏，被现成的问题答案束缚，所以不敢展开有效的课程生成。在新课改理念下，历史课堂应该是生成性课堂，教师一定要敢于构建“建构式教学”，促使历史课堂走向开放。那么，教师在处理预设与生成问题的时候，一定要注意以下几个问题。

（1）课堂生成不能完全脱离教学目标

教学目标是一节课的教学方向，也是判断一节课是否有效的直接证据。生成性课堂虽然有很多优势，但同时也可能出现画蛇添足的情况，教师必须围绕教学目标来分析生成性问题是否有效，避免无效的生成性问题浪费宝贵的课堂教学时间，从而导致历史课堂教学活动出现无法按时完成教学目标的问题。

（2）课堂生成要尽可能兼顾所有学生

课堂生成一般是因为一个学生的突发奇想或偶然事件所展开的，因此，教师必须考虑这个问题是否具有普遍讨论的价值与意义，这样才能够判断出在全班范围内组织学生讨论这些问题的意义。

（3）生成性课堂要提升教育智慧

生成性课堂需要历史教师有“化腐朽为神奇”的魔力。生生、师生之间的思维与情感都会在教学中发生激烈的碰撞与启发，只有如此才能够不断充实课堂，让历史课堂“活”起来。生成性历史课堂会让教师不再“为他人作嫁衣”，学生也不再是简单的“鹦鹉学舌”，在整个教学中充满着智慧与欢乐，这是一种十分精彩的历史课堂。新课改提倡教师要精心设计历史课堂教学，但是课堂本身是动态的，教师应该充分尊重学生的主体地位，鼓励生成性问题。这对教师的教学智慧有着较高的要求。教师要对偶发性的课堂事件做出准确的判断，并且在瞬间做出正确的处理方法的决策。因此，教师在日常的教学中不可以放过任何教学细节，重视在教学中与学生进行有效、频繁的交流，善于总结自己的得失。

二、中学历史课堂中的问题探究模式

（一）提出探究性问题

爱因斯坦说过：“提出一个问题，往往比解决一个问题更重要。”中学生的历史知识储备不够充足，他们学习历史的时间也比较有限，所以要让他们提出一个具有探究价值的问题是比较难的。因此，教师可以在实施问题探究式教学模式之初，在课前设计一些具有探究价值的问题，让学生根据问题的指代进行历史探究。在设计问题的时候，教师要保证这个问题符合历史教学大纲与教材的要求，符合不同层次的学生的学习需要，并且根据教材的重点和难点，设计出贴近学生生活实际、符合他们认知兴趣的问题。同时，教师要尽可能地保证问题符合时代的发展特征，能够反映社会热点问题，保证学生对这个问题的探究兴趣。同时，探究问题也要有利于启发学生的思维，有利于培养中学生的历史思维能力、创新能力等综合能力。为此，教师要做好充分的课前准备活动，收集足够的历史资料，选择合适的探究主题，确定探究活动的形式，等等。

一些教师由于缺乏实践经验，在教学中忽视了学生的认知水平，在设计与指导中依然采用“一刀切”的教学方式，没有考虑到学生的实际情况，使得历史教学出现了“吃不饱”与“吃不了”的问题。因此，在设计探究问题的时候，教师必须做到有针对性与层次性，从教学目标出发，围绕本课教学重点设计一些具有发散性与探究性的问题，保证探究活动的价值。

问题探究式教学模式的关键就在于提出问题，而要想保证探究活动的价值，学生就应该对问题有一定的了解与知识积累，否则只会让问题探究形式流于形式，也无法真正提高学生的学习能力。问题探究式教学模式的主体是学生，教师只起到引导、指导、启发的作用。因此，问题应该尽可能地从学生的历史视野与生活经验出发，这可以促使学生在探究过程中自觉思考人类的历史，从而培养他们产生历史认知等基本素养。比如，在“太平天国运动”这堂课中，教师应该先用导学案让学生了解本课知识，同时为学生提供充足的历史资料，使其根据教材与史料总结出“天朝田亩制度”的主要内容，为评价“天朝田亩制度”做好充足的准备。只有做好知识的积累与准备，才能够保证探究活动能够达到预期效果。

（二）探究与解决问题

传统的教学方式是以教师的讲授为主的，这就忽视了学生的学习主动性与个体自由发展，让学生一直处于被动学习的境地。问题探究式教学模式能够将学生从被动的学习中解放出来，使其成为学习的主人。教师可以通过具体的教学意图与策略来对学生产生影响，使学生能够真正展开学习行动。为此，教师可以将课堂探究分为展示问题、课堂讨论、归纳知识点与练习反馈几个部分。

在课堂教学中，时间就是一切，也是最宝贵的学习资源。教师对时间的分配与掌控能力直接反映着他们的教学观念与教学水平，而问题探究式教学模式要求学生必须有充足的探究与自学空间，只有如此他们才能充分地开发自己的智力，并且深入展开讨论与研究。另外，教师也应该保证探究形式的灵活性与多样性，让每个学生都有充分的发言与交流机会，展示他们的探究成果。对于一些比较简单的探究性历史问题，教师可以让学生自行解决，只在学生主动寻求帮助时给予指导；对于一部分难度较大的问题，教师可以采用师生互动的方式进行探究，教师要为学生提供科学的探究思路、方法，引导学生不断找到问题的答案。在此过程中，教师要注意坚持精讲少讲的原则，以学生为主，鼓励学生敢想、敢说、敢做，最终能够总结与归纳出问题的正确结论。最后，教师要让学生利用他们学到的知识来分析与解决实际问题，使其学有所得、学有所用。

在设计探究问题的时候，教师要注意为中学生营造出良好的学习环境，要体现学生的主体性，培养他们的创新精神，鼓励他们大胆质疑，并用尊重的态度来引导学生发表不同的见解。教师要想方设法地让学生在历史问题探究课堂中获得独特的体验，打破思维惯性，鼓励学生从全新的角度审视探究性问题，逐步激发出他们的探究性思维。现代心理学研究证明：轻松、客观、愉悦的情绪能够使学生产生超强的记忆力，能够活跃他们的思维，充分挖掘他们的内在潜能。因此，只有在民主、平等、和谐的学习环境中，学生才敢于放开自己的思路，积极与别人进行讨论与切磋。

另外，在历史课堂中的问题探究模式下，教师在评价学生学习活动的时候，也要重点关注学生的探究过程，一般要将关注点放在以下几个方面上：设计的探究问题是否符合学生的最近发展区的水平；是否能够激发学生的学习兴趣；是否发挥了学生的主体作用；是否达成了预期的教学目标；学生是否能够利用所学知识解决实际问题等。

除此之外，学生的自主探究意识与能力也是保证问题探究模式能够真正得以落实的基本条件。学生的自主探究意识对于问题探究教学活动有着至关重要的影响，如果学生没有自学能力，教师只能强迫他们去探究，这就失去了探究本身的意义。自学历史的能力包括自主探究意识与史料研读能力，这直接决定了学生在遇到困难的时候能否在教师的帮助下解答问题，他们是否有着正确的解题思路，是否能够正确读懂历史资料等。

（三）延续探究性学习

受到时间的限制，历史课堂的问题探究活动并不能够帮助学生概括出所有的知识点，教师应该选取适当的内容留待在课上进行探究，然后将探究活动延续到课下，将课堂探究活动与课外实践活动有机结合在一起，不断取得良好的教学效果。比如，教师可以安排学生在课下收集历史资料、撰写小论文、展开实践调查。

（四）整合史料

历史结论都是在对大量史料的分析与总结中获得的，没有史料的历史探究活动就好比“无米之炊”，这就要求教师必须在选取、运用、分析、解读史料上多下功夫，这一点直接影响着教学效果。因此，在问题探究活动中，教师与学生都需要借助多种史料来完成问题的探究活动。

第三节　小组合作式教学模式

一、小组合作教学模式的内涵与现状

（一）小组合作教学模式的内涵

小组学习是一种十分受欢迎的教学方法，在近些年的实践中，人们使用了多种不同的名称来形容它。近些年来，最为常用的术语便是小组活动和小组学习。20 世纪 90 年代以来，大部分与小组学习有关的研究都被定义为合作学习，是指由小组学生共同完成一项任务的结构化教学方法。20 世纪 90 年代，协作学习是应用于理科与工科中的术语。后来，有学者效仿马祖尔的研究，认为小组学习是指小组里的两个人相互解释他们的答案给对方，这种方式也被称作同伴教学和同学异修。虽然这些术语的叫法不同，但是具有高度概括化、清晰化的与小组合作有关系的术语便是小组学习，“该术语比其他任何术语都强调了相互的、积极的依赖，学生将小组和个人的测试以及各自的职责和得分看作是团体的，也是他们自己的表现。”

（二）小组合作教学模式中存在的问题

小组合作教学模式是一种以“不求人人成功，但求人人进步”的教学理念为基础的，在整个实施过程中，学生学习的积极性能够被充分调动起来。但在实际的实施过程中，很多教师往往由于利用不当使得小组合作教学模式流于形式，无法收获较好的学习效果。因此，教师如何合理地应用教学模式，便成了他们所面临的重大问题。那么，小组合作教学模式在中学历史课堂的应用过程中出现了哪些亟待解决的问题呢？第一，小组合作教学模式虚有其表，并不具备实效性。第二，小组合作教学模式的操作存在很多误区，使得小组合作教学活动流于形式。比如，有些教师在组织学生展开小组合作教学时，刚提出讨论问题便让学生开始自行讨论，不注重条理性，使得一部分学优生成为发言、讨论与学习的主体，而中等生的参与度较低，特别是学困生几乎一直处于沉默状态，不发表任何意见与看法。而且，由于学困生的地位不被重视，所以即便他们提出学习观点，也不会被小组采纳。如此一来，小组合作教学模式的效果也不够理想，学生学习成绩的两极分化会越来越严重，使学优生更优，学困生更困。第三，小组合作教学模式在历史学科中的应用并不能深入到教育内部，大多数教师对小组合作教学模式的应用还限于表面形式，并没有收到十分理想的效果。

不仅如此，小组合作教学模式的最终目的是提高学生自学的积极性，开发学生的智力及对学习的渴望，不断提高学生发现问题、思考问题、解决问题的能力，以此促进学生综合素质的提升。因此，小组合作教学模式能够有效帮助学生进行独立思考与主动探索，也能够让学生学会在探索中主动分享自己的观点，善于总结。另外，小组合作教学模式多用于学生无法自主完成学习任务的情况之中，但是很多教师却忽视了这个原则，也没有准确把握小组合作教学模式的精髓。这些问题的存在都严重阻碍了小组合作教学模式的进程。

（三）小组合作学习的意义

1. 有利于提升学生的认知水平

小组合作学习模式为不同水平的学生提供了有利的学习条件，也让学困生享受了同等的学习资源，获得了同等的学习机会。同时，学优生也会走出自己的“学习领地”，主动帮助他人，并且在帮助他人的过程中促使自身知识结构的系统化与条理化。小组合作教学模式还能够锻炼中学生的语言表达能力与逻辑思维能力。因此，这种模式有助于在整个班级环境中形成一种“人人求进步，人人求发展，人人求成功”的氛围。

2. 有利于培养学生的集体意识

小组合作教学模式改变了传统的分组方法，将学生以科学的形式分成若干个学习小组，每个小组内部都有着共同的学习目标。在小组合作教学模式下，小组的成功才算作教学的成功。学生个人的发展固然重要，但他们也必须要为促进小组活动的成功而努力，而小组的成功也使每个小组成员获得相应的进步与提高，如此一来，所有的小组成员都会形成一种“休戚相关”“荣辱与共”的感受，这便是集体意识的雏形。另外，中学生在小组合作教学模式下，为了不拖小组后腿会努力学习，这就使得他们为了捍卫小组荣誉而积极主动地参与历史学习活动，学习效率得以大大提升。现在有很多教师会用小组成绩来考核学生的学习效果，并且会在班内选出“优秀合作小组”，尽心尽力的小组长也会担负起小组长的监督、组织等责任，所以不会出现“各人自扫门前雪，莫管他人瓦上霜”的问题。这样一来，学生的情感、态度与价值观也能够得到一定的培养。

3. 促进新型师生关系的建立

在小组合作教学活动中，教师是学生学习的顾问与指导者，这对于促进师生之间的平等交流十分有益。在小组合作教学模式下，教师的教与学生的学有机地融合在了一起，为师生之间的互动与交流提供了新的形式，教师与学生之间能够真正实现平等交流。

4. 有利于培养中学生的竞争意识

没有竞争，就不会有发展。虽然合作学习十分强调学生以合作的形式来学习，但是并不排斥学生之间的竞争，它甚至鼓励学生之间展开良性竞争。一般来说，小组合作模式下的竞争有小组竞争、组内竞争、组间同等水平的学生竞争。对此，教师应该定期进行评价，保证评价的客观性与全面性，激发学生奋勇争先的积极性，增强学生努力上进的竞争意识。因为学生一直都有明确的竞争对象，有争、赶、超的明确意识，始终处于竞争状态，所以他们的学习状态一直都是比较积极的。

5. 有利于落实因材施教，使每个学生都得到发展

小组合作教学模式克服了传统教学中覆盖率不足、学生实践机会少、训练不充分等多个缺点，也改变了学生过于懒惰的被动学习方式。在小组合作学习中，学生能够在知识、能力、态度等多方面进行沟通，因此，这种学习方式能够有效解决个体差异的问题，缩小两极分化的差距，真正落实因材施教。小组合作学习只是课堂教学中的一种方法而非全部，它并不适用于所有的场合，所以教师切不可为了合作而展开合作，尤其是在一些浅显的问题场景中切忌使用这种教学模式。

二、中学历史有效应用小组合作教学模式的策略

（一）制定合理的合作学习目标

小组合作学习目标是整个合作学习活动的方向，这个目标的制定是否合理也直接影响着整个教学效率与质量。那么，教师应该如何制定学习目标呢？具体细节见表 6–1。

表 6–1　小组合作学习目标

目标	目标内容
知识目标	学会从不同渠道获得所学知识；学会通过与小组其他人合作，将不同的知识进行交叉与综合
能力目标	组织能力；人际合作、交流能力；历史创新思维的能力；多层次、多角度地观察历史的能力
情感目标	培养学生彼此之间相互进行友爱的关怀；形成正确的人际关系
表达目标	口语表达能力；文字表达能力

（二）创新学习方法

小组合作教学模式需要以更加科学的学习方法为依托，这就要求教师必须明确自身的作用与角色，向每个小组准确传达学习任务与学习目标，还要为小组提供科学的交际方法与合作方法，这对学生的小组合作学习质量与效率十分有益。同时，教师在表述学习目标的时候，一定要明确、具体，让学生准确了解学习方向。一般情况下，教师在课前需要明确的教学目标主要有两类：专业目标与社会目标。专业目标是指教师需要根据学生的学习能力、接受能力、教学任务与水平等多种因素设定学习目标；社会目标是为了培养学生的社会技巧所进行的教学活动，单就这方面就需要教师在课堂上对人际交流技巧进行适度的讲授。在创新学习方法的时候，教师要将学生进行合理的分组，坚持“组内异质，组间同质”的原则，将学习成绩、学习能力、交际能力、语言表达能力不同的学生分在同一个小组，以期在学生之间实现互帮互助的学习氛围。另外，在小组讨论与学习中，教师需要在课前进行精心的备课，并且要尽可能地多用一些具有思辨性的问题与材料，以发展学生的思维能力。

（三）合理利用导学案

导学案是一种以学生的学案代替教案的学习方式，能够真正体现出学生的主体性质，强调的是“学”，属于“生本教育”。新课改强调的是要使学生成为学习的主人公，他们应该掌握学习的主动权。高效课堂也更加注重学生的学，教师只是学习的引导者、参与者。因此，高效课堂下的中学历史要用学案代替教案，根据学生的实际情况来制订具有针对性的教学计划，从而使历史课堂成为能够为学生答疑解难的课堂。

由于高效课堂的学情调查具有全程性、全时性的特征，因此，我们应从课前、课中、课后三个方面研究其策略与方法。这就要求每个教师必须随时随地观察学生的学习过程，根据学生的变化以及他们的认知特点与接受能力等确定历史学案的教学起点。在课前科学地调查学生的起点，可以更好地制订导学案。而要想在课前调查学情并确定教学起点，就完全依赖于教师科学的教学方法。教师可以找准现实起点，把握逻辑起点，从而创造出新的教学方法。现实起点是学生在多种学习资源的作用下所形成的原有知识体系；逻辑起点是学生根据教材所确定的学习进度，并在学习过程中不断扩充自己的认知体系，从而形成的知识基础。在历史课堂中，教师应该敏锐地关注学生的学习情况，把握具体的教学方向，从而灵活地调整教学策略，准确了解学生的学习情况，在课堂上进行观察，并在巡视中倾听学生的想法，询问每个学生的学习进度，依学而教，顺势而导。每上完一节课，教师都要进行“反思学情”，如果一种方法无效，教师便要找到其他的学习方法。“在教学中进行反思，在反思中促进教学”，在如此循环往复的过程中，教师可以不断地提升自身的教学素养。

（四）展开小组合作与竞争

合作学习是历史教学中最灵活的一种学习形式，只要有着共同的学习目标，生生、师生之间便可以展开有效的合作与交流。较为典型的合作形式有分组形式、自由组合辩论、对抗争论等。教师在实际的教学中可以使用积分制来激发学生的竞争意识，以良性竞争来促使学生的学习劲头更为旺盛。同时，教师也要鼓励学生在课堂中展开争辩活动。俗话说得好，“理越辩越明”，辩论不仅可以促进教学目标的达成，还可以唤起学生的主题意识，使他们的学习思维变得更加灵活。

（五）科学分组

科学分组需要遵循三个教学原则：第一，均衡原则。各组员在学习成绩、学习能力、实践能力等方面的水平要旗鼓相当。第二，坚持自愿原则。教师在分组时也要考虑学生的实际意愿，不能将彼此不合拍的学生分在同一组。第三，坚持适时调整的原则。教师应该根据学生的具体情况，调整组员的分工、组员分配等，包括组长、组名、组规、学习目标等。一般情况下，一个小组内部的学生人数应该维持在 4 ～ 6 人，如果有部分的合作学习活动并不需要过多的成员，那么教师也可以适当地调整小组人数。

（六）建设小组

分好小组之后，不代表学生就能够展开合作了。要想使学生展开有效的合作与交流，教师还需通过建设小组团队来使小组内部有着较强的凝聚力。

1. 确定组名

在成立科学小组之后，要由组长带头，组员集思广益，根据小组的学习特点，确定一个富有个性、积极向上的组名。被每个小组成员认可并确定的组名可以让学生产生认同感与归属感，这样小组内部的凝聚力就会更强。

2. 确定教室座位

在安排小组合作学习活动中的教室座位时，教师要改变原来的“插秧式”排位法，而要采用“豆腐块”的排列方式。这种方式有以下几个优点。成员能够时时刻刻感受到团队的存在，能够大大增强集体凝聚力。这可以让教师对各个小组的自学、合作交流等进行宏观调控。每个小组成员之间都可以亲密接触，有利于资源共享，并做到及时交流。小组内的每个成员都要随时随地观察其他组员的学习状态，这有利于实现小组内部互帮互助，共同进步，有利于各个小组展示自己的学习成果。

3. 合理分工

小组的科学组建、合理分工是高效学习的保障。一般情况下，小组成员根据自己的特点进行自愿分工，小组内部要统筹协调，让每个学生都能够为团队贡献自己的力量。每个小组可以设置一名组长、一名副组长，每个学科可以设置一个学科组长。组长负责管理学习，副组长负责管理常规，各个学科组长负责本学科的学习任务，如预习本、纠错本、导学案、发言代表。每个学生都要根据自己的学科强项，成为任课教师的得力助手和小组其他成员的学科学习“领袖”。

（七）建立合理的合作评价机制

合理的评价机制是保证小组合作教学模式落到实处的重要因素。在合作学习中，教师要充分发挥每个学生的学习潜力，将共同目标与个人目标统一在一起，使学生自觉地为小组成员的进步做出努力，这些都需要合理的评价机制的推动。合理的评价机制是指将学习过程与学习结果评价结合在一起，将小组集体评价与学生个人评价结合在一起，使学生意识到合作学习的价值，也让他们开始重视合作学习。一般来说，小组合作中的评价机制包括下面几个方面：第一，定期评价小组成员的共同学习情况，使学生随时了解本小组的学习进程。第二，以学生的自学程度、合作学习的参与程度、完成任务的效率与质量等来评价小组的学习行为，使他们认识到一个小组就是一个利益共同体，只有完成了全组的任务，才能够真正实现合作学习。第三，教师要反思自己的调控能力，并根据反思调整教学内容与教学策略，保证教学质量的稳步提升，也让学生在小组合作活动中重拾学习自信，使他们具备一定的人际交往能力，真正发挥小组合作教学模式的教育优势。

第四节　信息传递教学模式

一、信息传递教学模式的内涵

要想了解信息传递教学模式的内涵，首先就必须了解信息的含义。

（一）信息的内涵

完整的信息论是人类在对通信的研究过程中逐步形成的一种理论。20世纪中叶，香农首先提出了信息论，并且以概率论为工具，刻画了产生信息的数学模型，并给出了度量信息的数学公式。同时，香农还进一步利用概率论描述了传输信息的过程，也给出了能够表达信息传输能力的容量公式。此外，香农的信息论中还包括一组信息的编码定理，论证了传输信息的基本界限。但是，他的信息论主要放在了通信过程中的信息量度与历史教学模式传输之中，所以也被称为狭义的信息论。近些年来，信息论已经逐步渗透到许多科学领域之中，取得了比较大的成果，一般而言，可以将信息论分为以下三个范畴。

第一，狭义的信息论，也就是通信的数学理论。这种新理论将信息看作是通信的消息，认为信息是人们在通信中所要告知对方的内容。

第二，实用信息论。这实际上是狭义信息论在调制与解调、编码和译码、检测理论等多个领域之中的应用，主要还是在通信等领域之中。在这种信息论下，信息被看作是人们进行运算和处理问题所需要的条件、内容与结果，常常以数据、图表等形式表现出来。

第三，广义信息论。在这种信息观念下，信息被看作是人类感知的来源，具有一些基本特征：信息源于物质，但不是物质本身，如果人们看到的信息与实物不同，那么是不能进行交易的；信息与能力有着密切联系，但不等同于能力，信息一般是随着时间的变化而不断迁移、扩充、改变的，所以信息具有可增殖性；信息具有知识的秉承性，信息能够向观察者提供事物运动状态的知识；信息可以作用于人类或其他生物，可以被这些观察者所感知、检测、识别、存储、传递、处理与应用，这也是信息的本质特征。同时，由于信息可以被加工、整理、归纳，所以信息也具有浓缩性。现在人类在处理信息时，可以转换信息的形态，如可以将物质信息转换成语言、文字、图像、图表等，也可以成为计算机的代码、广播、电视等，因此，信息也具备可转换性。按照广义的信息论的定义，可以这样看待信息："信息就是我们在适应外部世界和控制外部世界的过程中，同外部世界进行交换的内容的名称。"

通过这些表述，可以这样来描述信息："所谓信息就是关于生活主体（如人、生物）同外部客体之间有关情况的通知或情报。主体看到信息后，便加以识别和评价，并采取对策行动以适应外部环境。"

（二）教学信息

教学过程本身就是由多种信息组成的，任何一种教学活动中传递的基本内容都是信息，也就是说，教学过程本身也是传递信息的过程。首先，教师可以看到经过某个特定的教学过程之后，学生获得了一部分知识，而教师并未因为教给学生而失去了这些知识，所以教学内容是可分享的。其次，教师在教学过程中，将教学内容传递给学生，使知道这些内容的人数变多了，这符合信息的可增殖性特征。最后，现在教师在教学中使用的现代化教学手段，如电影、电视、录音、幻灯片都表明教学内容具有可转换性，这也符合信息的特征。通过种种对比可以判断，教学内容本身便是信息，符合广义信息论中的基本特征。因此，用信息传递教学模式来展开教学活动是可行的。

（三）信息传递教学模式

信息传递教学模式是以教师的课堂讲授为主要特点的，认为学生应该在教师的组织与指导下产生认知活动。在这种模式下，学生要想促进认识的发展，就必须接收信息与掌握知识，这就构成了教学活动的主要形态。历史学科的教学内容需要教师首先进行组织，以便在教学中将这些教学信息传递给学生，让学生在教师的指导下进行有效的学习，从而掌握基本的历史知识与技能，提高他们的认知水平与道德水平等。因此，这种教学模式的主要目标是让学生掌握基本的知识、技能与技巧，提高他们的认识能力。信息传递教学模式可以将教学程序分成以下几个环节：①组织教学，激发动机；②复习旧课，导入新课；③讲授新课，呈现信息；④运用总结，巩固新课；⑤布置作业，检查评价。

在教学中，教师要做好充分的课前准备，并且以课堂为主要教学阵地，以教科书为主要教学依据，以教师的讲授为主要方法，充分发挥教师的教学作用，以此来提高学生接收信息的能力。但是，在这种教学模式下，教师是教学的主体，教师本身是决定教学效果的最重要的因素，教师负责将学习内容加以组织，并通过讲课、阅读、给学生布置任务让他们把所学知识综合起来等形式来传递信息……教师的任务是组织和传授将要学习的内容，而学习者最根本的角色就是掌握信息和观点。

信息传递教学模式受凯洛夫教育学的影响较深，过分强调了教师的作用，忽视了学生的创造性，所以受到的批判较多。有人认为，这种教学模式是比较机械、被动的，并不能让学生获得最为优良的教学效果。而历史学科的知识性与认识性都是比较突出的，所以一直以来，信息传递教学模式都是历史教学的主要模式，即便现在的新课改强调以探究、启发等教学活动为主，也无法撼动信息传递教学模式的基本地位。

二、信息传递教学模式的一般模式

虽然教学内容属于信息，但是并不能直接引用信息论中的分析方法来研究教学中的信息传递，这主要是因为教学过程十分复杂，直接引用信息论中的分析方法并不能真正适应历史教学的需要。教学活动的实际形式十分繁杂，每门学科都有其自身独特的教学内容、教学方法、活动形式。但不管怎样，一切教学活动都需要教师与学生的共同参与，它是学生掌握知识与能力，形成情感、态度与价值观的过程。

从广义上说，教学就是指将多种信息传递给受教者，传递者希望与受教者产生交流与共鸣。教学活动是通过人来进行的，主要的承受者就是教师与学生。因此，要想了解信息传递模式的基本内容，就必须研究教师与学生的地位及作用。

一般来说，教学信息是从教师（教端）出发，经过一系列的调制，通过传递通道传递给学生（受端）的。学生受到教师的调制与信息之后，也需要进行一系列的解调、贮存，然后再利用传递通道向教师提供反馈，如质疑、回答问题，以便让教师深入了解教学活动，也为下一轮的教学做好准备。一般而言，教学是教师与学生面对面的教学过程，即面授教学，是指教师依据教科书、教学大纲、自身的知识经验等通过备课、讲课将一系列的教学信息传授给学生，主要反映在教学内容的语言、文字、手势和表情等信息内容上。如果教师使用直观的教具，还可能会产生视觉、听觉信息。在课堂上，教师要注意组织与编排这些信息，使学生在这些信息的刺激下逐步加深自己的思维认知。一般来说，可以认识整个教学过程：教学信息（有组织的教材和教学目标）→教师（设计和选择教材）→教学媒体（口头的、形态的技术；教具的活动；印刷的媒体符号和信号）→学生（反映解释教材和引起行为变化；将学习活动反馈给教师）。

这个教学信息传递模式就构成了一般心理学的理论中所说的从刺激到反应循环不断的过程，教师与学生不断根据对方的预期来决定下一轮的思维活动，并且不断修正、加强、补充和解释对方信息中的内容与意义。为了研究教学之中的信息传递，首先要了解的就是信息传递模式中的具体体系。因此，确定信息传递教学模式的组成部分至关重要。从上面的结构来看，信息传递教学模式主要包括四个要素：教师（信息源）、教学内容（信息）、教学手段与教学媒介（信息通道）、学生（信宿）。这四个要素在教学中有其各自的作用与地位，但同时发生在一个整体之中。

（一）教师

教师是教学过程的起源，在信息传递教学模式下，教师起着主导作用，是保证教学活动按照规定的目的与内容来进行的基本条件。因此，教师必须在每一轮的教学中明确教学任务，精通自己的专业，熟读教材。同时，教师应该了解学生的学习需要，处理好教材、教学手段、学生之间的相互关系，并且要善于根据自己的特点来发挥自身的特长。教师的主要任务是将自己已经掌握的信息传递给本班学生，他们在知与不知的关系中处于主导地位。比如，在一次教学活动之中，必须有一个人以口头或书面的形式发起这项活动，他所传递的信息都是建立在他的经验与知识结构的基础上的，也就是通过教师的专业素养与教学水平来实现的。同时，教师在阐述与解释信息的时的心理状态、兴趣、需要、感情稳定度、社会文化标准、教学技巧等都会影响他所教授的信息的意义，也会影响信息传递的最终结果。

（二）教学内容

教学内容是教学的主要因素，因此，教师必须选择与编排合理的教学内容，并且保证这些信息的可传递性。按照信息论的观点，信息必须经过变换才能够被更多的人接受。如果教师想要促使学生进行学习，那么他就必须促使教学信息处于良好的组织和结构状态中，并且为了教学选择合适的教学内容，以便于学生理解的方式讲述这些信息。然后，教师要在多种教学工具的辅助下，重新加工与整理这些教学信息，将这些信息转变成文字、语言等形式，对此进行讲解与传授。在整个教学过程中，教师也会根据教学反馈，在进一步的阐明需要中更改这些信息的形式。变换后的信息必须是一些对教师与学生有共同意义的符号。因此，这种变换十分重要。

（三）教学手段与教学媒介

这是连接教师与学生的信息通道，是教师有效传递信息，学生有效接收信息，提高教学效率的基本保障，也是实现教学的工具。因此，教学手段是教育中的基本因素之一。在选择教学手段的时候，教师要考虑不同的教学内容所需要的教学手段，因为某些信息的形成是深受教学手段的影响的。比如，对于部分历史知识来说，如果教师只让学生阅读文字，那么学生会觉得这些信息十分枯燥且十分遥远。但是，如果教师可以利用视频的方式让学生学习，所得到的教学效果便会截然不同。因此，在实际的教学中，教师采用哪种手段就显得至关重要。另外，教师也要考虑哪种教学方式更能够促进学生领会这些知识。也就是说，在选择一种教学手段的时候，教师要考虑学生的知识水平与信息性质。

（四）学生

学生是接收信息与解释信息的主体，新课改指出学生才应该是学习的主体。学生只有积极、主动地参与到教学活动中，才能够促进信息的转化。因此，学生必须具备接受与加工信息的能力，他们必须能够利用学过的知识与自身的生活经验，通过教师对信息的各种变换，重新解析与掌握这些信息。如果学生学不好历史，那么便是信息的传输遇到了问题，教师所发出的各种信号无法被学生感知，所以导致了信息中断。另外，教师需要明白，如果想有效传递信息，就必须要保证信息能像教师最初期望的那样被获取，否则就不能算作是有效的教学。

在整个教学活动中，教师必须实现最优化的教学控制，充分把握教学中的反馈信息，保证信息的顺畅传输，使得整个教学活动处于动态平衡之中，也以此来保证教学效果。另外，随着教育的发展与改革，现代化的教学理论正在成为教育科学的基本构成部分，也正在逐步成为教育科学研究的方法论。正因如此，信息传递教学模式也将会变得更加科学化与系统化，人们对教学过程的认识也会变得越来越全面与严谨。因此，每个教师都应该继续研究这种基本的教学模式。

第五节　情景复现式教学模式

一、情境复现教学模式的内涵

情境复现教学模式指的是在教学中，教师根据具体的学科特点与学生的认知结构，利用多种教学手段创设具体、形象、生动、感人的情境，让学生在听觉、视觉、感觉等多个方面受到感染，使其产生“如临其境”“如见其人”、“如闻其声”“如历其事”的感受。在历史学科中使用情境复现教学模式，就可以在现实与历史之间架起一座桥梁，使学生以一个“历史人”的身份来亲身体验与经历，进而促使他们的认知、情感等得以升华。这种教学模式将学生的智力、知识、非智力因素结合在了一起，是一种相互促进与相互联系的全新教学理念。

历史知识有着既往性的特征，因为历史是人类过去的社会实践活动，人们只能间接认识，没有机会直接体验。那么，对于中学生来说，学习历史时难免会产生枯燥、乏味的感觉。这就体现了情境复现教学模式的重要性，因为学生在这种模式下可以直观感知与领悟历史知识，可以大大缩短历史与现实的时空距离，使得学生仿若置身于具体的历史情境之中，这也能够最大限度地激发中学生学习历史的兴趣，使其更好地感知与理解历史中的人和事。

在中学历史课堂中，教师在使用情境复现教学模式的时候，要注意以下四个要求：第一，符合客观历史史实，这是前提条件。如果所有情景再现都与历史不相符，那么这节课就是彻底失败的。第二，有利于激发学生探究与本节课主题相关的学习内容。也就是说，要围绕教学内容的主题选材。如果与本节课的主题无关，那么这样的再现就是毫无意义的预设。第三，有利于学生参与课堂教学的互动。新课程的理念是创设情境，引导学生主动、合作、探究学习。第四，时间要紧凑，时间太长会淡化其他的教学内容。

一般来说，情境复现教学模式的教学程序可以分为：①设定目标，师生准备；②创设情境，具体展示；③深入情境，情感体验；④分析理解，共同探究；⑤归纳评论，总结转化。

二、情境复现教学模式在中学历史课堂中的应用策略

（一）情境复现的教学原则

要想真正落实情境复现教学模式，教师就必须明确这种教学模式所需遵循的基本原则。

1. 情境适应原则

情境复现教学模式的基本原则就是教师要为学生设计与创造出恰当的情境。夸美纽斯说过："可以为教师定下一则金科玉律，在尽可能的范围内，一切事物都应该尽量地放到感官面前。"历史情境复现教学模式就是运用多种教学媒体，将具体的历史事件还原给学生，让学生在对情境的把握中展开认知活动。但是，在复现情境的时候，教师必须保证这个情境与学生的知识背景、认知能力等相契合，并且需要将具体的历史概念巧妙地融合在情境之中，这就需要情境要具备适应性。主要可以从两个层面进行理解：情境符合一定的历史内容的需要；情境符合学生的认知水平。如此一来，学生才可能在情境的引导与带领下主动适应情境，他们的学习兴趣才能被激发出来，以此来使他们的智力思维处于最佳状态。因此，情境信息一定要适量，情境问题的难度要符合中学生的"最近发展区"的要求，情境问题要符合学生的探究需要。除此之外，教师还应有目的、有步骤地引导学生进入具体的情境之中，使其主动展开积极的学习活动。

2. 情境激发原则

复现情境的关键就在于想方设法地将学生的情境与情感融合在一起，使学生的情感能被充分激发出来，以此来达到移情作用。情感是与人的意识紧密结合在一起的内心体验，具有强烈的情境性、稳定性与长期性，情感的这个特质表明了教师无法通过灌输法等强制方式来激发与培养学生，

只能顺应学生的情感与认知特点，这就需要合理使用具体的史实。情境复现教学模式是指教师通过创设生动的历史情境，使学生置身于历史之中，与具体的历史人物一起思考、活动，使他们的情感能够尽可能地达到一致。因此，适当的情境能够为学生创设一个良好的学习环境，促使他们的潜能不断被激发出来。另外，激发学生的历史情感，使其正确对待历史，也是历史教学的一个重要教学目标。这种非智力因素对学生的整个学习活动与形成健全的人格有着至关重要的作用与意义。

3. 情理统一原则

情境复现教学模式的目的是为了激发情感与形成认知。因此，情境、情感、理智的统一是情境复现教学模式所追求的最终教学目的。情理统一的原则包括两个部分的内容：一是情境必须体现出一定的历史知识、概念与规律，保证历史事实能够在各种情境之中被学生认识，使其形成历史认知结构；二是教师通过利用情境要让学生进入特定的历史角色之中，使学生产生真实的情感，达到情感与认知的统一教学。

（二）组织教学的技巧

情境复现教学模式十分看重学生的观察力、想象力与思维力，它是激发学生产生积极、丰富的情感因素的重要途径。在整个教学组织过程之中，教师应始终秉承着这个教学理念。

1. 复现情境

复现历史情境主要是以教学目标、教材许可程度与学生的已有条件为基础的，大致可以分为两个类型。第一种是实实在在的情境，这是通过教学媒体来创设的。教学媒体一般包括以下几个方面：①实物媒体，如照片、图画、文物；②光学媒体，如幻灯片、投影仪；③音响媒体，如广播、录音；④影视媒体，如电影、录像。第二种是虚拟的情境，如以角色扮演、戏剧表演、模拟等多种方法来创设的历史情境。不管是哪一种，都是为了反映历史事件的真实面貌。在具体的呈现方式与程序中，教师则需要根据学生的实际情况、具体的教学内容等进行实事求是的设计。

2. 观察想象

对于复现的历史事件，学生需要根据教师的指导，有目的、多层次地进行观察与思考，并在他们的大脑中重新整合新知识与旧知识，再现历史事件的大致面貌，从而与历史人物产生相似的情感。在多次反复的基础上，教师可以指导学生进行比较、分析、综合、判断、推理等，使其认识历史概念。例如，如果教师要指导学生观察北洋水师官兵在黄海战役中的表现，就可以将其与海战前清政府的行为、第二次鸦片战争、中法战争中清政府的政策等进行联系，对清政府的腐败、经济落后、军备废弛等有所了解，由此便可以知道，中国的战败已成定局。

3. 激发情感

激发情感与观察是同步进行的。在情境复现教学模式下，学生是一个历史参与者，与历史人物一起思考。如果是成功的，学生便会喜悦；如果是失败的，他们便会愤恨，所以他们的情感能够很轻易地被激发出来。除此之外，教师还应利用情境发展学生的情感，引导学生主动探究。例如，很多学生在看到邓世昌和全舰官兵毅然决然地冲向“吉野”号，最后中了鱼雷，壮烈牺牲的情景时，教师可以提问：“他们为什么要这么做？只有牺牲这一条路吗？”由此，一种保土安民、反抗外来侵略的爱国情感便会油然而生。

4. 情能转化

在组织教学中，复现情景是基础，观察想象是方法，激发情感是动力，迁移情能是目标。情能转化是指将学生在学习中的情感体验转化为智能发展，要达到这种转化，最基本与最有效的方法便是应用。智能发展一般有三个层次：一是掌握，是指学生理解知识；二是活动，是指在新的情境中学生可以利用所学知识，即学以致用；三是创造，是指学生在新情境中利用所学知识具备一定的创新精神。

第七章　中学历史学科育人的教学方法优化

从学科育人的视野出发，传统的教学方法便有了进一步优化的空间。运用史料教学法，要致力于求真意识和史论一致意识的养成，提升历史思维品质。运用情境教学法，要基于史学特征合理创设情境。运用“观点”教学，重在促进多元理解，谨防以论代史。回到历史现场，对过去持同情之理解，是凸显历史学科本体特征的需要。

第一节　优化史料教学，提升思维品质

当前，随着课改的不断推进，历史课堂教学方法也在不断推陈出新。目前，史料教学法已成为广大中学历史教师实践的重要方法。在学科育人视野下，我们应进一步优化史料教学，充分发挥如下功能：一是创设情境，再现历史本原的生动性和丰富性；二是培养学生从史料中提取信息、解决问题的能力；三是帮助学生形成“史由证来、论从史出”的史学思维意识；四是促进学生养成唯物主义史观和“求真”的科学意识。史料教学有助于“过程与方法”目标的达成，有助于学生提升思维品质和提高解决问题的能力，对于学生掌握史学思想方法、形成科学的史观等方面有着不可替代的作用。

历史，是过去发生的事情。我们要了解过去，只有借助过去留下来的实物或史家的研究成果等，以此作为证据，并在此基础上进一步探寻曾经发生过的事情，使我们对历史的解释尽量接近真实的历史。这里提及了两个“历史”概念，一个是真实的历史，是客观的，是不以人的意志为转移的，是曾经发生过的真实的事情；一个是我们研究的历史，是主观的，可能会因为研究者的学识、观点、时代、立场等的限制而带有片面性甚至极端性。

因此，会出现不同学者对同一历史事件或历史人物有不同解释、不同评价。基于此，我们也需要对历史教科书有准确定位，即教科书也只是对历史的一种解释，当然，这种解释尽量采用了史学界比较公认的研究成果，但我们也必须意识到，这种解释完全有可能因为科学技术的进步和新的史料的出现、研究方法的创新等不断得到完善甚至修正。这样看来，我们的课堂教学如果还是以单纯的记忆教材知识为主，显然违背了历史学习的主旨。历史学习的主旨应该是学会基本的史学研究方法，而这种方法对学生是可以终身受益的，既有助于学生形成批判思维，产生问题意识，也有助于学生独立解决问题，形成个体理解。史料教学法是帮助学生掌握基本的史学思想方法的有力工具之一，以下就如何在课堂教学中优化史料教学法谈几点粗浅的看法。

一、精心选择史料

当我们依据课程标准和教材内容初步设定教学目标和重点、难点之后，如果教材原有的资源不足以用来完成教学目标，就需要补充史料。搜集史料的途径很多，可以通过图书馆、档案馆等传统的渠道，也可以是网络、影音等现代化手段，还可以是参观遗址、实地探访等开放性方式以及访谈、问卷等互动方法。所获得的史料按不同的标准又可以分为不同的类别。按价值分，可以分为直接史料和间接史料、有意史料和无意史料等。按载体分，可以分为文献史料、实物史料和口传史料等。其中文献史料又可以分为碑文铭刻、史家论述、文学艺术、新闻记载、民间野史、族谱家谱等；口传史料又可以分为神话传说、民间故事、民歌民乐、当事人回忆、采访录音等。一般而言，史料越丰富多样，对历史的呈现越接近本原。

史料查找是第一步，但如何精选则是一个难题。我们时常会看到有的教师因为舍不得一些自认为好的材料而导致教学目标松散、教学任务来不及完成。为此，我们必须依据一定的标准对史料进行取舍，这些标准包括史料的价值高低，史料与教学立意、教学目标及学生认知特征之间的关系等。因为即便是同样的教学内容，当我们设定不同的教学目标或面对不同的学生时，我们选择的史料也应是不同的。同时在课堂教学过程中，有时也会出现教师事前没有估计到的情况，建议教师在课前做好充分的准备，预备一部分史料用于课堂即时调整。

史料的选择要符合科学性。首先，要尽量选用那些价值相对较高的史料，同时要注意考察史料产生的时代背景和记录者的立场观点等。不同的史料价值是不同的，遗迹遗物的历史价值最高，因为它们本身就是最好的历史证据；用文字记载的历史，除了故意歪曲篡改之外，都能够比较忠实地保持记录者的原意；口述历史的危险性往往与它的重要性同时存在。其次，对于史料的来源要注明出处，文字史料如果是有作者的，一定要标出作者的时代及国别。最后，如果是依据某些史料绘制的图表等经过再处理的史料，也应给予注释。这些小的注脚看起来微不足道，实际上却是培养学生史证意识的重要渠道，也是帮助理解史料的补充信息甚至关键信息的重要依据。

课堂的时间是有限的，学生注意力集中的时间也是有限的，为了充分利用这有限的时间，选择的史料要具有典型性和多面性。一般而言，课堂上提供的史料应该是既有充分的信息量，又富有震撼力，且有利于拓展学生思维，进而全面认识历史的史料。同时，不同类型的史料通常会因为表现手法的不同而导致其感染力各具特色或有所侧重，为了帮助学生由表及里地触碰历史的温度，教师可以采用不同形式史料组合的方式来精选和呈现同一个史事的不同侧面。

二、合理呈现史料

史料的呈现应体现适切性。不同学龄段的学生其认知特点是不同的。初中阶段学生的认知水平处在以形象思维为主，因此教师呈现的史料通常应具备生动形象性。教师可以尽量选用图片史料或影音史料，如果一定要选用文字史料，应尽量选用比较通俗易懂的史料，同一段史料的字数一般控制在百字以内，还可以依据学生情况对关键信息采取强化突出处理。对于一些古文史料和外文史料，一定要对超出学生认知水平的内容做好解释和疏通工作。对于一些枯燥的数据，教师可课前转换制作成图表史料。中学阶段的学生已具备一定的抽象思维能力，教师可以适当增加文字史料的深度，但必须避免大量深奥的文字史料的“轰炸”。

三、科学运用史料

史料运用应体现递进性。运用史料开展教学，应重点关注“是什么”“为什么”和“怎么样”三个层次，即首先通过解读材料，概括出材料所反映的该史实的本质特征是什么；其次，将其置于特定的时空背景下分析出导致该特征的原因是什么；最后，探究同类特征的多个史实所展现的历史趋势将带来怎样的影响。只有将典型史实型材料从这三个维度进行解读，并蕴含辩证和发展的视角，才能避免材料热闹但走过场的误区，才能将材料解读得全面和深刻。当然，这种解读方式更重要的是对学生的方法示范。

史料运用应关注逻辑性。从表层信息到深层信息，从信息处理到观点结论的形成，要依据一定的推理形式来转换。但在课堂实施中，我们发现逻辑错位的现象还是比较普遍的。教师要注意论据即推理前提的可靠性和全面性；要注意个别和总体之间的关系，要体现推理结论的合理性；要依据学生特点慎重选择运用不同的推理方法。在从表层信息到深层信息的推理中，要学会区别使用“肯定”和“也许”等词语，有些结论是通过表层信息的证据明确可以证明的，有些结论只是依据个别史料的大胆假设，需要更多的史料来印证。在解读一定专题下的多则材料时，要善于抓住复杂材料的核心思想，要善于理清诸多历史事件或现象之间的内在逻辑互动关系。

同时，史料的运用，要尽量使用归纳法以提炼结论，而不是用演绎法论证结论。一方面，“论从史出”是历史学科应当遵循的基本逻辑原则，通过多个史实归纳得出结论的过程是与上述原则相一致的。而先出结论，再用史实验证的做法，很可能因为结论先行而导致选择性运用史实和牵强附会的结果。另一方面，归纳法也比较符合中学生的认知特征，由具体到抽象、由感性到理性，由史实到概念的教学推进方式，有助于学生深入理解历史现象的本质。

史料运用还应体现探究性。在课堂上运用史料进行教学的主要作用是：培养学生历史思维能力，增强学生史由证来、论从史出的历史观念，培养自主学习和探究能力等。在史料运用中要体现探究性，注意循序渐进地培养学生对史料的敏感度。教师可以依据学生情况，设计史料运用的程序。一般情况下，从低级到高级大致可以历经以下阶段：提供路径—收集整理—判断单一史料信息—多则史料内容对比—明了史证区别及史料的互补性—明确考古证据与文献证据的特征与局限、数据资料的用途与不足，对同一事件有不同阐述的史料或相同史料有不同解释的状况做出恰当判断，形成独立搜集、鉴别、运用史料的能力和对历史事件或现象做出解释的能力。

总之，史料是每位历史教师在课堂教学中必不可少的教学资源，如何选择史料，如何呈现史料，如何运用史料，是关乎教学目标达成、关乎学科育人有效性的重要话题。

第二节　优化情境教学，接近历史本原

情境教学法是中学历史教学中较为常用的教学方法，它主要有再现生动历史场景、激发学生学习兴趣、促进学生体验等作用。这些研究对于发挥学生主体作用有重要价值。随着近年来历史教学中对于史学和教学双重关注的趋势，如果能依据史学特征，对情境教学法做进一步优化，那么，学习者不仅会更乐于亲近历史，同时对历史的理解也会更接近历史本原，凸显理性价值。

一、用故事增强历史表达的叙事性

历史是一种叙事。许多历史学家指出，“历史”实则是一堆混乱的碎片、未经筛选的事实、随意的事件。现代历史学家坚持过去包含了许多种历史，而不是只有一种历史。每种历史是一个人收集、诠释并修剪事实成为一个叙事。作为历史教师，在教学中需要将无意义的碎片历史重新建构成有意

义的关联历史，因此，每一位历史教师都在用自己的叙事方式呈现历史。

用故事增强历史表达的叙事性，不单单是为了创设情境和激发兴趣，更重要的是通过故事，建构历史片段之间的意义关联，进而为达成课堂教学的三维目标铺垫基础。因此，如何选择故事，如何组织故事，如何用好故事，就不单单是一个语言问题，而更是个逻辑问题。

二、“扫广角”还原历史演进的渐进性

历史的演进通常是渐进式的，甚至是曲折或反复的，并非一帆风顺、直线向前的。因为历史是多种力量综合作用的结果，而身处历史中的不同个体、不同阶层、不同群体，对于正在发生的事件的认识和态度也是极具差异的。为此，我们在历史教学中，应尽量以扫描广角的方式，呈现尽可能广阔的空间，让同时期大空间中的各种典型历史现象得以呈现，从而还原历史的丰富和复杂样貌。

三、“拉景深”凸显历史认识的多样性

归根到底，历史是一种解释。“横看成岭侧成峰”，人们基于不同的立场、观点，以及学识水平、占有史料的数量等，对于历史的认识总是存在差异性。为了帮助学生理解历史认识的多样性和发展性，教师可通过“拉景深”的手法，呈现不同时期的历史评价，并促使学生从评价者的立场出发思考问题。

学生对于历史事件的认识会更深入和全面，尤为重要的是，学生对于“历史是一种解释”会有更深切的体悟。唯此，学生才会懂得死记硬背某一种历史结论毫无意义，只有从多样的历史评价中，习得对历史本身的客观、理性、全面的认识才更有价值。

第三节　优化“观点”教学，促进多元理解

历史学是作为主体的历史学家对史实的解读，从这个意义上讲，历史学由对史实的客观表述和主观认识两部分组成。在这里，我们暂且把引入到历史课堂中的“对史实的客观表述”称为史实型材料，把“对史实的主观认识”称为观点型材料。正是由于这两类材料的客观及主观的本质差异，其在教学中的运用方法也大相径庭。但是，在当下的历史教学中，将史实单纯看作记忆对象，以及将观点当作史实、以论代史的现象还是比较普遍的。对不同史料进行正确的分类，是有效开展史料教学的重要前提，而能掌握史实型和观点型材料的不同运用方法，则是历史教师应具备的基本教学素养。以下就如何运用观点型材料开展教学，谈一点体会。

一、观点型材料的选取

基于观点的主观性本质，教学中应尽量选取不同主体的多元观点。由于学养、观念、立场、研究方法、占有史料等的差异，不同的主体通常会对同一史料作出不同的解释，也会对同一历史事件、历史人物或文明成果等产生不同的评价。因此，选取多元观点一则符合了“历史是一种解释”的学界共性认识；二则有助于学生走出将观点简单等同于史实的误区，有助于学生形成开放、多元、包容和发展的意识。当然，由于课时有限，教师在教学中要依据学情尽量选取有代表性的典型观点，而不必包罗万象、面面俱到。

学生是学习的真正主体，教学中可有意识选取学生答题中的观点进行分析讲评。我们关注历史名人或当代学者的评价，归根结底是为了帮助学生在博采众长、多元理解并独立思考的基础上形成自己的观点，无论学生的观点是幼稚还是创新，都值得我们期待和重视。因此，在课堂中引入学

生自己的观点或同龄人的观点，无论是对于教师了解学生、学生互相学习，还是反观教学本身，都是极有价值的一手材料。

二、观点型材料的呈现

观点型材料的呈现应标有比较明确的来源信息。因为观点型材料具有主观性特征，所以，来源信息对于理解观点本身具有重要价值。来源信息通常包括观点发表者及出处两个最基本信息，如果有条件，还可以补充观点发表的时间。

观点型材料的呈现要体现精练与符合原意的有机结合。精练，是尊重学情的需要；符合原意，是历史求真的需要。千万不能为了精练而违背了原意，或者为了狭隘的育人目标而故意曲解原意。

三、观点型材料的运用

首先，要体现多元理解。历史是一种解释，学会站在他人的立场上看问题，是我们深入理解史事本质并养成包容之心的重要途径。所以，当看到不同观点，先不急着做出优劣判断，而是尝试着去理解其可理解之处，或许是一个现代人应有的胸怀。先行理解，不代表放弃判断，只是我们要反对带着自己已有的结论去衡量他人的观点，那样就陷入自我中心的误区。

其次，要尊重个体理解。理解他人观点不代表替代自己的观点，反之是为了更好地完善自己的观点，因此，在教学中要鼓励学生表达出自己独立的见解。需要强调的是，学生的观点必须遵循论从史出的原则。

最后，要引导分析观点差异背后的原因。理解多元观点，并不意味着赞同多样观点，而是要在史实分析和主体差异分析的基础上再作理性判断。

综合来说，由于史实型材料和观点型材料在本质上的不同，因此在教学中的运用也是有所差异的，前者更注重由史及论的过程，后者更注重观点的理解和差异原因的分析。切忌以论代史，只有这样，才能尊重历史研究的逻辑，也符合学生形成完善人格的需要。

第八章　历史教学评价与教师发展

第一节　历史教学评价

课堂教学评价与反思是课堂教学有效性的重要保证。在历史教学设计中，如何进行历史课堂教学评价，如何进行历史教学反思，都需要深入探讨。

一、何谓历史课堂教学评价

课堂教学评价从属于教学评价，对教学评价的理解决定了课堂教学评价所采取的立场。涉及教学评价的界定，代表性观点如下：

教学评价是对教师的教学工作和学生的学习质量做出客观的衡量和价值判断的过程。教学评价是教学过程中必不可少的一个环节，它可以提供教学的反馈信息，以便及时地调整和改进教学，保证教学目标的实现。①

教学评价，就其现代意义而言，乃是利用多种技术手段收集系统、客观的信息，依据一定的标准对教师设计、组织的教学过程及其结果所做的测量、分析与评定。②

教学评价就是对学绩测验所得的数据进行分析及解释。③

教学评价是评判教师的教学与学生的学习是否达到既定的目标的过程。④

可以看到，教学评价标准的结构大都是通过对教学因素分解的方法形成的，它既受教学传承影响，又受到现代教育评价方法的制约。有学者指出，

① 李秉德 . 教学论 [M]. 北京：人民教育出版社，2001：307.
② 刘要悟 . 教育评价导论 [M]. 兰州：甘肃文化出版社，1995：171.
③ 冯忠良 . 结构—定向教学的理论与实践：改革教学体制的探索（上）[M]. 北京：北京师范大学出版社，1992：96.
④ 陈中永，刘文霞 . 教育与心理评价 [M]. 呼和浩特：内蒙古大学出版社，1990：163.

课堂教学的本质是教师有目的、有计划地组织学生进行有效学习的活动过程。作为一种活动过程，应该从目的、过程、效果、氛围和特色方面加以评价，并据此确定了课堂教学评价标准的五项指标。[①] 从评价标准的内容上看，一般是把课堂教学分为教学目标、教学内容、教学方法、教学过程、教学结果几个要素，这几个要素的具体内容则是教学理论中一堂好课的基本要求在课堂教学评价中的具体体现。从各个标准的一致性程度相当高这一事实看，这种策略在实践中已经形成了极强的共识。[②]

课堂是个具有多种结构、多种功能的复杂的综合体，课堂教学评价还需要更广泛的学科理论基础。尽管建构主义学习环境设计强调学习者的自我控制，但是教师的作用仍然不可低估。设计者的任务主要是指导学生如何建构以及如何有效监控、评估和更新已经建构的东西；为学习者定位与设计经验，使之体验到真实的相关的情境。[③] 从此意义上讲，在历史教学设计中，历史课堂教学评价更应采取科学取向，即应该是处方式的，它明确告诉历史教师做什么和如何做。如此，可更明确地影响历史教师，促进教师教学设计能力的提升。

课程改革以来，历史教学评价有了新的发展，重视学生的形成性评价，评价的功能由侧重甄别转向侧重学生的发展，强调评价的真实性、情景性等。确立历史课堂教学评价的指导思想也发生了以下几个方面的转变：一是从强化应试转变为强化提高学生素质作为历史课堂教学的目标。历史课堂教学目标是关系到历史教学是否有效的首要问题，也是一节历史课的方向和灵魂，它直接关系到历史教学内容的组织、教学行为的选择、历史教学形式的编排和历史教学评定的运用。二是从以历史教材为本转变为以学生发展为本。教师从事历史教学的依据不应该是历史教材有什么，而应该是学生需要什么。历史教材如果不适合学生的知识结构、心理特征和能力水平，也是不适用的。三是对学习结果的强调转变为对学习过程和结果都

① 文喆．课堂教学的本质与好课评价问题（之三）[J]. 人民教育，2003（7）：8–10.

② 刘志军．试论课堂教学质量评价标准的建立 [J]. 华东师范大学学报（教育科学版），2002（2）：35–41.

③ 钟启泉．学习环境设计：框架与课题 [J]. 教育研究，2015，36（1）：113–121.

强调。这就要求教师在历史教学过程中坚持目标导向教学，以历史教学目标来管理或评定整个历史教学的每一段过程，不断注意学生的变化，并根据学生的反应随时调整自己的教学，反对那种只顾结果或一味追求分数的做法。四是从关注教师的“教”转变为关注学生的“学”。因此，即使从教师“可教”的操作性角度上看，历史课堂教学评价一方面关注教师如何实施教学，如教师的言语表述是否流畅、教师的板书设计是否合理、教师的情感投入是否具有感染力、教师的教学设计是否合理以及教师一节课的教学思路是否清晰等，另一方面，也要关注学生的“学”，这主要包括学生在历史课堂教学中的学习表现、师生互动、自主学习以及同伴合作等，学生在学习过程中的参与热情、情感体验和探究以及如何思考的过程。通过了解学生在课堂教学中如何思考、如何交流、如何合作以及如何讨论等行为表现，以此来评价历史课堂教学的效果。

二、历史课堂教学评价的类型

历史课堂教学评价按照不同的分类标准可以有不同的类型，如，按照收集评价信息的方法可以分为现场观察评价、监视监听评价、录像后评价和问卷评价；按照评价性质可分为诊断性评价、形成性评价与表现性评价；按照评价主体可以分为领导评价、同行评价、学生评价和教师自我评价等。

（一）依据评价性质的分类

1. 诊断性评价

诊断性评价又称为准备性评价，指的是在教学开始之前或教学进行之中对学生的学习准备情况或特殊困难进行的评价，是对教学活动的准备。它主要是对教育背景、存在的问题及其原因做出诊断，以便“对症下药”，据此进行教学设计。诊断性评价的实施时间一般在课程、学期、学年开始或教学过程中需要的时候，内容主要有教学中可能面临的问题；学生知识储备的数量和质量；学生的性格特征、学习风格、能力倾向及对本学科的态度；学生对在校学习生活的态度、身体状况及家庭教育情况等。概括地说，诊断性评价的作用主要表现为三个方面：确定学生的学习准备情况，明确学生发展的起点水平，为教学活动提供设计依据；识别学生的发展差异，因材施教；诊断个别学生在发展上的特殊障碍，以作为采取补救措施的依据。这种诊断性评价类似于医生给病人看病，是针对学生在某一方面的学习内容或认知能力发展上的严重困难，运用某种特殊的评价手段而做的诊断，目的是找出造成严重困难的原因，进而采取相应的补救措施。所以，这种评价既可以在某种教育活动开始之前进行，也可以在教育活动过程之中进行，只要发现有特殊困难的学生，就应该有针对性地实施这种教学评价与反思的设计评价。例如，对存在明显交往障碍的孩子进行诊断，分析造成孩子交往障碍的原因，进而提出帮助孩子发展交往能力的措施。一般地说，教师对学生进行诊断性评价的手段主要有以前的相关成绩记录、摸底测验、智力测验、态度和情感调查、观察、访谈等。

2. 形成性评价

形成性评价又称为过程性评价，是在课程研制、教学过程中，对课程编制、教师的教学和学生的学习动态情况进行的系统性评价，目的是及时了解活动进程的结果，及时反馈信息，以便及时修正、调整和强化。形成性评价的主要目的不是选择少数优秀学生，而是发现每个学生的内在潜质，提高学生的学习能力，并为教师提供反馈。对于学生而言，形成性评价可以使他们获得成功的体验，进而强化他们的学习动力及学习结果。对于那些还没有掌握单元学习任务的学生来说，形成性评价有助于发现他们学习中存在的问题，有利于学习问题的解决。

3. 表现性评价

表现性评价是教师让学生在真实或模拟的生活、学习情境中，运用先前所获得的知识解决某个新问题或创造某种东西，以考查学生知识与技能的掌握程度以及实践、问题解决、交流合作、批判思维等多种复杂能力的发展状况，它主要是通过客观测验以外的行动、表演、展示、操作、写作等更真实的表现来评价学生口头表达能力、文字表达能力、思维能力、创造能力、实践能力的评价方法。其基本特点：评价的情境问题具有开放性、真实性、综合性；评价方案具有灵活性；评价主体具有多元性；评价结论以性质描述为主，辅之以必要的等级；评价具有持续性，鼓励学生通过合作解决问题。表现性评价较多适用于对历史实践能力和创新精神的评价，可运用于学生的社会调查、专题研究、作品创作等学习活动。

（二）依据评价主体的分类

1. 领导评价

领导评价主要是指领导班子而不是某一位领导或某几个领导的个人评定，这种评定影响较大，具有较大的权威性。上级教育行政部门或学校领导通过参与历史课堂听课加强和改善教学管理，它可以和同行评价、学生评价互相参照补充。

2. 同行评价

同行评价是指由教研室或学校的其他教师对该教师的历史课堂教学进行评价。由于教师之间尤其是本学科教师之间相互比较了解，对课堂教学内容较为熟悉，因此，同行评价易于做出恰如其分的评价，同时也有利于教师之间的学习和交流。

3. 学生评价

学生评价主要是指学生参与课堂教学评价。学生是对教师教学的最直接感受者，他们应该是最有发言权的。学生评价可以反映出教师在学生中的威信、受欢迎程度以及师生关系，尤其可以反映出教师的教学能力、教学方法是否符合学生的特点和要求。当然，学生评价主要是从个人学习的角度出发来评定教学，学生缺乏对教学目标或意图、内容和方法上的总体了解，他们的学习方法、学习成绩甚至师生关系都会影响对教师的课堂教学评价。因此，学生评价应该与其他评价相对照。

4. 教师自我评价

教师自我评价是指教师对自我教学活动的评价。教师对自身教学活动进行评价是历史课堂教学评价的一个重要途径。自我评价一般采用自我分析或自我反思的方法。如拟定一份“自我反思单”，以检查自己的教学情况。

三、历史课堂教学评价的基本要素和方法

课程改革的主阵地在课堂，课堂教学是教师传授知识和学生发展智力、培养能力的最佳途径。提高教学质量，课堂是关键。课堂教学是历史学习的主渠道，建立完善的课堂教学评价机制，既关注教师的“教”，又关注学生的“学”，实现促进学生发展和教师专业成长的双重目标，是确保中学新课程课堂教学改革顺利进行的保障。

（一）历史课堂教学评价的基本要素

根据历史课程改革理念，历史课堂教学评价必须坚持以学生发展为本的教育理念，同时，也必须坚持以教师自身的专业发展为本。这就要求历史课堂教学评价需要关注教师、学生两方面的行为和变化。基于此，历史课堂教学评价的基本要素可从以下几个方面进行。

1. 教学目标

教学目标不仅是课堂教学活动的出发点和归宿，还是课堂教学评价的重要参照。在历史课堂教学中，要根据历史教学内容以及学生的历史知识水平，确定比较适宜的教学目标。教学目标的基本要求是要具备科学性、合理性和明确性以及可检测性。教学目标主要评价教师对一节课的历史教学是否体现历史课程目标的三个基本维度，即知识与能力、过程与方法、情感态度与价值观，能否体现历史课程对学生科学精神和人文精神的关怀。对学生而言，主要通过学生的课堂学习，评价学生的学习目标是否明确，是否具有合理性。

2. 教材处理

历史教材是根据历史课程标准编写的教学用书，它根据历史课程标准中的内容标准及要求，用文字的形式系统阐述，是历史课程标准的具体化。历史教材在历史课堂教学中具有重要作用，它不仅是学生学习历史的重要材料，也是教师从事历史教学工作的重要工具。教师要上好历史课，就必须钻研历史教材，真正吃透历史教材，精心组织历史教材，科学处理历史教材。在历史课堂教学中，教师不能把历史教材内容原封不动地搬到历史

课堂上，而必须根据历史教学目标、学生的掌握知识情况以及其认知特点，对历史教材进行合理的调整与处理，重新组织、科学安排教学程序，选择合理的教学方法，使历史教材能够发挥最佳作用。

3. 教法选择

教学方法是为了完成一定的教学目标，师生双方在教学活动中采用的手段或策略。当前的历史新课程改革非常强调培养学生的创新精神和实践能力，培养学生积极主动地参与历史教学的意识，培养学生的自学能力。因此，教学方法的选择要做到的是，有利于学生学习积极性、主动性的调动和主体地位的落实，有利于学生良好学习习惯的形成和学习能力的培养，有利于学生个性特长的充分发挥，有利于学生创新能力和实践能力的培养，有利于学生的全面发展。

4. 学法指导

培养学生的学习方法是历史课堂教学的重要环节。对学生的学习方法进行指导具体包括：指导学生养成良好的历史学习习惯，指导学生学会拟定从事历史学习的学习计划，指导学生掌握历史学习的方法，指导学生掌握查阅历史工具书与查找历史参考资料的方法等。

5. 教学过程

这里主要评价教师在历史课堂教学中，各个环节安排是否合理、科学，结构是否紧凑，层次脉络是否清晰；同时，各种课堂教学要素的组合是否有一个最佳的结合点，是否能以学生的学习为中心，通过创设富有情趣的教学情境来组织学生参与学习活动。

6. 现代教育技术

在历史课堂教学中运用现代教育技术特别是多媒体课件，是历史教学发展的趋势。在历史课堂教学中，教师对现代教育技术如果能够熟练操作，运用适当，效果良好，就应该给予充分的肯定。现代教育技术尤其是历史多媒体教学是历史课堂教学评价的重要方面。当然，这里的教育技术运用必须恰如其分，而不是喧宾夺主、华而不实。

7. 师生互动

从某种角度讲，历史课堂教学是一种互动过程。教师能否充分调动学生的积极性，在发挥教师主导作用的同时突出学生的主体地位，反映了历史课堂教学中师生的配合默契程度。师生之间的相互合作程度对提高历史课堂教学质量和达成历史教学目标，具有十分重要的作用。该要素被纳入历史课堂教学的评价体系中，主要评价教师能否充分调动学生的学习积极性，能否合理组织管理以提供给学生更多的参与机会与培养学生主动参与的意识、主动学习和主动探究的精神。

8. 教师教学态度

教师教学态度反映了教师的敬业精神，反映了教师的职业道德水平，是教师素质的一个重要方面，也是体现历史课堂教学质量的重要参照。教师教学态度主要包括教师参与教学的激情、教师的教学准备、教师对学生的态度等方面内容。

（二）历史课堂教学评价的主要方法——课堂听课

所谓听课，是一般教师或评价者凭借眼、耳、手等自身感官及相关的辅助工具，直接从课堂教学情境中获得相关的信息资料，从感性到理性的一种教学评价方法。

1. 听课前的准备

其一，明确听课的目的和要求。无论何种类型的听课，听课前都应该确定具体的目的和要求。听课者必须明确这些目的和要求，否则就不可能得到有效、真实的听课信息。课堂听课是历史课堂教学评价的主要方法，应该有制度、有规范、有明确的目的要求和具体的操作计划。

其二，熟悉历史课程标准和历史教材。历史课程标准是历史教学评价的基础，是进行历史课堂教学评价的主要依据。新课标历史教材是历史课堂教学内容的载体，是开展历史教学的基本教学材料。熟悉历史课程标准和历史教材是听课前的基本要求。

其三，设计听课记录。听课记录是课堂教学听课的必要准备，不同的课型可能有不同的听课需求，听课的侧重点也有所不同。但常规的听课记录一般由听课实录和听课评价两个方面组成。

2. 听课的进行和反馈

其一，认真听课，做到听、看、记、思有机结合。听课不仅是复杂的脑力劳动，而且是一种方法和技能。一是听什么？怎样听？主要应该听的方面是：教师是否体现新课标的理念、方法和要求；是否突出重点，详略得当；语言是否流畅，表达是否清楚；是否有知识性错误；是否有创新的地方；教师的思维是否宽泛，学生的发言是否准确。二是看什么？怎样看？主要应该看的地方是：教师主导作用的发挥，如教态是否亲切自然，板书是否规范合理，教具运用是否熟练，指导学生学习是否得法，处理课堂偶发问题是否灵活巧妙等；学生主体作用的发挥，如课堂气氛是否活跃，学生是否参与教学过程等。三是记什么？怎样记？原则上听课记录应该包括两个方面：听课实录和听课评价。四是思考什么？怎样思考？主要应该思考的是：教师为什么要这样处理教材，换个角度行不行、好不好；对教师成功的地方和不足或出现错误的地方，要思考原因并预测对学生所产生的影响；如果是自己来上这节课，应该怎样上，进行换位思考；如果我是学生，我是否能够掌握和理解课堂教学内容；新课程的理念、方法、要求到底如何体现在日常教学中，并内化为教师自觉的教学行为；这节课是否反映了教师正常的教学实际水平，如果没有听课者，教师是否也会这样上，等等。总之，应该根据听课目的和要求，有所侧重地把听、看、记、思有机结合起来。在教师和学生发言时，就要以听为主，兼顾观察；教师在板书和学生在练习时，就应该以看为主，兼顾其他；学生在练习时，应该以思考为主。

其二，积极参与评课，反馈要实事求是，以鼓励为主。课后评课与反馈直接关系着听课的成效。课堂听课后，评价者要积极参与评课，对教师的自评、学生的反馈以及其他听课教师的评价都应该认真记录。教师的自评能够提高教师的自我意识，提高教师的教学反思能力。为了使教师的自评有较为明确的目的性，可以在课后讨论时拟定提纲。提纲的内容可以突出以下几方面：本节课是否达成课堂教学目标？课前的教学设计与实际的教学情况有何差别？本节课的优点和特色有哪些？本节课存在的问题有哪些？以后如何改进？等等。学生的反馈对一节课的评价至关重要，搜集学生的反馈信息既可以通过与学生座谈，了解他们所掌握的教学内容情况以及他们对教师教学情况的意见，也可以通过课后调查问卷的方式，直接让学生参与课堂教学的评价。其他听课教师尤其是作为评价者，对课堂教学评价的参与非常重要。评价者在听课结束后要反馈及时，如果需要集体讨论后才能给予反馈，或者采用其他方式，也必须及时抓住时机。同时，评价者在听课后要尽可能与被听者进行交流，评价者的态度要虚心诚恳、热情主动。针对不同的对象要采取不同的语气和方式，例如，对经验不足的青年教师，不要把存在的问题讲得太多，应该有重点地指出存在的突出问题，以建议的形式提出，并且尽可能地挖掘青年教师的闪光点，让他们多一些成功的体验；对有经验的教师要实事求是地指出其讲课中存在的问题和需要改进的地方，提出更新更高的要求，使他们意识到还有需要改进的地方和提高的空间，促使教师专业能力不断提高。

四、历史课堂教学评价的设计

基于上述分析，历史课堂教学评价的设计至少涉及教学目标、教学内容、教学流程、教学方法、教学实施效果、教学反思等方面。

历史教学目标评价的设计：①是否清晰具体；②是否能针对具体学情；③是否能聚焦内容标准要求。

历史教学内容评价的设计：①是否体现学科教育价值；②教材内容处理是否合理；③是否与教学目标相契合。

历史教学流程评价的设计：①是否基于并超越教材的知识逻辑；②是否适合学生的认知逻辑；③是否能建构学生的历史逻辑。

历史教学方法评价的设计：①是否能基于特定教学目标；②是否与特定教学内容相契合；③是否能体现特定教学方法的特点。

历史教学实施效果评价的设计：①活动节奏是否恰当；②师生互动是否有效；③过程生成是否有质量。

历史教学反思评价的设计：①自我评价是否恰当；②问题反思是否清

晰；③教学改进是否有针对性与可行性。

五、何谓历史教学反思

对教学反思的理解是以对“反思”的理解为基础的。美国教育学者约翰·杜威认为，反思是思维的一种形式，是个体在头脑中对问题反复、严肃、执着的沉思。反思可以将含糊的、可疑的、矛盾的、某种失调的情境转变为清楚的、有条理的、安定的以及和谐的情境。反思指向于自己所经历的特定思想、心理感受及行为的体验与思考。教学反思是教师以自己的教学活动过程为思考对象，通过回顾、诊断、体验与反省等方式，对自己的教学观念、教学经验、教学行为等进行批判性思考的过程。通过对教学经验的肯定强化或否定修正，提升教师自身的教学能力。

更进一步地，倘若将反思作为人的一种生存方式，反思应是“不断探究他自身的存在物——一个在他存在的每时每刻都必须查问和审视他的生存状况的存在物。人类生活的真正价值，恰恰就存在于这种审视中，存在于对这种人类生活的批判态度中”。[①]反思者把他们自己的命运和整个事件进程的结果富有同情地、戏剧性地看作一件事。对教师而言，教学反思则成了具有主观能动性的教师的教学生活的一部分，是教师对自己专业生活赋予意义的追求与过程，也是教师自主进行专业提升与发展的重要方式。

在历史教学设计中，历史教学反思旨在提升教学设计者的设计与执行能力，是对历史教学设计所涉及诸要素的深入考察与思考。历史教学反思体现为课前反思与课后反思。课前反思通常是在历史教案设计中的教学反思，主要思考如何结合历史课程标准、历史教材特点及学生实际情况，反思教学立意与目标的确立是否合理、对历史教材内容的理解与设计是否得当、教学逻辑与方法的选择是否适切等，它是历史教学设计的一种自觉行动。课后反思主要是对整个历史教学过程的教与学的反思。每节课后，教师要利用一定时间对历史课堂教学过程进行“复盘”，通过总结、思考教与学的得失，客观地评价历史课堂教学目标是否完成、课堂中学生的困惑

① 约翰·杜威．人的问题[M]．傅统先，邱椿，译．上海：上海人民出版社，1965：60-85.

是否得到解决、教学过程是否得到有效实施、需要有哪些弥补措施与改进方式等。课后反思旨在改进教师的课堂教学，也可使教师的教学经验更加趋于成熟与理性。

六、历史教学反思的类型

教学反思是教师进行的自觉性思维活动，具有能动性、自检性与实践性等特点。在教学设计中，根据历史教学反思在不同维度上所呈现的不同内容与特征，可划分为不同的类型。

从发生的时间维度看，历史教学反思可分为历史课堂教学前的反思与历史课堂教学后的反思。历史课堂教学前的反思是指在课堂教学设计中，教师对自己的教学观念、史学观念、历史教学过程以及所采取的教学方法等要素设计的反思，并对可能出现的教学状况做出预测与评估。历史课堂教学后的反思是指教师完成历史教学后，对历史教学过程进行分析并提出改进意见。在日常教学中，教师所做的反思通常就是历史课堂教学后的反思。在教学设计或说课比赛过程中，所涉及的教学反思，常常是历史课堂教学前的反思。

从指向的行为主体维度看，历史教学反思可分为亲历性反思和观察性反思。亲历性反思是教师对自身执教的教学过程的审视与分析。在教学设计中，历史课堂教学后的反思就是此类亲历性反思。亲历性反思在一定程度上讲是教师自身通过“试误”而获得的专业性反思。观察性反思是教师通过观察别人的教学案例、课堂片段或教学实录等而获得的关于他人教学行为的体验与反思。此类反思有利于吸取他人教学的经验或教训。备课设计中的教学反思有些是借鉴他人教学经验的观察性反思。

从指向的对象维度看，历史教学反思可分为历史课堂中的教师行动之反思和教学反思之反思。前者是对历史教学活动的反思，后者是对历史教学反思自身的反思。吉登斯认为，在阐述反思性时，应当包括对反思的反思。教学不是预设方案的简单执行与重复，而是教师利用个人的教学创造性去解决教学中的种种教学事件。教师不仅要对自己的教学活动进行检视，还要对自己的教学体验进行再反省。

从反思的方法上，历史教学反思又可划分为：一是陈述式反思。即教师从旁观者的角度，全景式地回顾课堂教学中的教学行为与学生反应，对其中的合理性与有效性进行分析与呈现，判断与评述其中的某些要素设计是否合理。二是对比式反思。即教师通过观察其他教师的课堂设计，将自己的教学行为和过程设计与其他教师的教学行为和过程设计做对比，发现不足，吸取经验，以引起自己的思考。三是讨论式反思。即教师借助于讨论、交流形成自己的教学反思。四是复盘式反思。即教师通过对课堂教学的复盘式模拟，分析教学得失，并在此基础上形成反思。教育学者麦伦曾对教学反思的层次和要素进行了分析，他指出，教学反思有三个层次：第一层次，主要针对课堂情境中各种技能与技术的有效性；第二层次，主要针对课堂实践的假说和教学的结果；第三层次，主要针对道德和伦理以及其他直接的或间接的与课堂教学有关的规范性标准。就历史教学设计而言，教学反思主要侧重于第一、第二层次，尤其侧重于课堂教学的各要素设计与实施结果。具体而言，历史教学设计中的教学反思，首先，要对本课教学设计所采用的教学理念、史学观念、教学立意与目标进行反思。其次，还要对教材的理解与处理、教学重难点的理解与把握、教学逻辑与方法的选择与运用、课堂教学效果、课堂教学态度、教学基本功、教学方法、教师素质等进行反思。最后，也要反思学生在历史课堂中的学习态度、学习方式、学习能力、创新意识、思想认识、学习价值观、学习兴趣、学习动机、自学能力等，在知识与能力、过程与方法、情感态度与价值观等方面的发展情况，尤其要聚焦于本课落实历史核心素养的实际状况。对一节课的设计来讲，教学设计既要从整节课的宏观角度反思此节课的立意与价值，也要从微观层面反思具体课堂实施的细节性设计，具体地还可再细分为“对课堂整体状况的反思”“对学生学习状况的反思”“对教学内容、方式、技能技巧的反思”“对教师自身教学状况的反思”等方面。

七、历史教学反思的维度

教师是否进行和怎样进行教学反思取决于其专业身份的定位及学术视野。就目前对教学反思内容的研究来说，存在不同的内容维度及角度。

有学者曾将教学反思的内容划分为以下五个指向：指向 1——课堂教学指向：思考的内容主要包括分析、评价教学活动本身的利与弊以及影响教学活动的因素，包括教学内容重点、难点的分析，教学方法、教学策略、教学技巧的运用等。指向 2——学生发展指向：分析、考虑与学生发展、能力培养相关的一些因素。分为三个方面：其一是关注学生的学习成绩和各种能力的培养；其二是关注学生学习兴趣以及学习方法的培养；其三是关注学生健全心理和人格的发展。指向 3——教师发展指向：分析、考虑与教师自身发展、素质提高相关的一些因素。具体包括三个方面：一是关注教师自身的专业知识和专业能力；二是关注教师的人格魅力与自我形象；三是关注教师的待遇。指向 4——教育改革指向：关注考试制度的改革以及当今进行的课程改革，关注宏观教育体制的改革以及教育改革的实效性。指向 5——人际关系指向：关注教师如何与学生形成和谐的人际关系以及如何与学生家长相处，共同教育、培养好学生，也包括关注同事之间的和平相处。[①] 针对教学技巧维度与教学理论维度，有学者认为，技术维度的反思是对课堂情境中各种技能与技术的反思，包括常规技能的反思和临场应急技巧的反思。常规技能的反思重点在语言表达是否合适、教学方法与手段运用是否合理上。对教学理念维度的反思是教师对自己的教学理念进行反思，比较自己在教学中“所采用的理论”与专家“所倡导的理论”，促进教学理念的自我更新。“所采用的理论”是指每个教师自己特有的关于教学的观念和规则，这些观念和规则多数存在于教师对教学的“内隐理念”之中。而“内隐理念”是源于教师个人的经验或教师广为接受的假定、规则。[②] 也有学者认为，从关涉的人的角度看，需要反思教师与学生的关系、

① 申继亮，刘加霞．论教师的教学反思 [J]. 华东师范大学学报（教育科学版），2004，22（3）：49.

② 杜志强．教学反思的五个维度 [J]. 教育导刊，2009（11）：54–56.

教师当前的自我与过去的自我的关系、教师本人与其他教师的关系、教师与家长的关系等；从关涉的教学要素的角度看，需要思考教师与教学目标、课程内容、教学方法、教学评价等的关系；从关涉的教学支持系统的角度看，需要思考教师与社会文化、课程与教学改革、时代精神与教学理念等的关系；等等。

以上所描述的教学反思内容较为宽泛。对历史课堂而言，教学设计中的教学反思主要聚焦于以下内容维度。

（一）教学立意与目标维度

本节课的教学立意是否聚焦；是否能贯通本课内容所涉及的史实；是否能达成课程标准所规定的内容要求；所列的课堂教学目标是否与课程标准的内容要求有内在的一致性。

（二）教学内容维度

教师对教学内容的理解是否准确；是否准确地把握教学重难点；能否较恰当地理解与处理教材内容；能否合理地开发与利用教学资源，包括运用史料、设计历史故事等。

（三）教学逻辑与方法维度

教学逻辑与结构是否合理；是否为学生搭建合理支架；能否体现学生认知结构；课程导入是否恰当；教学层次与结构安排是否合理（体现于教学时间分配、教学内容密度安排、教学过程的条理性、课堂小结等）。

（四）课堂环境创设维度

教师是否创设情境，活跃教学气氛；是否优化教学环境，启迪学生思维；能否采取措施，促进学生积极参与课堂教学。

（五）学生参与程度与效度

课堂教学是否体现了学生自主学习与合作学习；学生独立思考的机会是否存在；学习效率是否得到有效保障。

在历史教学设计中，教师要聚焦历史课堂，自主、理性地捕捉课堂中能够引起反思的事件或现象，从上述维度系统地检查与加工，形成更为合理的设计方案。在教学设计中，教师要形成涉及观念与操作的“问题链”，即“反思性教学的观念，存在于‘我为什么要反思—我什么时候反思—我反思什么—我怎样做就算是反思了’这个问题链中[①]。”反思性教学的操作存在于“‘我做了什么—我的做法有效吗—我的做法合理吗—我还能怎样做’这个问题链中[②]。”教学设计要追求教师教学行动的有效性和合理性。比如，教学目标要适当、合理，既不过于艰难或过于轻易，也不要使教学目标偏离课程标准与教学立意，教学目标要充分考虑学生的特点、教学内容的潜力及教学方法的功能。只要教师从上述维度及时反思教学，及时发现与解决问题，其教学行为就会不断趋于有效与理性。

第二节　历史课程教学评价

一、历史课程评价现状

从目前来看，我国历史学科领域中的学者及教师对历史课程评价的分析依然是将课程评价与教学评价混在一起，没有对二者进行区分。同时，人们对历史课程评价的关注点也被局限在教学评价之中，呈现出很多问题，如重结果轻过程、重知识技能轻情感、态度与价值观、单一的评价内容与评价主体、师生过于被动。他们认为历史课程的评价主要包括对历史教学工作的综合评价、对历史教师的综合评价、历史课堂教学的评价、学生学习历史课程的综合评价、考试与考查的评价等。

这些学者与教师将课程评价与教学评价等同在一起，但却将课程评价放在了教学评价的层面上，课程评价的对象过于单一，关注的也是课程实施以及课程实施以后的评价。目前，我国历史课程评价的误区在于：“评价对象窄化、评价主体单一、评价方法单调、评价标准呆板、评价目标过于量化、过分注重总结性评价以及评价过程中的‘独白’化等。”从另外一个层面上来说，现在我国还没有建立真正的历史课程评价，因此，缺乏

① 刘庆昌．反思性教学的两个问题链 [J]. 课程・教材・教法，2006（8）：13–7.
② 刘庆昌．反思性教学的两个问题链 [J]. 课程・教材・教法，2006（8）：13–7.

对课程本身的质量评价。

历史课程评价要求课程不仅要包含明确的目标，还要包含为了实现目标所采取的必要手段，否则是无法实现全面评价的。确定课程目标是课程评价的一个标准，因此，要重视课程目标的清晰性与可测性。历史课程中有着明确的教学目标，但是这些目标是否是具体的、可测的，却是一个未知数。而课程目标不仅是师生双方教学活动的主要依据，也是课程评价的一个重要指标。评价课程目标，就是为了判断课程实施的合理性与可行性，同时，这也是实施与判断课程实施的重要指标。如果能够将课程目标看作是课程评价标准，那么就能够根据这些指标判断教学实施过程是否真正达到了预期的目的，并且准确判断哪些内容尚未达到预期目的、哪些还需要改进等。

历史教科书评价是评价者对历史教科书进行的评价，评价的目的是判断教科书在内容的选择、组织与编写上是否符合新课标的要求，教科书内是否依然存在问题等。在教科书评价标准指标体系中，《基础教育课程改革纲要（试行）》认为应该从以下四个方面进行。第一，知识维度。选取什么样的知识作为教学的内容，能否将学生学习的必要知识以恰当的方式汇集起来，与教科书的质量水平有着密切的关系。第二，思想品德与文化内涵维度。教科书必须有丰富的思想文化内涵，必须展现高尚的道德情操。第三，心理特点和发展水平。教科书应充分注意调动学生学习的主动性，发挥学生的主体性，同时，要处理好主动学习与教师指导的关系。第四，编制水平维度。教科书编写和出版制作水平也是衡量教科书质量水平的重要因素。教科书的编写如果脱离了当前的教育环境、学生和教师的实际，使用起来就不会取得好的效果，也就不是好的教科书。

历史课程实施过程评价是过程评价的重要内容，是课程预期结果与实际结果之间的联系，但是课程实施评价中的因素很多，也比较复杂，所以对课程实施过程进行评价有着十分特殊的意义。影响历史课程实施评价的因素有很多，这实质上不仅要考查课程的实施结果，还要考查课程是在什么背景下实施的，是怎么实施的，造成这个结果的因素是什么等，从本质上说，是对课程实施全过程的记录、检查、反馈与调整等。

历史课程结果评价是对课程实施的效果进行评价，这是决定课程改革是否能够得以推广的一个关键问题。历史课程结果评价的评价对象是全体学生，只有对学生进行测量评价，才能够判断课程教材的效果与价值，才能决定是否需要中止、继续或修改课程方案。

在实施课程评价的时候，一般包括以下教学步骤。①评价者通过研究历史课程标准、教材、教师、学生等资源，共同协商课程评价的内容、目标和方法。②根据信息，确定课程评价的范围与对象。③评价者亲自制定评价方案，并且进行实地考察。④评价者设计评价方案，创设教学情境。⑤根据不同的需要，选择不同的收集信息的方法。⑥搜集信息，判断学生学习活动与标准的差别，并与学生共同协商，修改评价方案。⑦加工处理信息资料。⑧归因、解释与判断收集过的信息。⑨将结果正式写成报告，并将其作为课程决策的具体依据。

二、历史教学评价的对象

教学评价的对象比较广泛，一般包括对学生的评价、对教师的评价、对教学过程的评价。

（一）对学生的评价

1. 学生的历史学业评价

（1）学生历史学业评价的分类与作用

学生历史学业评价是中学历史课程评价的主要依据，评价者应该利用所有科学的方法来收集信息，并对学生的历史学习结果以及学习变化进行合理的判断。从评价的目的来说，学生的历史学业评价包括选择性评价、水平性评价、反馈性评价。从认知层面上来说，学生的历史学业评价包括知识评价、技能评价、能力评价。从项目组织来说，学生的历史学业评价包括专题评价、综合评价。从教学过程中的作用来说，学生的历史学业评价包括形成性评价、诊断性评价、终结性评价。从评价者与被评价者之间的关系来说，学生的历史学业评价包括他人评价和自我评价。从运用评价的方法与角度来说，学生的历史学业评价包括相对性评价与绝对性评价等。

评价是为了促进学生更好地学习，历史的学业评价也是为了促进学生的全面发展，教师必须还原评价的本身作用，使评价能够全面、客观地反映学生的学习过程与学习结果，使其正视自己。《全日制义务教育历史课程标准（实验稿）》指出："学习评价要坚持诊断性评价、过程性评价与终结性评价相结合，教师评价与学生自我评价、同伴评价相结合，量化评价与质性评价相结合的原则。既要注重评价学生的学业成就，如历史知识、能力、思维方法与品质，还要考虑到学习的其他变化，如对所学内容的情感倾向、对学习方式的效果领悟，以及与相关学科的迁移情况，特别是学生历史教学评价方法历史认识的变化。"

（2）学生历史学业评价内容

具体来说，学生历史学业的评价内容主要是知识与能力，过程与方法，情感、态度与价值观的三维发展。在知识与能力上，传统的历史评价使用的多是掌握、归纳、行为等，缺乏行为例证，所以教师的评价标准过于模糊，评价效果也不尽如人意。新课改以来，人们多用知道、了解、简述、说出、概述、列举、认识、说明、解释、分析、评价、设计、制作等具体的描述来进行评价。在对学生的能力进行评价的时候，近些年历史学科的考试大纲中对学生的能力考查的表述十分具体，这也就成了学生历史学业评价的一个重要依据。除此之外，新课标指出，在评价的时候，教师应该体现出历史学科的人文特色以及深远、博大的人文资源，关注学生对历史教育价值本身的认识。

（3）学生历史学业评价的方法

第一，历史习作。这种评价方法能够考查学生收集与处理、挖掘历史信息的能力，同时，能够考查他们的历史思维、语言文字表达等多种能力。此评价方法包括历史小论文、历史影视作品观后感、历史书籍读后感、历史演讲稿、历史短剧剧本、课后作业等。

第二，历史调查。这种评价方法能够考查学生分析信息、解决问题的能力。

第三，历史制作。这种评价方法包括制作历史模型、历史图表、历史课件等，能够考查学生口脑并用的能力。

第四，纸笔测验。这是传统的评价方法。

第五，教师观察。教师应该对学生的整个学习过程进行观察并记录，进而评价学生的学习状态、进展与成效。

第六，学生的自评与互评。自评是学生对自己的学习态度、方法等进行的评价，这可以使其清楚地认识自己的优点和缺点。互评是学生之间就学习态度、方法等进行的相互评价，有利于学生之间的交流与互助。

第七，学习档案。历史学习档案可以让教师对学生学习历史的全过程进行评价。教师应该为每个学生都建立一个学习档案，档案的内容包括考试成绩、历史习作、调查报告、历史制作、学习表现等。

2. 学力评价

学力是指学生在学习中获得的能力、才能或行为倾向，也就是指学生的所有学习能力。学力评价的目的是调查了解学生的学习能力状况与个体差异。学力评价的方法包括观察法、测验法、评定法等。

（二）对教师的评价

教师是教学活动的直接负责人，教师的素质、教学水平等直接决定着教学质量的优劣。对教师进行评价，就是对教师的工作进行判断，主要是为了促进教师取得进步与提高。对教师的评价有很多方面，包括成果评价、教学行为评价与素质评价。

1. 成果评价

这种评价是指从教师所教的学生的学习进展与行为变化来对教师的劳动价值做出判断；这种评价是判明教师工作有无价值及价值大小的最有权威的评价。

2. 教学行为评价

这种评价直接针对教师的教学工作，在帮助教师改进教学、提高教学质量方面具有比成果评价更大的实用性；这种评价方式在实践中受到人们的重视。

3. 素质评价

这是对教师的素质进行的评价。教师专业要求教师具有一定的心理、能力、思想素质以及较高的知识水平；教师素质评价在教师聘任过程中得以广泛应用。

在中学历史教学中，比较常见的教学评价有以下四种。

第一，学生评价。学生是历史教学的直接体验者，所以他们应该参与到对教师评价的活动中。阿里莫里认为，学生是教学过程的主体，他们能够直接感受到教师展开的所有教学活动，所以与他人相比，他们的评价更加细致与周全。另外，让学生参与到对教师的评价之中，还可以加强师生之间的沟通与交流，这为建立一个良好的师生关系提供了可能。

第二，同行评价。同行评价是指本校的教师、校外教师与专家对教师进行的评价。这种评价本身便是一个相互学习与交流的过程，同时能够大大促进教师专业教学水平的发展。

第三，教师自评。教师自评是指让教师就自己的教学活动进行评价的方式，也是教师对自己所设计的教学活动进行自觉修正的过程。

第四，领导评价。领导评价是指领导班子对教师的教学行为进行的评价。要想真正客观、全面地做好评价工作，领导班子就必须掌握全面的信息。

（三）对教学过程的评价

在传统的教学中，评价对象往往被局限于教学结果的评价之中，这大大影响了教学评价的效果。新的教学评价强调对教学进度以及教学过程中的师生、生生交流等进行评价，突破了传统评价中只重视学生学习结果的传统模式。教学过程的评价属于动态评价，主要表现在评价侧重于学习的过程以及认知的变化，更加看重评价者与被评价者之间的互动关系，强调要将评价与教学结合在一起。在《多元化教学评量》一书中指出："动态评价是教师运用'前测—教学介入—后测'的主动介入模式，通过充分沟通的互动过程，持续地评价学生的反应和学习的过程，剖析教学前后认知能力的发展与改变，进而提供发展或改变所需的教学介入的评价方法。"这种评价方式最大的特点就是将教学与评价结合在了一起，既是一种在评价中的教学，也是一种在教学中的评价。

三、中学历史教学评价的标准

在确定中学历史教学评价的内容等多种问题以后，教师就要了解新课改下的历史教学评价标准是什么，什么样的课才能算是一堂好课。一堂好课的五个标准。第一，有意义的课。学生的学习是有意义的。他学到了新的知识；再进一步是锻炼了他的能力；再往前发展有了良好的情感体验，使他产生更进一步学习的强烈要求。第二，有效率的课。这节课必须是对全班绝大多数学生有效的，如果没有效率或者只是对少数学生有效率，那么就不能算是好课。第三，有生成性的课。这节课不完全是预设的，而是在课堂中有教师和学生的真实的、情感的、智慧的、思维的、能力的投入，有互动的过程。第四，常态下的课。这节课不是表演、彩排后的课，而是实实在在的课。第五，有待完善的课。任何课程都有缺陷，都有待完善。

根据历史学科的特点，中学历史评价的主要标准有以下几个方面。

（一）理念与目标的有效实施

首先，教师要有效落实“学生发展观”，使其获得内在与外在的有机统一。中学历史课堂是现代人与历史人物的对话，在课堂上，教师不仅要关注学生的外在发展，即关注学生对记忆、掌握、理解、应用历史知识的能力，也要关注学生对这些历史知识的鉴赏、判断、分析等能力。外在发展是指学生掌握知识的发展；内在的发展则是指学生在历史学习中思维与智慧的发展。为此，在定位教学任务与目标的时候，教师要注意培养学生的怀疑、批判、探究等多种意识，使学生养成独立思考的好习惯。

其次，落实课程内容。历史教科书虽然是学习历史的主要依据，但并不唯一。因此，教师应该充分了解历史课标所指出的课程内容，并为此选择足够的教学资料，对教材内容进行合理的删减与增补，从而为学生探究历史知识做好充足的准备。

再次，整合与落实三维目标。教师只有真正落实三维目标，才有可能促进学生的和谐发展。知识与能力的目标主要是让学生学会历史知识；过程与方法的目标是为了让学生学会学历史；情感、态度与价值观的目标是为了让学生喜欢上历史。

最后，重视培养人文素养。历史教学的目的是为了让学生了解人类社会发展的全过程，并且从历史的角度来思考人、社会、自然以及他们之间的关系，从中提取出人生智慧，并且逐步形成科学的世界观、人生观与价值观，让学生获得全面发展。在历史课堂中，教师必须尊重历史教学规律，尊重学生的认知特点，通过多种手段来引导学生从历史中汲取智慧，使其学会生活、学会交往、学会创造，培养他们求真务实的品质与智慧，进而提升他们的人文素养水平。

（二）体现历史的学科特点

首先，教师要尽可能地再现或还原历史史实。真实的史实是历史的基本元素，是在特定的时间、空间内进行的具体活动，而时间、地点、人物与事件也是史实的基本元素。因此，教师是否能够为学生提供真实的史实，也成了他们的课是否成功的基本因素。

其次，阐释基本的历史概念。历史概念是在基本的史实基础上，通过抽象与概括形成的本质性认识，阐释历史概念可以让学生了解史实的本质，使其更加深刻地认识历史。因此，一堂好的历史课，一定包含着教师对历史概念的有效阐释。而教师阐释历史概念的水平，也能够从侧面反映出他们的教学水平。

再次，梳理历史线索与规律。历史线索与规律是运用分析、综合、比较、归纳等多种思维活动，通过推测与判断历史史实与历史概念等基础上所形成的一种认识，这是历史教学的重要组成部分，也是培养学生学习能力的一个重要途径。

最后，重视培养学生的阅读能力。阅读不仅是语文、英语等语言学科的重要特征，也是历史学科的重要组成部分。从某种程度上说，阅读本身也是一种学习，甚至可以说，没有阅读的学习是不存在的。因此，历史学科应该将培养学生的阅读习惯、阅读能力提上日程。教师也应该指导学生对历史课程目标、历史课程内容、历史材料、历史概念等进行有效的阅读，并且在阅读中收集有用的历史信息，归纳与解释历史现象。

（三）创设有效激发学生兴趣的教学情境

学生在学习中的积极性是由兴趣激发的，这就需要教师在平时多关注学生的兴趣所在，从而设计出能够大大激发学生学习兴趣的教学活动。情境教学法是一种能够有效激发学生兴趣的方法，它不仅能够让尽可能真实的历史场景浮现在学生的脑海之中，还可以让他们更好地体验、感悟、反思历史，从而使其真正了解历史学科的生命力。

四、中学历史课程教学评价的设计与实施

（一）中学历史课程教学评价的操作框架

教师主要从事的评价活动的内容，如表 9–1 所示。

表 9–1 教师评价活动的内容

<table>
<tr><th colspan="2">评价准备</th><th>实施评价</th><th>处理评价结果</th></tr>
<tr><td rowspan="5">设计评价方案</td><td rowspan="2">确定评价目标</td><td>课堂提问</td><td rowspan="2">评定评价结果</td></tr>
<tr><td>课堂练习</td></tr>
<tr><td>开发或选择评价方法</td><td>课外作业</td><td>解释评价结果</td></tr>
<tr><td>设计评价活动</td><td>课堂测验</td><td>反馈评价结果</td></tr>
<tr><td>编制评价方案</td><td>开展表现性评价</td><td>使用评价结果</td></tr>
</table>

（二）中学历史课堂教学评价的设计

设计合理的历史课堂教学评价，是历史教师展开课堂教学评价的重要依据，这直接关系着课堂教学质量评价的质量与效率。因此，教师必须设计优良的评价方案。但是，一个课堂评价方案的内容是不可能做到面面俱到的，所以教师要考虑三个主要的评价方向，即评价什么、怎么评价、怎样处理评价结果。评价什么是指教师要根据具体的历史学习目标进行评价，这是评价的依据；怎么评价是指教师应该使用什么样的评价手段进行评价；怎样处理评价结果是指教师要向学生提供必要的评价信息，与学生进行交流，确定结果。一般而言，比较优秀的评价方案包括以下几个部分。

1. 确定学习目标

在真正实施评价之前，教师必须先明确学习目标，才能够对学生施以评价，即教师要考虑：学生在一节历史课后所达到的学习结果应该是什么样的？他们必须掌握与理解的历史知识是什么？如何才算是真正理解了这些知识？他们的思维能力是否得以发展？得以发展的思维能力是哪一种？学生的实践能力是否得以培养？他们的情感、态度与价值观是否有所变化？只有让所有的教师与学生都明确了解了什么该做、什么必须做、应该做到什么程度，才能够对学生的具体行为与表现水平进行陈述，这也体现在整个评价的过程之中。

需要根据中学历史课程标准制定学习目标。中学历史课程标准从知识与能力，过程与方法，情感、态度与价值观三个层面制定了学习目标，并针对性地提出了相应的评价建议。因此，教师应在此基础上了解并确定应该培养学生具备什么样的智能，以及他们在学习历史中所需要形成的情感是什么样的。在实际的教学中，这个三维目标很难独立存在，一般都是共同发展的，常常是以整体的方式进行评价的。

评价目标也应该与学习目标趋于一致，因为二者对应的都是三维目标。不仅如此，教师应该用一些清晰、可测量的目标术语来表述。在评价中，教师应该收集与分析多种学习资料，使其根据具体的教学目标来设计评价方案，并且通过分析学生对于落实学习目标的各个证据来判断学生的学习情况，并在此基础上做出评价判断，进而促进中学历史课堂的有效展开。

2. 确定评价内容

课堂测评的主要目的是获得对于促进学生成就有用的信息，所以教师应该提前确定评价的内容，以便设计出更加合理的评价任务。一般而言，中学历史课程教学评价的内容主要包括行为描述与水平描述。行为描述内容是指，在一项具体的学习任务中，教师希望学生在活动中如何表现的表述；水平描述内容是指，“在同样的活动中，他们的表现必然是不尽相同的，教师要对他们进行评价，就应该设计评价的等级，描述不同的学生行为表现分别属于什么等级”。对此，教师可以将学生分成不同的层次，即优秀、良好和一般。

3. 设计评价任务

在设计评价任务的时候，教师要设计与学习目标相匹配的评价任务。

在选择评价任务的时候，最基本的一条规则就是检测评价任务是否能够直接测量到目标学习成果。对此，可以先了解评价方式与学习目的之间的关系，如表 9–2 所示。

表 9–2　评价方式与学习目的之间的关系

评价的目的	评价方法			
	选择性反应评价	论述式评价	表现性评价	交流式评价
知识和观点	选择题、正误判断题、匹配题和填空题能够考查学生对知识的掌握程度	可以测量学生对各个知识点之间的关系的理解	不适用于评价这种学业目标，应该优先考虑其他几种评价方式	可以提问、评价回答，并推断其掌握的程度，比较浪费时间
推理能力	评价某些推理形式的应用	对复杂问题解决的书面表述，可评价推理能力	可以观察学生解决某些问题的能力，或通过成果推断其推理能力	要求学生“出声思考”或者通过讨论问题来评价推理的能力
表现性技能	评价学生对表现性技能的理解，但不能评价技能本身	评价对表现性技能的理解，但不能评价技能本身	可以观察和评估这些技能	适用于评价口头演讲能力，还可以评价学生对技能表现的知识基础的掌握
产生成果的能力	智能评价对创作高质量作品的能力的认识和理解	评价对作品创作的背景知识的掌握情况，简单的论文可以评价写作水平	评价创作作品的步骤是否清楚	评价程序性知识和关于合格作品的特点的知识，但是不能评价作品的质量
情感倾向	选择性反应问卷可以探究学生的情绪	开放式问卷可以探测学生的情绪情感	根据行为和作品推断学生的情感倾向	与学生交谈，了解学生的情绪情感

每种评价方法都有不足之处，但也有其优势。为了全面评价学生，教

师在实际的教学活动中要根据不同的学习目标来制定不同的评价方法。

4. 设计历史课堂教学评价量表

为了保证教学评价的科学性与实效性，历史教师应该根据中学课堂教学评价的指标来设计课堂教学评价表，并以文本的形式将其呈现出来。在设计评价量表的时候，教师要考虑四个问题：评价目标需要根据课程标准的要求进行制定；学生的学习水平应该达到什么程度；权重比例如何分配更加合理；语言表述是否准确。

第三节　新课改下的历史教师

新一轮的课程改革改变了传统的教学模式、教学理念以及师生关系等，历史教师在课堂教学中的地位发生了根本性的变化。在新课改下，教师不再是知识的灌输者，而是学生主动建构知识意义的帮助者、启发者、引导者。教师只有不断转变自己的教学角色，才能够真正以问题为媒介，改变传统的程式化、填鸭式教学，才能够真正实现持续地教。

一、历史教师面临的新挑战

（一）教学理念的更新要求

新课改以前，教师的教学观念就是指在课堂上传递学科知识，认为历史教育的根本目的就在于帮助学生掌握基本的历史知识与技能。这种价值观是知识本位、学科本位的思想，同时，也是现在大多数教师所持有的主要教学思想。因此，在评价学生的时候，教师的主要依据仍然是学生的考试分数，忽视了学生的整体性与独特性。不仅如此，教师将教材看作是展开教学的唯一标准，没有考虑到学生的主体性。教师从来没有用发展的眼光看待过学生，认为学生是静止的，从未想过挖掘学生的潜能。在知识观上，由于知识具有客观性、普遍性与中立性的特征，所以教师过于强调创设知识，而忽视了对策略性知识的教学，这直接导致了学生的学习方式是以接受式为主的，教师很少考虑让学生主动建构历史知识。这些传统的观念限制了学生的学习空间，使得教、学、生活、社会相分离，不符合现代“一切以人为本”的教学理念。因此，在新课改的背景下，历史教师首先要做的便是更新教学理念，建立新型的教学观念。

（二）重新定位教师角色

新课改要求教师将更多的精力放在培养学生的思维能力、价值观、创新精神与实践能力之上，这促使了教师重新转变自己的角色，也让教师面临的工作难度变得越来越大。虽然现在很多教师都在积极响应新课改的号召，希望能够做好教师角色与教师职能的转变，但仍有一些教师习惯了传统的教师角色，认为自己是传播知识的主要负责人，因而在教学中坚持知识至上的原则，认为知识的数量与学习速度才是评价学生的标准与尺度，比较排斥学生对知识的选择与判断，这些教师常常以长者、权威者自居，认为学生应该无条件地服从自己的管理，忽视了学生的个性差异与独立思考。另外，这些教师认为教科书才是教学的主要内容，他们所采用的主要教学方法也是一些单一的教学方法，并不能有效激发学生的学习兴趣。因此，新课改下的教师一定要重新定位自己的教师角色，重新考虑自己的工作重点。

（三）提升自身的创造能力

历史课程应该是“三级课程”，即除了国家、省区的课程制度以外，各个地区、学校、教师也可以根据具体的需要开设特色课程，课程开发的权力也下放给了教师与学校，所以教师也是开发课程的一个主体，这就对教师的创造力有了更高的要求。但即使新课改给教师留出了更多的权力，他们却并不热衷于开发新的课程，即便有一些校本课程体系，大多数也是学校在原有的基础上稍加变动而成的，并没有体现出创造性。也有一些学校会简单使用其他学校开发的校本课程，丝毫没有体现出本校特色。还有一些校本课程的随意性比较大，并没有进行长期规划。造成这些问题的主要原因便是教师比较缺乏创造力。因此，新课改下的教师一定要具备创造力，如此，才能适应当前历史课程的教学需要。

二、历史教师的发展

一般来说，教师在最初都怀揣着教书育人的梦想，认为自己应该身正为范、学高为师，希望成为能够改变学生一生的教师。但很多教师在正式进入工作岗位以后，会因为各种各样的原因忘记自己最初的理想。那么，历史教师的理想应该是什么呢？

（一）历史教师的理想

1. 学高为师

为了推进新课改与素质教育的发展，现在的中学历史课程已经呈现出开放性、研究性、选择性、多元性、差异性等多种特征，这就需要历史教师具备丰富的学识。因此，中学历史教师要树立终身学习的观念，在不断学习中更新自身的知识结构，在实践中重视理论学习，在理论学习中重视实践总结与反思，真正成为博学多才的优秀教师。

2. 身正为范

教师一直都是高尚文雅、端庄友善的代名词，是真、善、美的代言人，也是学生成长路上的指路明灯。这些特点决定了一个优秀的教师首先必须是一个品德高尚的人。人们常说的“学高为师，身正为范”就是这个道理。因此，新课改下的中学历史教师必须具备高尚的道德，对自己的职业有着高度的责任感，兢兢业业，用自己的一身正气来影响学生，促使学生养成健康的知、情、意、行。

3. 专家型教师

专家型教师是教师成长的最终方向，其主要特点有：形成教学专长需要一定的教学情境、时间与经验；自主性强；处理课堂突发事件的能力较强；创造力较好；解决问题的方式多样、科学、有效。一般而言，整个教学活动可以分为课前计划、课堂管理与教学、课后评价三个部分，专家型教师在所有的教学环节中都具备高超的预见性与灵活性，并且能够在整个教学过程中贯穿以学生为主的教育理念，会使用灵活、多变的方法来解释一些专业问题，还能够做好新知识与旧知识之间的衔接与应用等。总体来说，专家型教师就是有着成熟的教学动力、人格、教学能力的教师。

（二）历史教师的发展

教师的素质与工作成果可以反映他们的成长。一般来说，可以将教师的发展与成长分成四个阶段。

1. 准备期

职业准备期是指历史教师正式从教之前的准备阶段，也就是学习阶段。这个阶段的主要活动就是学习，包括基础教育中的学习与高等教育及职业教育中的专业学习，这对于教师能够成长为什么样的教师有着至关重要的影响。

2. 适应期

职业适应期是指历史教师在真正走上工作岗位以后，从学习走向教学工作的适应期，他们在这个阶段会具备最基本的教育教学能力与其他的教学素质。这个阶段的主要教学矛盾是教师必须从书本知识走向实际操作，并且要将间接经验转化为直接经验，从而逐步解决实际工作中遇到的问题。只有经过这个阶段的锻炼与成长，教师才能算作是一个合格的教师。

3. 发展期

职业发展期是指历史教师在适应教育工作以后，在教育实践工作中继续锻炼自己的教学能力与素质，并且具备较为熟练的教学技能的阶段。如果教师经过了这个阶段并达到合格水平，那么他就极有可能成长为骨干教师。

4. 创造期

职业创造期是指教师逐步进入探索与创新的时期，他们会在此过程中形成自己的教学风格与教学见解，只有经过这个时期的探索与研究，才有可能成长为一个专家型教师。

第四节 中学历史教师的专业素养

一、专业知识

（一）通史与相关历史知识

历史教师应该精通中国通史及世界通史，并且要夯实自己的专业知识。新课改下，历史教师要掌握历史课程标准中所涉及的主要专题史、地区史、国别史、断代史等。现在的初中历史课程中都涉及了中国通史、世界通史，这就要求教师要具备通史知识与其他相关历史知识。

（二）其他学科知识

历史学科的功能是为了让学生学会使用历史唯物主义的基本原理来分析具体的问题，这就要求教师必须具备一定的政治理论修养，如马克思主义哲学、政治经济学、科学社会主义原理。只有如此，历史教师才能够更加正确地认识历史，才能够更好地教学。

在文科教学中，地理是空间载体，历史是时间载体，政治是价值观载体。因此，教师必须灵活掌握政治、地理等多种学科的知识，才能够帮助中学生在学习历史的过程中融会贯通，帮助他们减轻学习负担。

就目前来说，培养学生对史料的解读能力是中学历史教学的一个重要任务。要想做到这一点，历史教师必须能够看懂文言文与现代文的资料，分清这些资料的层次与内容，最大限度地挖掘有效信息，从而为分析与评价做好充足的准备。

（三）历史学与考古学的最新动态

历史科研能力的发展促使了史学界的发展与进步，每一次历史教材的修订都体现了史学研究成果。但是，由于中学历史教材的编写周期比较长，无法及时反映最新的史学研究成果，因此，教师应该及时了解史学科研的最新动态。这不仅可以及时更新自己的知识结构，还可以让学生学到更全面的、更先进的历史知识。

二、史学研究能力

（一）史学研究能力的内容

历史教师与史学家有一些相同之处，他们都需要理解与阅读历史材料、解释历史现象、评价历史人物与事件等。但是，历史教师面临的大多是得以解决的领域问题，一般而言，他们能够通过查询资料解决问题。但是，为了改善历史课堂的教学质量，教师也应该具备一定的历史研究能力。

1. 历史阅读能力

历史学科的阅读材料能够按照不同的标准分成不同的类型。按照知识内容可以分为政治、经济、文化等；按照材料形式可以分为文字材料、地图、表格、实物及历史场景照片等；按文字材料种类可以分为历史课本、历史档案、历史著作等。在这些资料中，阅读与理解是对教师的基本要求，其中阅读能力包括理解历史知识的能力和整理历史知识的能力。

2. 历史阐述能力

阐述历史的方式有口头与书面两种，按照能力高低可以分为复述、描述、解释、比较说明、论述。其中，论述是最高水平的阐述能力，包括论证与叙述，这是由历史学科所具备的“史论结合”的特点决定的，因为论述历史需要逻辑论证与事实证明的相互结合。

3. 历史评价能力

评价是指在一定的标准下衡量事物的行为，历史评价能力可以分为鉴别能力、鉴赏能力、评论能力。鉴别能力是指教师判断历史的史实真伪的能力，只有具备基本的鉴别能力，才能够为学生提供真实的历史史实。鉴赏能力是指人们对艺术形象的感受、理解与评判的过程，是一种建立在真实的基础上的审美标准。历史鉴赏包括历史鉴别与欣赏，其中，欣赏是在个人的生活经验、知识基础、艺术观点等多种因素的影响下产生的个人感受与评价。评论能力是指人们对历史人物、事件等一切历史现象从价值角度所做的认识。

4. 历史思维能力

历史学科的特点要求教师必须学会使用马克思主义的观点来辩证性地认识、分析历史。只有具备历史思维的能力，才能够全面地、联系地、发展地分析历史，并且深刻地认识到历史的变迁与发展。

（二）史学研究的途径

1. 全面提高教师的史学理论修养

历史教师要熟悉马克思主义哲学、政治经济学、科学社会主义的理论，并且要熟悉历史唯物主义的各种观点，从而更好地解决评价历史人物、分析历史事件、解读历史运动规律等多种问题。比如，历史教师应该定期阅读《历史研究》《历史档案》《中国史研究》《世界史研究》等有关理论研究的期刊，或参考《历史教学》《中学历史教学》等有关历史教学方面的期刊。

2. 把握史学研究的最新成果与变化

自改革开放以来，我国的史学研究成果层出不穷，尤其是对历史史观、范式等方面的研究有了很大的变化。历史教师应及时把握这些学术成果，将其有机地渗透在自己的教学过程中，并在其中加入一些新观点，介绍一些学术科研成果，从而启迪学生的创新思维，培养学生的“独立之精神，自由之思想”。

3. 具有高尚的历史道德

历史教师应该具备良好的历史道德，要想公正、客观地评价历史，就必须做到“史论结合”“论从史出”，最大限度地减少教师的个人情感在历史教学中的渗透，尤其要杜绝在课堂中捏造一些本不存在的史实，要让学生自己判断历史的真相，使其具备实事求是的学习精神与态度。

三、教学能力

历史教学能力包括先进的教育理念、教学能力以及教学研究。

（一）先进的教学理念

1. 教师观

新课程标准将过程与方法看作是一个主要的课程教学目标，并且十分强调探究教学方式。历史教师的角色已经由历史结论的灌输者转变成引导学生体验学习历史的过程、掌握学习方法的启发者与引导者，由知识的权威者转变为教学的参与者及合作者。

2. 学生观

新课程标准是以素质教育为主的，认为学生是教学活动的主动参与者，教师应该将学生看作是学习的中心，认为学生是独立的、正在成长中的人，他们终将会走向独立学习的道路。因此，新课程标准指出，学生是与教师平等的学习合作者，教师应坚持以生为本，在历史课堂中满足学生的正常需要，关注学生的全面成长。

3. 教学观

新课程标准要求教师要使用能够发挥学生主体作用的教学方式，以促进学生的创造力与个性发展为主要目标。这就需要教师做出相应的转变：更多关注三维目标的发展与落实；更多关注学生的学；更多注重师生双方的多向互动，让学生亲身经历社会实践、自主探究、合作学习、阅读自学等活动，为学生多留出思考与学习的时间；更多关注学生的学习过程，强调学生的参与度；更多关注灵活多变的教学模式，促进学生的个性发展。

4. 评价观

历史新课程标准明确指出，历史新课程的设计与实施要形成评价学生综合素质的评价体系，全面发挥评价的教育功能。也就是说，历史教学评价要实现多元化，转变过去将升学考试视为唯一评价模式的传统评价体系。而要想建立健全的评价体系，首先必须改变对学校的评价体系，其次改变学校对教师的评价体系，这样才有可能改善教师对学生的评价体系。

（二）教学能力以及教学研究

1. 了解学情的教学能力

教师要想教好学生，就必须全面了解学生，这直接关系着教学是否能够成功。历史教师应该熟悉学生的历史学习情况、学生获取历史知识的主要途径、他们已经掌握了哪些历史知识、学生的兴趣点以及疑难点是什么、学生学习历史的习惯与方法是什么、学生对历史知识的渴求是什么、学生的接受能力怎么样等。只有真正把握了这些问题，教师才有可能了解学生的实际学习需要，掌握他们的身心特点与认知特点。在此基础之上，教师才有可能设计出能够促进学生全面发展与个性发展的历史教学活动。因此，了解学情的基本能力也是每个优秀的历史教师所应必备的基本教学能力。

2. 历史教学设计能力

教学设计是以先进的教学理论为依据，分析教学过程中的各个要素，旨在达到预期目标的系统设计。其中，教案就是一种典型的教学设计的表现形式，但是并不是所有的教学设计都是以教案的形式来展现的，教案也不能全面地反映教学设计。新课改下的教案十分关注理论与实践的结合，强调要运用教学情境与具体的教学手段，这也是实施历史教学活动的主要依据。因此，一个优秀的历史教师也应该有着优秀的教学设计能力。

历史教学设计要体现出新课改的教育理念，并且根据不同的课型来考虑学生的兴趣与需要，必要的时候可以与学生共同设计。在教学设计中，教师要尽可能地囊括各种情况，教学目标也要实用、具体，历史课程也要根据课程标准、历史教材、学生实际等进行综合考虑。一般而言，历史学科中的内容十分丰富多样，教师要注意统筹规划，使得教学设计充满层次性。

3. 课堂组织能力

课堂组织能力是保证教学活动顺利进行的基本能力。因此，中学历史教师必须善于制订教学计划，发动学生主动学习。在组织教学活动的时候，教师一定要善于启发与诱导，激发学生的学习兴趣，帮助学生集中注意力，并且要具备处理突发事件的能力。在组织管理中，还包括一个重要内容，即引导学生学会学习。教师应该在历史课堂上多为学生留出动手、动脑、动口的时间，让学生自主思考与探索，并且为学生提供尝试与创新的机会。另外，教师必须尊重学生的差异，组织不同的学生展开不同的教学活动，促进共性与个性的协调发展。

4. 课程资源开发能力

历史课程资源包括实现教学目标的多种资源。从资源分布来看，有校内资源与校外资源之分，校外资源包括图书馆、博物馆、纪念馆、网络资源、乡土资源、社区资源等；从资源内容上看，有影视资源、文物、遗址等。教师必须具备良好的开发与整合资源的能力，拓宽与加深学生探究的广度与深度，从而不断提升他们的学习效率，使他们在学习中获得较为正面的感受。

5. 历史试题编制能力

一个合格的历史教师也应该是一个合格的命题人。历史试题有着自身独特的地方，任何一次国家大型考试的历史试题都有讲究，思想内涵也很重要。因此，中学历史教师在教学中，还应该时不时地尝试编制命题，提高自身的能力。

6. 多媒体开发制作能力

21 世纪是一个知识经济、信息时代，教师必须掌握基本的现代教育信息技术。学会使用计算机及多媒体辅助教学技术，熟练地制作多媒体课件，充分利用一切媒体资料来设计多彩的、生动的、形象的多媒体课件，或者将一些科技发明、著名案例等以可见的形式展示给学生，从而大大激发学生的学习兴趣，并且使学生具备科学的学习态度。

7. 历史教学教研能力

历史教师要善于总结自己的经验，做好归纳与升华，使这些实践经验逐步达到理论的层面之上。教师要自觉运用与验证教育结论，在大量的实践中总结出科学的教学规律，而这一切都是教师的教研能力的体现。因此，教师要不断改善与创新自身的教学工作，充分发挥自身的聪明才干，以期在历史教育事业中做出更大的进步与贡献。

8. 历史教学反思能力

反思性教学来自教师的教学实践之中，有利于促进教师不断更新自身的教学观念，改善他们的教学行为，不断提高教师教学的自主性与目的性，还能够促进教师专业能力的发展。应该从多个角度审视教学反思，最好是以文字进行记录，以便后续查证。教学日记、教学叙事、教学小论文等是比较常见的教学反思的形式。教师的反思性直接决定着他的教学水平，在现代的教育中，反思性教学发挥着重大作用。

第九章　现代化教学技术在历史教学中的运用

第一节　多媒体在历史教学中的应用

多媒体教学是指运用以计算机为核心的多媒体设备展开教学，把影像、动画、声音、图形、文字等各种信息综合在一起，传递教学内容和开展教学活动。它将教师、学生和现代信息传播技术结合起来，构成一种新的教学方式。多媒体教学的基础设备是计算机，其关键环节是制作多媒体课件。制作多媒体课件的主要软件有 PowerPoint、Flash、Authorware 等。

一、多媒体课件在历史教学中的功能

（一）解决教学中的难点问题

历史是过去发生过的事情，离学生的现实生活较远，许多内容单凭文字叙述较难使学生予以理解，这是历史教学中的难点。对于这些难点问题，教师可以有效地运用多媒体教学课件中视频文件和图形文件的动态演示，再配以动听的音乐和生动的讲解，使学生高效率地理解和接受知识，同时，还可以培养学生观察问题、分析问题和解决问题的能力。

（二）体现教学的直观性原则

人在学习时，通过视觉获得的知识占 83 %、听觉占 11 %、嗅觉占 5 %、味觉占 1 %。学习同一个内容，如果教师采取纯讲授，让学生纯听觉听课，则学生在三个小时后能记住 60 %；如果让学生纯视觉观看，则其三个小时后能记住 70 %；若让学生视听并用，则其三个小时后能记住 90 %。三天后，

三种学习方法的记忆率分别为 15 %、40 % 和 75 %。这说明，视听并用的学习效果明显高于前两者之和。因此，教学必须遵循直观性原则。

多媒体课件中各种媒介的交替演示，可以多渠道地向学生传递各种直观的教学信息，使学生的各种感觉器官对新知识进行多角度交叉吸收，并将其内化为自己的知识，从而提高教学效果。

（三）培养历史学科能力

观察能力、史料阅读能力和分析能力是历史教学的重要目标。多媒体课件能以图片、影视、文字等多种形式呈现教学内容，更好地调动学生各种感官的积极性，使学生的思维活动处于兴奋的状态，从而在教师的循循善诱下，使学生的历史观察能力和历史思维能力得到培养。

二、多媒体的使用技巧

（一）各种媒体交替使用

在教学过程中，教师要注意交替使用不同的教学媒体，以发挥最大、最佳的教学效果。除电脑演示外，还可以利用实物投影仪把收集到的人物图片、实物、地图、表格、史料和课文内容投影到大屏幕上，以加强教学的直观性；或者利用录音机放一段与课文内容有关的歌曲、历史人物的演讲等，如学习“法国大革命”的内容时可放《马赛曲》等；或者利用录像机放一段与教学内容有关的电影片段，如学习“甲午中日战争”时可放《甲午风云》中的片段。各种形式交替使用，可以给学生以新鲜感，使学生集中注意力，提高听课的兴趣，并加深对问题的理解。

（二）与传统教学技术配合使用

多媒体应该与传统的教学技术（如讲述、谈话、阅读、提问、板书等）配合使用，二者决不能脱节。教师在使用多媒体的同时，要注意发挥身体语言的作用，通过抑扬顿挫的声调、丰富多彩的面部表情等吸引学生的注意力，要注意摆脱麦克风和投影的使用限制，用眼光与学生接触，给学生以亲切感，或用教师个人的魅力感染学生。

（三）合理调控课件演示的速度和时间

电脑课件的内容容量较大，若演示的速度太快，就会使学生来不及记笔记，或忙于记笔记而顾不上听讲。教师在设计电脑课件时，应注意给学生留足记笔记和思考问题的时间，在演示课件时，应注意演示的速度既要给学生留余地，又不能影响教学的进度。

三、使用多媒体应注意的问题

多媒体教学丰富了课堂教学的内容和形式，增大了课堂教学的容量，使学生可以在较短的时间里汲取更多的知识。但是，多媒体教学并不是万能的，也不是随意就能用好的。如果教师不能妥善处理好多媒体教学中存在的问题，就很可能又会变成“填鸭式”的教学。

（一）不能盲目使用现成的教学课件

目前，互联网已经普及，几乎任何种类的教学资源，包括优秀的历史教学课件，都可以从网上找到。但是，教师绝不能盲目地使用网络上现成的教学课件。因为制作课件是一项复杂的工作，教师首先必须熟悉教材、理解每一课的内涵，才能化繁为简、从抽象到具体，把历史教科书的文字转化成生动活泼的语言和图片。对于哪里该用图片、哪里该用影视片段、哪里该用文献，教师制作课件时要成竹在胸，才能在课堂上得心应手。如果教师不去钻研教科书、找素材，制作出自己的课件，而是从网上下载课件，那么，即使课件再好，也很难取得良好的教学效果。

（二）不能过量使用多媒体，以免喧宾夺主

中学生一堂课的时长为 45 分钟，所以，教师使用多媒体呈现历史内容时，不能时间太长、内容太多，以免喧宾夺主。教师在选择视频材料时，尤其要注意这一点，如果视频播放了 5 分钟还不能切入主题，就应该另换一段，以免视频占用太多课堂时间，分散学生对教学重点的注意力。同样，教师在选择图片时，也要注意，图片不能太多，对于一个历史问题，选一两张有代表性的图片就可以了。如果图片太多，就会分散学生的注意力，冲淡学生对教学重点的印象。

此外，教师还应当明白这个道理：如果整堂课都在用多媒体向学生呈现历史内容，那么就和传统教学中用语言灌输没什么两样。

（三）不能完全依赖多媒体

教师备课时，一方面要制作多媒体课件，另一方面还要准备文字教案，备好教材和相关资料，而不能只准备一个多媒体课件。否则，离开课件就无法上课。因为，教学中难免会有偶然的事件发生，如电脑故障、停电等。当偶然事件发生时，多媒体课件就无法使用。这时，如果教师没有文字教案，不熟悉教学内容，就很难进行上课。即便勉强把课上完，也不会收到好的教学效果。

第二节 互联网在历史教学中的应用

21 世纪历史教学改革的一个突出特点就是转变教学方式，即由传授、机械记忆型的教学方式转变为启发引导、自主探索的教学方式。自主探究式的学习在很大的程度上是对信息的收集、整理和运用，而网络则是提供各类信息的重要平台。为此，网络教学开始在历史教学中应用起来。虽然网络教学刚刚起步，但越来越受到人们的重视。

一、运用互联网进行历史教学的方式

（一）收集资料

在利用网络的搜索功能时，只需要选定关键词，就能搜索到和历史教学有关的内容。让学生通过网络收集资料，可以训练学生理解信息的能力和熟练地组织和处理信息的能力。而学生收集到的资料，将成为其进一步探索历史问题的基础。

（二）网上参观

网络缩短了时空距离，可以使学生不出门就能参观文物古迹。许多历史博物馆、纪念馆、历史遗址、名胜古迹都有自己的网站或网页，教师可以引导学生上网浏览这些网页，观察历史文物和历史场景，以使其掌握更

多的历史信息。

（三）网上讨论

教师可以组织学生围绕有关的学习主题，以发帖和跟帖的方式，在有关网站的聊天室和论坛上开展网上讨论。这种讨论方式可以充分调动学生的积极性，使不善言辞的学生也能加入其中，大胆地发表自己的见解。

（四）网上展示

教师可以利用网络展示教学内容，学生可以展示他们学习和研究的成果，网络展示不受时间和地点的限制，是学生自主探索学习的一种较好的方式。

（五）网上答疑

教师可以利用网络的论坛和电子邮件，为学生答疑解惑，或者对学生进行个别指导和辅导。电子邮件也是教学互动和教学反馈的重要通道。学生也可以将作业通过电子邮件发给老师，老师批改后再反馈给学生。

（六）网络课堂

网络课堂是指将优秀教师的课堂教学实况进行录像，然后通过网络传播，或是网上同步播放。网络课堂可实现远距离异地、异校教学，向更多学生提供优质的历史课堂教学资源。

二、运用互联网开展历史教学应注意的问题

运用互联网开展历史教学还是一个新生事物，教师需要不断学习、研究和实践。现阶段运用网络开展历史教学应注意以下问题。

（一）明确目的

教学技术和方法都是为教学目的服务的。教师运用网络教学，首先应明确教学的整体目标，然后考虑怎样利用网络为整体目标的实现服务，特别是要考虑到运用网络资源对学生掌握知识、发展能力和建立情感态度与价值观等方面会起到什么作用。

（二）突出重点

教师利用互联网进行教学活动，应该紧扣学习主题和研究课题，围绕

重点内容和重点问题进行，这样才能提高教学的实效。

（三）综合使用

历史教学通常要综合运用各种方法和技术，网络教学只是其中的一种。网络教学应该和其他现代化教学技术，甚至是传统的教学方法（如讲述法、讲解法、谈话法等）有机地结合起来，以充分发挥各自的优势，实现最佳教学效果。教师应根据教学的实际情况，将网络教学与其他教学方式配合使用。如果只是一味地使用一种教学方式，那么学生也会感动厌烦。

（四）以学生为主体

要尽可能地调动学生的积极性、主动性和创造性，让学生通过网络进行自主学习、合作学习和探究学习，使学生在教学中的主体地位得到真正的体现。现在的学生运用计算机网络等技术的水平可能早已超过了教师，所以，教师鼓励学生自主学习，能够充分激发他们的创造力。

（五）教师引导

在教学中，技术越先进、手段越新颖，教师的指导作用就越重要。在网络教学中，教师不仅要驾驭教材，还要驾驭这些新技术和新手段，引导学生在新的学习条件和情境中学习。

参 考 文 献

[1] 程张 . 文物：历史教学中的重要资源 [M]. 北京：华文出版社，2020.
[2] 赵剑锋 . 新课标高中历史教学设计 · 中国古代史 [M]. 上海：复旦大学出版社，2020.
[3] 吴波，孙楠，郭燕红 . 高考命题改革背景下历史教学中的关键问题 [M]. 北京：中国青年出版社，2020.
[4] 廖顺学, 姜春英, 韩贤发 . 微课在历史、政治、地理教学中的应用研究 [M]. 长春：吉林人民出版社，2020.
[5] 杨永锋, 王桂莲 . 历史教学与研究文集 [M]. 北京：中央民族大学出版社，2020.
[6] 郑林 . 中学历史教学论 [M]. 北京：高等教育出版社，2020.
[7] 张兰花 . 高中历史教学策略实践 [M]. 北京：现代出版社，2020.
[8] 范奉华 . 核心素养与初中历史教学 [M]. 长春：吉林文史出版社，2020.
[9] 贾云涛 . 历史教学设计与实践研究 [M]. 哈尔滨：哈尔滨出版社，2020.
[10] 孙智勇，黄妙茜，钟素芬 . 历史教学与思维创新 [M]. 长春：吉林文史出版社，2019.
[11] 杜芳，付海晏 . 中学历史教学研究：第 3 辑 [M]. 武汉：华中师范大学出版社，2019.
[12] 王芳 . 历史教学设计与案例研究 [M]. 长春：吉林人民出版社，2019.
[13] 庞明凯 . 核心素养导向下的高中历史教学探索 [M]. 长春：吉林人民出版社，2019.
[14] 方勇 . 核心素养视阈下的中学历史教学设计 [M]. 上海: 上海大学出版社，2019.
[15] 喻照安 . 历史对话教学研究与实践 [M]. 武汉：武汉大学出版社，2019.

[16] 凤光宇 . 中学历史学科核心素养教学实践研究 [M]. 上海：上海教育出版社，2019.

[17] 陈家华 . 以核心素养为指归的教学设计：中外历史纲要（上）[M]. 杭州：浙江工商大学出版社，2019.

[18] 黄牧航 . 时空观念的教学设计与学业评价 [M]. 广州：广东高等教育出版社，2019.

[19] 袁楚山 . 历史教学与方法创新 [M]. 长春：吉林文史出版社，2019.

[20] 王德民 . 中学历史教学设计 [M]. 芜湖：安徽师范大学出版社，2018.

[21] 王双怀 . 历史教学论丛 [M]. 西安：陕西人民出版社，2018.

[22] 刘道梁 . 中学历史教学伦理研究 [M]. 北京：中国言实出版社，2018.

[23] 陈杰 . 来自课堂的追问：高中历史教学札记 [M]. 杭州：浙江工商大学出版社，2018.

[24] 徐亮，石洁，吴鹏超 . 中学历史教学教法新探索 [M]. 青岛：中国海洋大学出版社，2018.

[25] 陈家华 . 基于高中历史学科核心素养的教学设计 [M]. 宁波：宁波出版社，2018.

[26] 吴伟 . 世界历史教师教学用书：九年级上册 [M]. 石家庄：河北人民出版社，2018.

[27] 张德顺 . 中学历史教学设计与案例分析 [M]. 苏州：苏州大学出版社，2017.